中国人的教养

蔡元培 著

周瑶 译

天地出版社
TIANDI PRESS

图书在版编目（CIP）数据

中国人的教养／蔡元培著，周瑶译．—成都：天地出版社，2012.5（2019.12重印）
ISBN 978-7-5455-0579-5

Ⅰ.①中… Ⅱ.①蔡… ②周… Ⅲ.①公民教育—中国
Ⅳ.①D648.3

中国版本图书馆CIP数据核字（2011）第277996号

ZHONGGUO REN DE JIAOYANG

中国人的教养

蔡元培 著　　周瑶 译

出品人　杨　政

策划组稿　卢亚兵
责任编辑　刘俊枫
装帧设计　平衡面工作室·曲晓华
电脑制作　跨　克
责任印制　桑　蓉

出版发行　天地出版社
（成都市槐树街2号　邮政编码：610014）
网　　址　http://www.tiandiph.com
电子邮箱　tianditg@163.com

印　　刷　山东省东营市新华印刷厂
版　　次　2012年5月第一版
印　　次　2019年12月第三次印刷
成品尺寸　165mm×230mm　1/16
印　　张　17
字　　数　242千
定　　价　38.00元
书　　号　ISBN 978-7-5455-0579-5

咨询电话：（028）87734639（总编室）

前　言

晚清民国时期，很多有识之士目睹国势凌夷，痛心不已。为拯救国家于危难，他们上穷碧落下黄泉，不仅向西方寻求富强之策，也对传统文化进行质疑和叩问。他们既寻找经济发展、增殖储财的方式，也探求政治运作、民享权力的模式。在这些追寻之中，有一个主题始终萦绕在他们心中，那就是中国人的性格、气质、品格都有哪些特点，其优缺点何在，如何提升中国人的气质涵养，使中国融入世界，参与创造近代文明，从而实现国家的繁荣富强。梁启超、章太炎、鲁迅、冯友兰等最为杰出的中国近代思想者，以及关心中国命运的明恩溥等外国学者，都孜孜不倦地对这一问题不断进行着思考和探寻。

这样的思考和探寻，于今天的读者锻造精神气质、提升品格教养，无疑也是大有裨益的。有鉴于此，我们以青少年为主要对象，策划出版了“中国文化的温度”丛书。

我们精选晚清民国时期著名中外学者对上述问题进行思考的名著名篇，汇编成册，点校新刊。对于那些不断再版的篇目，读者自能找寻翻阅，我们不再出版。本次新刊，侧重一般读者难于查找的篇章。读者难于查找，并非说明本次新刊的著作不重要。事实上，这些作者中，蔡元培、张元济都是学贯中西、深负时望的大学者。他们精通中国传统文化，在晚清就有功名，后来更是游学海外，了解西方的历史和现状。更为重要的是，他们都是实干家，或执掌中国最有名的大学，或经营中国最大规模的民营出版业，跟精英知识分子和青年学子都有密切接触，熟悉当时中国的政治、文化和教育等等方方面面的情况。所以，由他们写出来的对中国人精神气质的判断，对中国人如何提高教养的建议，来自深厚的文化传统，具备开阔的国际视野，而且从实践中来，具有切实的指导性。何天爵、明恩溥等外国学者，从西方文明的视角，对他们长期生活的国度——中国，进行敏锐的探索，得出许多精彩的观点。他山之石，自然值得重视和借鉴。

这些著作，简明扼要，通俗易懂，在当时已广受好评、广泛流传。相信今天的读者，也会像一百年前的读者一样，喜爱它们，并获得启发和教益。

需要说明的是，由于时代不一样，为了使更多人的能够读懂著作，我们对部分著作进行了增删、整合处理，并对部分著作进行白话翻译（直译为主，意译为辅）。总之，这些处理，以忠实原著为基本原则，增删翻译，只为读者阅读之便。

丛书编辑组

二〇一二年三月

蔡元培（1868—1940）字鹤卿，号孑民，浙江绍兴人。近代革命家、教育家、政治家。1912年1月任南京临时政府教育总长。1917年任北京大学校长。北伐时期，任国民党政府大学院院长，后改任中央研究院院长。蔡元培提倡“民权”与“女权”，开“学术”与“自由”之风，重视公民道德教育及世界观、人生观、美学教育，奠定了我国新式教育制度的基础，为我国教育、文化、科学事业的发展作出了富有开创性的贡献。

目 录

品德教育三十讲

德育实为完全人格之本，若无德则虽体魄智力发达，适足助其为恶，无益也。

审美教育十讲

美育者，与智育相辅而行，以图德育之完成者也。

修身与伦理十六讲

教育者，养成人格之事业也。

公民教育十三讲

要有良好的社会，必先有良好的个人，要有良好的个人，就要先有良好的教育。

德育实为完全人格之本，
若无德则虽体魄智力发达，
适足助其为恶，无益也。

第一讲 合 群

我们在此上课的教室，四面有墙壁，可以遮风挡尘；中间有桌椅，可以坐下来读书写字。墙壁，是用许多砖头砌成的；桌椅，是用许多木板制成的。假如将它们拆散为一块块砖头和木板，就不会具备墙壁与桌椅的功用。还有，我们每个人都有衣服来御寒。衣服，是用棉麻丝毛织成的。假如将它们拆散为一根根的棉麻丝毛，就不能具备衣服的御寒功能。我们再回过头来看看自己的身体，实际上是由耳、目、手、足等各种器官组合而成的。这些器官，又是由无数的细胞积聚而成。假如将它们拆分为一个个的器官，又或者把它们拆分为一个个的细胞，那么人又怎么能够具备看、听、行动这样的功能呢？

我们生活在世界上也是这样。如果一个人独自奋斗，有时就难免受冻挨饿；集合众人的力量共同努力，才可能获得幸福的生活、文明的事业。例如我们的工业社会，它本来就是从个人的手工劳动开始的。个人结伙组成团体，收徒传授技术，这样产品的数量就增多了。聚集许多人开办大工厂，而后才适合使用机械，提高效益。聚集大多数工厂的工人，组织成工会，工人才能逐渐摆脱资本家的压制，从而思考并预防可能遭遇的祸患，谋划造福于将来的办法。这些难道不是集体团结的作用吗？

我们最普通的群体，是从一个家庭开始的。有了家庭，然后才有慈爱孩子、赡养老人、分担劳苦、侍候病人这类事情。集合一个乡的百姓组成一个群体，然后才有人与人之间的守望相助、学校的开设。集合一个省或一个国家的民众组成一个群体，然后才有便利的交通、高深的教育。倘若联合全世界的人组成一个群体，互通有无，休戚与共，那么即使在土地贫瘠、偶尔有天灾发生的地方，都不难于弥补挽救，而像由战争、商业竞争引发的惨祸，也就会在这个世界上绝迹了。

【原文】

吾人在此讲堂，有四壁以障风尘；有案有椅，可以坐而作书。壁者，积砖而成；案与椅，则积板而成者也。使其散而为各各之砖与板，则不能有壁与案与椅之作用。又吾人皆有衣服以御寒。衣服者，积绵缕或纤毛而成者也。使其散而为各各之绵缕或纤毛，则不能有衣服之作用。又返而观吾人之身体，实积耳、目、手、足等种种官体而成。此等官体，又积无数之细胞而成。使其散而为各各之官体，又或且散而为各各之细胞，则亦焉能有视听行动之作用哉？

吾人之生活于世界也亦然。孤立而自营，则冻馁且或难免；合众人之力以营之，而幸福之生涯，文明之事业，始有可言。例如吾等工业社会，其始固一人之手工耳。集伙授徒，而出品较多。合多数之人以为大工厂，而后能适用机械，扩张利益。合多数工厂之人，组织以为工会，始能渐脱资本家之压制，而为思患预防造福将来之计。岂非合群之效与？

吾人最普通之群，始于一家。有家而后有慈幼、养老、分劳、侍疾之事。及合一乡之人以为群，而后有守望之助，学校之设。合一省或一国之人以为群，而后有便利之交通，高深之教育。使合全世界之人以为群，而有无相通，休戚与共，则虽有地力较薄、天灾偶行之所，均不难于补救，而兵战、商战之惨祸，亦得绝迹于世界矣。

第二讲 舍己为群

集合众人就可以组成群体。群体，就是为群体的每个成员谋取公共利益的。然而，假使群体遇到危险，群体中却没有一个人敢于不顾个人安危来保全群体，那么，这个群体必将灭亡。于是，我们别无选择就有了舍己为群的义务。

舍己为群的理由包括两方面：一是自己在群体之中，如果群体灭亡，那么自己也会随之灭亡。现在舍弃自己的生命以挽救群体，群体果真没有灭亡的话，自己也未必会灭亡；即使是自己先于群体灭亡而群体并没有灭亡，也比群体和自己一起灭亡要好。这是从个人的角度来考虑。二是从群体角度来看，群体中的每一个人，他的价值必定小于众人组成的群体的价值。假如牺牲群体中的一个而可以拯救群体中的其他人，那还有什么可畏惧而不去做呢？一个人这样想，那么就会有一个为了群体而舍弃自己生命的人；每个人都这样想，那么就会有众多的为了群体而舍弃自己生命的人。这是从群体的角度来考虑。上述两种见解的出发点虽然不同，但为了群体而舍弃自己生命的决心则是一样的。请让我用事实来证明这一点。一是从军。战争本身是罪恶的，但是有时候受到野蛮人的攻击，为了防御而进行战争，是不得已而为之的。例如，“一战”时期，比利时受到德国军队的突然攻击，比利时人民奋勇抗敌，即使战死沙场也在所不惜，谁能说他们不应该那样做呢？二是革命。革命，没有不流血牺牲的。如果不革命而忍受罪恶政府的奴役，那么虽然活着，也跟死了一样。所以很多志士仁人不怕流血牺牲而参加革命。例如，一七八九年法国大革命、中国这几年来的革命，因为倡导革命运动而在革命前被逮捕杀害的人有若干，在斗争的过程中死伤的人有若干，这些人都是为了群体利益而舍弃自己生命、勇于牺牲的人。三是暗杀。暗杀是最简单的革命手段。消灭罪魁祸首而放过跟随者，起到杀一儆百的作用，而流血不会超过五步。古代的如荆轲行刺秦王嬴政，近代的如苏斐亚暗杀俄国沙皇尼古拉二世，都是这样的例子。四是为真理而牺牲。真理是一种和平的东西。然而，真理却被教会、君主、政党、贵族忌恨，所以没有舍己为群的精神，就不敢公开谈论真理。例如，苏格拉底对哲学进行了创新，结果被捕入狱，用毒酒杀害；哥白尼创立了新的天文学说，结果被教皇所仇视；巴枯宁主张无政府主义，结果被关押和放逐；等等，这些都是为真理而牺牲的例子。

其他的如飞机试飞、南北极探险之类，在今天看来，都是勇于牺牲而具有冒险精神的事业，虽然有些是那些具有好奇心、喜欢争强好胜的人干的，但其中也有以使群体获得利益为动机的人，所以有必要在这里附列出来。

【原文】

积人而成群。群者，所以谋各人公共之利益也。然使群而危险，非群中之人出万死不顾一生之计以保群，而群将亡。则不得已而有舍己为群之义务焉。

舍己为群之理由有二：一曰，己在群中，群亡则己随之而亡。今舍己以救群，群果不亡，己亦未必亡也；即群不亡，而己先不免于亡，亦较之群己俱亡者为胜。此有己之见存者也。一曰，立于群之地位，以观群中之一人，其价值必小于众人所合之群。牺牲其一而可以济众，何惮不为？一人作如是观，则得舍己为群之一人；人人作如是观，则得舍己为群之众人。此无己之见存者也。见不同而舍己为群之决心则一。请以事实证之。一曰从军。战争，罪恶也，然或受野蛮人之攻击，而为防御之战，则不得已也。例如比之受攻于德，比人奋勇而御敌，虽死无悔，谁曰不宜？二曰革命。革命，未有不流血者也。不革命而奴隶于恶政府，则虽生犹死。故不惮流血而为之。例如法国一七八九年之革命，中国数年来之革命，其事前之鼓吹运动而被拘杀者若干人，临时奋斗而死伤者若干人，是皆基于舍己为群者也。三曰暗杀。暗杀者，革命之最简单手段也。歼魁而释从，惩一以儆百，而流血不过五步。古者如荆轲之刺秦王，近者如苏斐亚之杀俄帝尼科拉司第二，皆其例也。四曰为真理牺牲。真理者，和平之发见品也。然成为教会、君党、若贵族之所忌，则非有舍己为群之精神，不敢公言之。例如苏革拉底创新哲学，下狱而被酖；哥白尼为新天文说，见仇于教皇；巴枯宁道无政府主义，而被囚被逐，是也。

其他如试演飞机、探险南北极之类，在今日以为敢死之事业，虽或由好奇竞胜者之所为，而亦有起于利群之动机者，得附列之。

第三讲 注意公众卫生

古代谚语说："千里不唾井。"意思是说，将要远赴千里之外的人，虽然不再从此井中打水，但也不敢向井中吐唾沫以妨碍别人饮用。商朝的法律规定，在道路上倾倒灰土废渣的人要受到处罚，就是担心灰土飞扬而迷了人的眼睛。孔子说："君子不丢弃破旧的帷帐，为的是可用它来埋马；不丢弃破旧的车盖，为的是可用它来埋狗。"说的是，已经死了的马、狗，都要及时掩埋，不要暴露在外面，以防发出恶臭，污染空气。古人就已经这样注意公共卫生了。

现在的公共卫生设施，比古时齐全多了。诚然，卫生条件本以清洁作为第一标准。每个人自己能做的，是洗澡、更换衣服、洒扫居室而已。但假如我们周围污水聚积、垃圾堆积，腐败的落叶和死兽散布在路边，空气中弥漫着传染性病菌，那么即使每个人清洁自己的身体、衣服和居室，也仍然达不到卫生的目的。这就是为什么要有公共卫生设施的原因。例如沟渠一定要在地面以下；厕所一定要有流水冲洗；清扫道路、转运垃圾，要有专门的人员和固定的时间；治疗传染病要有专门的医院；等等，这些都是用来帮助个人解决卫生方面所无法做到的而采取的手段。

我们已经享受了公共卫生带来的好处，就不能任意妨碍公共卫生，否则既害了自己又害了别人。不要随地吐痰，不要把污水倒在沟渠之外，不要往公共道路、河流乱丢杂物。如果不幸得了传染病，就应立即自行隔离，暂时断绝与外界的来往；病情较重的，宁可住进医院，也不能混身于稠人广众之中。这是我们对于公共卫生的义务。

【原文】

古谚有云："千里不唾井。"言将有千里之行，虽不复汲此井，而不敢唾之以妨人也。殷之法，弃灰于道者有刑，恐其飞扬而眯人目也。孔子曰："君子敝帷不弃，为埋马；敝盖不弃，为埋狗。"言已死之狗、马，皆埋之，勿使暴露，以播其恶臭也。盖古人之注意于公众卫生者，既如此。

今日公众卫生之设备，较古为周。诚以卫生条件，本以清洁为一义。各人所能自营者，身体之澡浴，衣服之更迭，居室之洒扫而已。使其周围之所，污水停潴，废物填委，落叶死兽之腐败者，散布于道周，传染病之霉菌，弥漫于空气，则虽人人自洁其身体、衣服及居室，而卫生之的仍不达。夫是以有公众卫生之设备。例如沟渠必在地中，溷厕必有溜水，道路之扫除，弃物之运移，有专职，有定时，传染病之治疗，有特别医院，皆所以助各人卫生之所不及也。

吾既受此公众卫生之益，则不可任意妨碍之，以自害而害人。毋唾于地；毋倾垢水于沟渠之外；毋弃掷杂物于公共之道路若川流。不幸而有传染之疾，则亟自隔离，暂绝交际。其稍重者，宁移居医院，而勿自溷于稠人广众之间。此吾人对于公众卫生之义务也。

第四讲 爱护公共之建筑及器物

以前，园林亭榭的美景、花鸟虫鱼的娱乐，都是有财力的人自己营造，自己赏玩的。现在我们有公园供普通百姓游玩散心，有植物园、动物园等作为欣赏和研究的对象。以前，宏博的图书、优美的塑像与绘画、历史的纪念品、来自远方的奇珍异宝，有财力的人收藏它们，而不轻易拿给人看。现在则有图书馆供公众阅览，有各种博物院以培养公众的审美感，从而辅助智育教育。而且，公园中、大路边，种植行道树为行人遮阴，安置坐具供人们休息，有些地方也准备清水供人们饮用。这些公共设施，是我们共同享受的利益。

我们既然拥有这些共同享受的利益，那么就有共同爱护的义务；而爱护这些公共设施，我们就要把它们看得比自己的住所和器物还要贵重。因为这些公共设施一旦有所损坏，那么感到不满甚至失望的，就不止是自己一个人了。

所以我们在道路上行走，在公园中游玩，不要因为花木可爱，就随便折取枝叶；不要弄脏了坐具，也不要用脚踩踏、在上面刻画；不要拿棍棒去骚扰动物园的猛兽；不要扔石块惊吓鱼儿、鸟儿；在图书馆不要大声诵读，如果抄录文章，就要小心地保护好图书，不要有一点污损；进入博物院，则一切陈列品都只能用眼睛看，而不能用手去摸。如果我们违反了其中的一条，即使有时侥幸逃脱看管者的眼睛而没有受到责罚，我们良心的自责，却必然是不可避免的。

【原文】

往者园亭之胜，花鸟之娱，有力者自营之、而自赏之也。今则有公园以供普通之游散；有植物、动物等园，以为赏鉴及研究之资。往者宏博之图书，优美之造象与绘画，历史之纪念品，远方之珍异，有力者得收藏之，而不轻以示人也。今则有藏书楼，以供公众之阅览，有各种博物院，以兴美感而助智育。且也，公园之中，大道之旁，植列树以为庇荫，陈坐具以供休憩，间亦注引清水以资饮料。是等公共之建置，皆吾人共享之利益也。

吾人既有此共同享受之利益，则即有共同爱护之义务；而所以爱护之者，当视一己之住所及器物为尤甚。以其一有损害，则爽然失望者，不止己一人已也。

是故吾人而行于道路，游于公园，则勿以花木之可爱，而轻折其枝叶；勿垢污其坐具，亦勿践踏而刻画之；勿引杖以扰猛兽；勿投石以惊鱼鸟；入藏书楼而有所诵读，若抄录，则当慎护其书，毋使稍有污损；进博物院，则一切陈列品，皆可以目视，而不可手触。有一于此，虽或幸逃典守者之目，而不遭诮让，然吾人良心上之呵责，固不能幸免矣。

第五讲 尽力于公益

我们有共同享受的利益，就有共同爱护的责任，这些在《注意公众卫生》和《爱护公共之建筑及器物》等篇中，都已经讲过了。对于已经建成的公益事业，我们应当爱护；那些没有建成的公益事业，我们更不能不去建设。

自古以来，我们中国人对于修桥、修路及建立义仓、义校这类事情，大多不等政府来筹划营造，而由志同道合的人集资完成。近日还有以一己之力修建学校的人，如浙江的叶澄衷先生，他从小商贩起家，至晚年积累了数百万的财产，于是拿出其中的十分之一，用来建设澄衷学堂。江苏的杨锦春先生，以木匠起家，晚年积累财产十多万，于是拿出其中的十分之三，用来建设浦东中学。这是其中最著名的两个人。

即便这样，但是公益事业并非一定要等到致富后才去做。山东的武训先生，靠乞讨来奉养母亲，对自己没上过学而成为乞丐感到遗憾，立志攒钱建设一所学校，以使那些孤儿和穷人家的孩子能够受到教育。他坚持不懈十多年，最终实现了自己的愿望。一个无家无业的乞丐，尚且能够尽力于公益事业，更何况那些有家业的人呢？

英国人翰回，是一个商人，生活非常节俭，却乐善好施。他曾经铺设伦敦大道；又感觉本国的育婴院不够完善，就到法国、荷兰等国考察；回国后，他著书描述考察各国育婴院的情况，于是使英国的育婴院得到改良。他去世后，遗产不到两千英镑，全部散发给那些孤苦贫穷的人。英国的沙伯，是个织麻的手工业者，后来成为一个炮厂的书记员，立志解放黑奴。他曾经为了替黑奴辩护而研究《民法》，最终使案件得到公正判决；他又与志同道合的人开设一家解放黑奴的公司，使许多黑奴获得自由。英国的莱伯是一个钢铁工人，他同情那些被赦免的罪犯因没有工作而再次犯罪，便想救助他们。虽然一年的收入不过一百英镑，但他精打细算地分配，比如一家吃穿的费用是多少、教育子女的费用是多少，剩余的钱全部用于救助那些被赦免罪行而没有工作的人。他每天从早上六点工作到晚上六点，利用闲暇时间和安息日，为那些被赦的人找工作。他坚持做了十年，总共救助了三百多个人。由此看来，倘若一个人有志于公益事业，那么无论贫富，都没有实现不了的愿望，只不过要努力去做罢了。

【原文】

凡吾人共同享受之利益，有共同爱护之责任，此于《注意公众卫生》及《爱护公共之建筑及器物》等篇，所既言者也。顾公益之既成者，吾人当爱之；其公益之未成者，吾人尤不得不建立之。

自昔吾国人于建桥、敷路、及义仓、义塾之属，多不待政府之经营，而相与集资以为之。近日更有独力建设学校者，如浙江之叶君澄衷，以小贩起家，晚年积资至数百万，则出其十分之一，以建设澄衷学堂。江苏之杨君锦春，以木工起家，晚年积资至十余万，则出其十分之三，以建设浦东中学校。其最著者矣。

虽然，公益之举，非必待富而后为之也。山东武君训，丐食以奉母，恨己之失学而流于乞丐也，立志积资以设一校，俾孤贫之子，得受教育，持之十余年，卒达其志。夫无业之乞丐，尚得尽力于公益，况有业者乎？

英之翰回，商人也，自奉甚俭，而勇于为善；尝造伦敦大道；又悯其国育婴院之不善，自至法兰西、荷兰诸国考查之；归而著书，述其所见，于是英之育婴院为之改良。其殁也，遗财不及二千金，悉以散诸孤贫者。英之沙伯，业织麻者也，后为炮厂书记，立志解放黑奴，尝因辩护黑奴之故，而研究民法，卒得直；又与同志设一放奴公司，黑奴之由此而被释者甚众。英之莱伯，铁工也，悯罪人之被赦者，辄因无业而再罹于罪，思有以救助之；其岁入不过百镑，悉心分配，一家衣食之用者若干，教育子女之费若干，余者用以救助被赦而无业之人。彼每日作工，自朝六时至晚六时，而以其暇时及安息日，为被赦之人谋职业。行之十年，所救助者凡三百余人。由此观之，人苟有志于公益，则无论贫富，未有不达其志者，勉之而已。

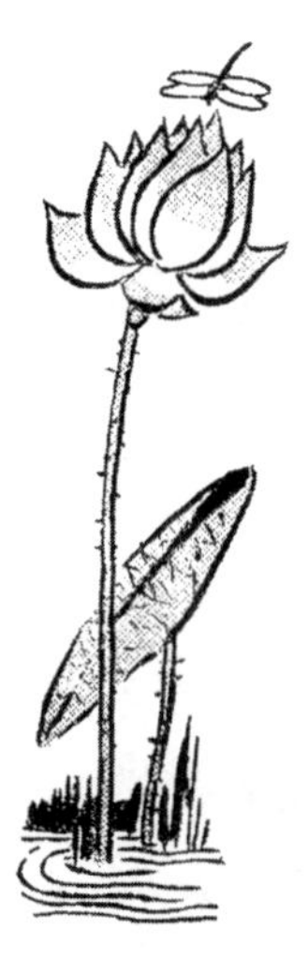

第六讲 己所不欲勿施于人

子贡问孔子："有没有一句可以终身奉行的话呢？"孔子说："大概是'恕'吧！自己所不想要的，就不要施加给别人。"过些天，子贡说："我不愿别人强加在我身上的事物，我也不愿把它强加在别人身上。"他把孔子的话，加以申说。西方的哲学家说："每个人都有自己的自由，但以不妨碍他人的自由作为界限。"它们的含义正好相同。例如，我有思想和言论的自由，不想受别人的干涉，那么我也不去干涉别人的思想和言论；我有保护身体的自由，不想受别人的伤害，那么我也不能伤害别人的身体；我有保护自己通信隐私的自由，不想受到别人的窥探，那么我也不要窥探别人的私密；由此推而广之，我不想被别人欺骗，那么我也不要欺骗别人；我不想受到别人的欺侮怠慢，那么我也不要欺侮怠慢别人。事情无论大小，其中都贯穿着一个根本性的道理。

自己与他人的交往，不仅有消极的戒律，也有积极的行为。假使从前面孔子的那句话而下一转语，说："把自己想要的施加给别人。"这行吗？我说不完全是这样。人们的欲望，有时会因为遗传和不良习惯而不合乎正道。如果把自己想要的所有东西全都施加给别人，那么有时不仅没有好处，反而有坏处。例如腐败的官僚，喜欢下属的阿谀奉承，因而就阿谀奉承上级，行吗？迷信愚昧的乡民，喜欢听传教士牵强附会的宣教，因而就向亲属们乱说一通，行吗？至于自己不想要的，就不要施加给他人，虽然有时也出现错误，如不喜欢听正直的话之类，但如果能扩充“己所不欲，勿施于人”的意思，即使不能用耿直的话规劝，也可以用委婉的话来规劝，也不一定有什么坏处。

况且对于积极的行为，孔子本来也这样说过：“己欲立而立人，己欲达而达人。”立，就是立身；达，就是别人也认同的道理。所以说施加给别人的，一定要以“立”“达”为界限；不施加给别人的，就以自己不想要的来概括，实在应终身都这样行事，不会有什么弊害的。

【原文】

子贡问于孔子曰：“有一言而可以终身行之者乎？”孔子曰：“其恕乎：己所不欲，勿施于人。”他日，子贡曰：“我不欲人之加诸我也，我亦欲无加诸人。”举孔子所告，而申言之也。西方哲学家之言曰：“人各自由，而以他人之自由为界。”其义正同。例如我有思想及言论之自由，不欲受人之干涉也，则我亦勿干涉人之思想及言论；我有保卫身体之自由，不欲受人之毁伤也，则我亦勿毁伤人之身体；我有书信秘密之自由，不欲受人之窥探也，则我亦慎勿窥人之秘密；推而我不欲受人之欺诈也，则我慎勿欺诈人；我不欲受人之侮慢也，则我亦慎勿侮慢人。事无大小，一以贯之。

顾我与人之交际，不但有消极之戒律，而又有积极之行为。使由前者而下一转语曰：“以己所欲施于人。”其可乎？曰是不尽然。人之所欲，偶有因遗传及习染之不善，而不轨于正者。使一切施之于人，则亦或无益而有损。例如腐败之官僚，喜受属吏之谄媚也，而因以谄媚于上官，可乎？迷信之乡愚，好听教士之附会也，而因以附会于亲族，可乎？至于人所不欲，虽亦间有谬误，如恶闻直言之类，然使充不欲勿施之义，不敢以直言进人，可以婉言代之，亦未为害也。

且积极之行为，孔子固亦言之曰："己欲立而立人，己欲达而达人。"立者，立身也；达者，道可行于人也。言所施必以立达为界，言所勿施则以己所不欲概括之，诚终身行之而无弊者矣。

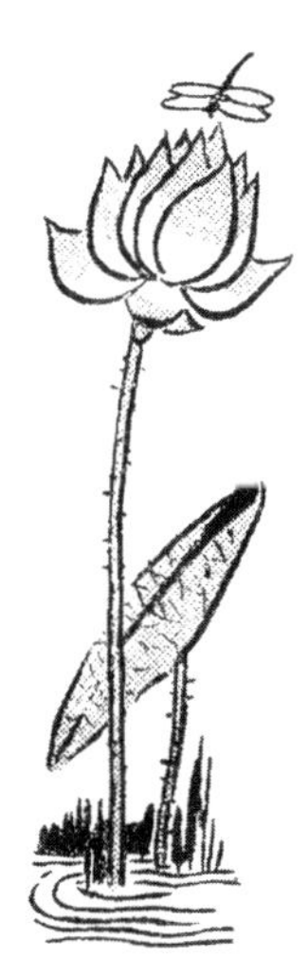

第七讲 责己重而责人轻

孔子说："严于责备自己，而轻于责备别人，那么就可以远离怨恨了。"韩愈又进一步解释说："古代的君子，责备自己严厉而又全面，责备别人宽松而又简单。严厉而又全面，所以做事不会懈怠；宽松而又简单，所以人们乐于做善事。"能够从反面证明这个道理的例子，是孟子在谈到父子之间互相劝勉从善时，转述儿子的话说："您拿正理正道教我，可是您自己的所作所为却不是出于正理正道。"原伯和先且居都把仿效坏的言行当做罪过。椒举说："只有品行端正，没有瑕疵的人，才可以指责别人。"这些都是说只责怪别人而不责怪自己是错误的。

把人人平等的道理作为标准来看，似乎严于责备自己的人，也可以严于责备别人；宽于责备别人的人，也可以宽于责备自己。例如，见多识广的人嘲笑别人孤陋寡闻，有能力的人斥责别人无用，认为既然我都能做，为什么他就不能做呢？又如坚持错误掩饰过错的人，常常喜欢用他人同样的错误来为自己辩解，认为既然别人能做，为什么偏偏我就不能做呢？这样想的人，不知道自己与别人固然是平等的，但是既然有主观、客观的区别，那么观察的结果显然有差别，责备的轻重程度也不能不随之增减。人们的行为常常包含了很多因素：如遗传的品性，养成的习惯，所受教育的熏陶，境遇的束缚，外因的压迫，情感的刺激，等等，都是左右人们行为的力量。既然事情是我做的，那么一切原因就都可以通过自我反省找到。即使当事人容易被碰到的事情搞糊涂，但事后必定会考虑明白。既然已经找到了原因，那么改过向善，就可以从各个方面努力：如果是由于以前的品性、习惯和所受教育而逐渐形成的，将怎样进行矫正；如果是由于境遇、外因和情感而被迫形成的，将如何进行调节。已经过去的事情已无法挽回，我自然就悔恨自己的错误；但是如果有迫不得已的原因，就应当原谅自己。未来的日子，掌控权在自己手中，我有什么好气馁的呢？至于别人，是由于以前的品性、习惯和教育而逐渐形成的，还是由于境遇、外因和情感而被迫形成的，绝不可能是我能深刻了解的。假如我任意拿一个推测出来的原因而对他严加责备，这恰当吗？何况人人都有严厉责备自己的机会，我又何必越俎代庖呢？所以严于责备自己，而轻于责备别人，这样才不会失去平等的真正含义。否则，表面上看似平等，实际上却变得特别不平等。

【原文】

孔子曰：“躬自厚，而薄责于人，则远怨矣。”韩退之又申明之曰：“古之君子，其责己也重以周，其责人也轻以约。重以周，故不怠；轻以约，故人乐为善。”其足以反证此义者，孟子言父子责善之非，而述人子之言曰：“夫子教我以正，夫子未出于正也。”原伯及先且居皆以效尤为罪咎。椒举曰：“惟无瑕者，可以戮人。”皆言责人而不责己之非也。

准人我平等之义，似乎责己重者，责人亦可以重，责人轻者，责己亦可以轻。例如多闻见者笑人固陋，有能力者斥人无用，意以为我既能之，彼何以不能也。又如怙过饰非者，每喜以他人同类之过失以自解，意以为人既为之，我何独不可为也。不知人我固当平等，而既有主观、客观之别，则观察之明晦，显有差池，而责备之度，亦不能不随之而进退。盖人之行为，常含有多数之原因：如遗传之品性，渐染之习惯，薰受之教育，拘牵之境遇，压迫之外缘，激刺之感情，皆有左右行为之势力。行之也为我，则一切原因，皆反省而可得。即使当局易迷，而事后必能审定。既得其因，则迁善改过之为，在在可以致力：其为前定之品性、习惯、及教育所驯致耶，将何以矫正之；其为境遇、外缘、及感情所逼成耶，将何以调节之。既往不可追，我固自怨自艾；而苟有不得已之故，决不虑我之不肯自谅。其在将来，则操纵之权在我，我何馁焉？至于他人，则其驯致与迫成之因，决非我所能深悉。使我任举推得之一因，而严加责备，宁有当乎？况人人各自有其重责之机会，我又何必越俎而代之？故责己重而责人轻，乃不失平等之真意，否则，迹若平而转为不平之尤矣。

第八讲 勿畏强而侮弱

《诗经·大雅·崧高》中说："人们常说：碰到柔软的东西就吞下去，碰到坚硬的东西就吐出来。只有仲山甫碰到柔软的东西不吞下去，碰到坚硬的东西也不吐出来，不欺负孤寡老人，不畏惧强权暴力。"在人际交往的时候，大家互相平等；而古人用食物的吞吐打比方，非常不恰当：仲山甫之所以不欺软怕硬，是因为他坚持履行不欺侮弱小、不畏惧强暴的义务。

畏惧强暴和欺侮弱小，这两件事的主体虽然有施加与承受的不同，其作用也有积极与消极的区别。但无论哪一方面，都被强弱无须平等的错误观念所蒙蔽。我畏惧强暴，是认为自己比对方弱小，所以不敢与他平等，那么强者遇到比自己弱小的人，自然会认为对方不敢与我平等就去欺侮他。还有，我欺负弱小，是认为自己比对方强大，没有必要与对方平等，那么遇到比我强大的人，自然会认为对方不会与我平等而畏惧他。上述现象表面上看似不同，其实内心的想法相同。纠正其中的一个方面，则其他方面自然会随之消失。

我们在称赞侠义的行为时会说："路见不平，拔刀相助。"说的就是看到恃强凌弱的行为，就马上帮助弱者抵抗强者的欺侮。强者还没有欺侮我，而我已经主动上前与之抗争，又怎会因为他的欺辱反而畏惧他？弱者与我素不相识，而我尚且主动上前帮助他，又怎会因为他亲近我反而欺辱他？那种拔刀相助的举动，虽说属于侠义行为，但打抱不平的想法则人人都有。我们如果能把这种打抱不平的精神发扬光大，那么畏惧强暴、欺侮弱小的恶念，自然就无法萌发了。

【原文】

崧高之诗曰："人亦有言：柔则茹之，刚则吐之。唯仲山甫柔而不茹，刚亦不吐，不侮鳏寡，不畏强御。"（按：此句实出于《诗经·大雅·烝民》）人类之交际，彼此平等；而古人乃以食物之茹、吐为比例，甚非正当；此仲山甫之所以反之，而自持其不侮弱、不畏强之义务也。

畏强与侮弱，其事虽有施受之殊，其作用亦有消极与积极之别。然无论何一方面，皆蔽于强弱不容平等之谬见。盖我之畏强，以为我弱于彼，不敢与之平等也。则见有弱于我者，自然以彼为不敢与我平等而侮之。又我之侮弱，以为我强于彼，不必与彼平等也，则见有强于我者，自然以彼为不必与我平等而畏之。迹若异而心则同。矫其一，则其他自随之而去矣。

我国壮侠义之行有曰："路见不平，拔刀相助。"言见有以强侮弱之事，则亟助弱者以抗强者也。夫强者尚未浼我，而我且进与之抗，则岂其浼我而转畏之；弱者与我无涉，而我且即而相助，则岂其近我而转侮之？彼拔刀相助之举，虽曰属之侠义，而抱不平之心，则人所皆有。吾人苟能扩充此心，则畏强侮弱之恶念，自无自而萌芽焉。

第九讲 爱护弱者

前面已经在《勿畏强而侮弱》中讲过了打抱不平的道理。这是针对强、弱有冲突的时候说的。实际上，无论什么时候，我们常常对弱者深怀同情与不安之心。从人类的心理看，人们都希望人人平等，因此看见有比我弱小的人，就感到上天的不公平，于是想以人力消除这种不平等。减少多余的，补充不足的，从而达到平等，这就是爱护弱者的原理。

进化程度比较低的动物，有的也有爱护弱者的行为。例如秘鲁的野羊，结队而行的时候被捕猎，身体强壮的野羊就停下来，充当保护羊群的要冲，等所有的羊安全通过，最后才走。有的鼠类动物，把食物给瞎了眼的同伴吃。印度有一种小鸟，对于瞎眼或受伤的同伴，都按时喂养。进化程度高的人类，难道连野羊、鼠类和小鸟都不如吗？今天的普通人，在上下车船的时候，遇到身体残疾的人，就给他们让路，并在他们上下车船不方便的时候搀扶他们。在车上，有时遇上妇女上车没有座位，就起身让座；看到她带的东西比较多或者比较重，就帮她传递安放。这些都是爱护弱者的例子。

船在大海中突然遇到不幸，按照惯例，救生船必须让妇女儿童先坐。等到有空余的位置，男子才能够乘坐。如果有不明事理，敢与妇女儿童争抢的男子，即便是当场枪毙了他，也不为过。这是为了爱护弱者，情急之下没有时间考虑而作出选择的缘故。

战争难免要杀人，这是没有办法的事。然而对已经投降和受伤的士兵、敌国的妇女儿童，按照惯例不得加以残害。德国的飞艇和潜水艇，在“一战”时杀害的无辜妇女儿童不在少数，而舆论对德国的攻击，特别把他们加害妇女儿童作为口实。这也可以看出，爱护弱者是人类共同的意愿。

【原文】

前于《勿畏强而侮弱》说，既言抱不平理。此对于强、弱有冲突时而言也。实则吾人对于弱者，无论何时，常有恻然不安之感想。盖人类心理，以平为安，见有弱于我者，辄感天然之不平，而欲以人力平之。损有余以益不足，此即爱护弱者之原理也。

在进化较浅之动物，已有实行此事者。例如秘鲁之野羊，结队旅行，遇有猎者，则羊之壮而强者，即停足而当保护之冲，俟全队毕过，而后殿之以行。鼠类或以食物饷其同类之瞽者。印度之小鸟，于其同类之瞽者、或受伤者，皆以时赡养之。曾是进化之深如人类，而羊、鼠、小鸟之不如乎？今日普通之人，于舟车登降之际，遇有废疾者，辄为让步，且值其艰于登降而扶持之。坐车中或妇女至而无空座，则起而让之；见其所携之物，有较繁重者，辄为传递而安顿。此皆爱护弱者之一例也。

航行大海之船，猝遇不幸，例必以救生之小舟，先载妇孺。俟有余地，男子始得而占之。其有不明理之男子，敢与妇孺争先者，虽枪毙之，而不为忍。为爱护弱者计，急不暇择故也。

战争之不免杀人，无可如何也。然已降及受伤之士卒，敌国之妇孺，例不得加以残害。德国之飞艇及潜水艇，所加害者众矣；而舆论攻击，尤以其加害于妇孺为口实。亦可以见爱护弱者，为人类之公意焉。

第十讲 爱 物

孟子曾经说过："对亲人亲近就会对百姓仁爱，对百姓仁爱就会爱惜万物。"人们如果有亲近和仁爱的善心，就没有不把善心推及到万物的。所以说："君子对于禽兽，看到它们活蹦乱跳，就不忍心看到它们死去；听到它们悲哀的叫声，就不忍心吃它们的肉。"孟孙打猎时，猎获了一只小鹿，让秦西巴用车拉回去。母鹿一直跟在车子后面不肯离去，秦西巴不忍心，把小鹿放回了母鹿身边。孟孙得知后非常愤怒，就赶走了秦西巴。过了三个月，孟孙又把秦西巴召回，请他做自己儿子的老师。他对人说："他连小鹿都不忍心加害，又怎么会加害小孩呢？"这足以说明爱人之心与爱物之心是相通的，这是古人早已公认的了。近代，随着科学的进步，能够引导人们爱护万物的方法也就更多了。大体如下：

一、古人多持"神创造动物供人享用"的观点。齐国的田氏在厅堂中祭祀，来吃饭的客人有千余人。来的客人中有献鱼和大雁的。田氏看到鱼雁后，感叹道："上天对于人类太仁厚了，生长出五谷和鱼鸟供人享用。"客人们都随声附和。鲍氏的儿子只有十二岁，坐在次席，走上前说："事实并不像您所说的那样。天地万物与人共同生存，只是种类不同而已。种类没有贵贱之分，仅仅大小、智慧和力量相互制约，相互之间把另外的种类作为自己的食物，并不是谁为谁而生存。人类获取可以吃的东西来吃，难道它们是上天本来为人而生的？而且蚊子蚋虫叮咬人的皮肤，老虎豺狼吃肉，难道是上天本来为蚊子蚋虫而生人、为老虎豺狼而生肉的吗？”这个姓鲍的小孩说的话多么深刻。自从生物进化学说诞生以来，我们已经认识到人类都是由别的动物进化而来的，彼此的祖先相同，只不过各自的种属关系比较疏远罢了。

二、古人又有“动物只有知觉，唯独人类有灵魂”的观点。随着生理学的进一步发展，人们明白所谓的灵魂，不外是人类意识的总和罢了。后来又随着动物心理学的进一步发展，又先后发现了能说话的狗、会计算的马，可知动物的意识，本来就和人类一样，只不过程度比较低而已。

三、古人用来助力的工具，只能依赖动物；在动物精疲力竭之后还不满足，于是驱使的人常常用鞭子抽打、呵斥它们，所以爱物之心常常被利己之心阻遏抑制。自从机器制造业繁荣兴盛以来，运输和耕作这些长期以来利用动物的劳动，逐渐被机械替代。于是虐待动物的行为就逐渐减少了。

四、古人把吃肉当做养生的主要手段。自从医学发现了吃肉的害处，不仅在于肉可以传播寄生虫，而且在动物被杀死的时候，会产生一种毒素，有害于食肉者健康。于是蔬食主义逐渐流行开来，而屠宰场也有希望在将来被逐渐淘汰。

现在保护动物的组织逐渐广泛传播开来，但屠宰和捕猎动物的行为，一时间还不能绝迹；然而循序渐进地对这种行为进行教导，一定能够使人们养成爱护万物的博大胸怀。东晋的翟庄靠种田吃饭，平常也只爱好射射鸟、钓钓鱼，长大后却不再打猎。有人问他：“钓鱼和打猎都是杀生行为，但是先生只戒除打猎这一项，是为什么呢？”翟庄说：“打猎是我主动下手杀生，钓鱼却是鱼自己贪吃香饵上钩。我不能一下子把这两样全都戒掉，所以先戒掉残忍杀生的那个。”翟庄晚年也不再钓鱼了。毫无疑问，全世界爱物之心的普及，也必定像翟庄逐渐戒掉渔猎的爱好那样循序渐进。

【原文】

孟子有言："亲亲而仁民，仁民而爱物。"人苟有亲仁之心，未有不推以及物者，故曰："君子之于禽兽也：见其生，不忍见其死，闻其声，不忍食其肉。"孟孙猎，得麑，使秦西巴载之，持归，其母随之，秦西巴弗忍而与之。孟孙大怒，逐之。居三月。复召以为子傅，曰："夫不忍于麑，又且忍于儿乎？"可以证爱人之心，通于爱物，古人已公认之。自近世科学进步，所以诱导爱物之心者益甚。其略如下：

一、古人多持"神造动物以供人用"之说。齐田氏祖于庭，食客千人。中有献鱼雁者。田氏视之，乃叹曰："天之于民厚矣！殖五谷，生鱼鸟，以为之用。"众客和之如响。鲍氏之子，年十二，预于次，进曰："不如君言。天地万物，与我并生，类也。类无贵贱，徒以大小智力而相制，迭相食，非相为而生之。人取可食者而食之，岂天本为人生之？且蚊蚋噆肤，虎狼食肉，岂天本为蚊蚋生人，虎狼生肉者哉？"鲍氏之言进矣。自有生物进化学，而知人为各种动物之进化者，彼此出于同祖，不过族属较疏耳。

二、古人又持"动物惟有知觉，人类独有灵魂"之说。自生理学进步，而知所谓灵魂者，不外意识之总体。又自动物心理学进步，而能言之狗，知算之马，次第发现，亦知动物意识，固亦犹人，特程度较低而已。

三、古人助力之具，惟赖动物；竭其力而犹以为未足，则恒以鞭策叱咤临之，故爱物之心，常为利己心所抑阻。自机械繁兴，转运工业，耕耘之工，向之利用动物者，渐以机械代之。则虐使动物之举，为之渐减。

四、古人食肉为养生之主要。自卫生发见肉食之害，不特为微生虫之传导，且其强死之时，发生一种毒性，有妨于食之者。于是蔬食主义渐行，而屠兽之场可望其日渐淘汰矣。

方今爱护动物之会，流行渐广，而屠猎之举，一时未能绝迹；然授之以渐，必有足以完爱物之量者。昔晋翟庄耕而后食，惟以弋钓为事，及长不复猎。或问："渔猎同是害生之事，先生只去其一，何哉？"庄曰："猎是我，钓是物，未能顿尽，故先节其甚者。”晚节亦不复钓。全世界爱物心之普及，亦必如翟庄之渐进，无可疑也。

第十一讲 戒失信

不守信用的行为有两种：说话不算数和不遵守约定的时间。

说话不算数的过错，有的是因为预想的计划发生了变化。如晋文公讨伐原国，事先命令将士准备三天的粮食。没想到攻打了三天，原国坚守不降，晋文公就命令撤军。城内的晋国间谍出来说："原国就要投降了。"军官们说："请等一下再撤军吧！"有的是因为健忘，如卫献公请孙文子、宁惠子吃饭，天很晚了还不召见他们，他自己在园林中射大雁，就是这样的例子。有的是因为轻率地许下诺言，如老子所说的"轻诺必寡信"（轻率地许下诺言的人，肯定很少守信），就是这样的例子。但是晋文公听了军官们的话，回答说："得到原国而失去信，那又有什么用呢？"由此可见，改变预想的计划而不守信用是不可取的。魏文侯与群臣设宴饮酒作乐，天还下着雨，他却让人准备车马，要到野外去。身边的人说："今天饮酒作乐，天又下雨，您准备到哪里去呢？"魏文侯说："我与虞人（掌管山泽园圃和田猎的官员）约好今天打猎，虽然我们饮酒饮得很快乐，难道我能因此而不去赴约吗？"于是他亲自冒雨前往告诉虞人取消打猎，不敢忘记他们的约定。楚人有谚语说："得到一百两黄金，还不如得到季布的许诺。"这是说季布不轻易许诺，一旦许诺，就一定会兑现。

不遵守约定时间的过错，有早到的，有晚到的，有等人的，有让人等的。汉代的郭伋做并州牧，到西河郡美稷县巡视部属，有几百个儿童骑着竹马，在道路旁边拜迎。等到事情办完后，那些儿童又把郭伋送到城外，问他什么时候回来。郭伋计算了一下，告诉他们回来的日子。郭伋巡视完回来，比原先预计的归期早了一天。他认为这样会失信于孩子，便在城外住宿，到了预计的时间才进城。这说明赴约不能早到。汉代的陈太丘与朋友约定中午一同外出，但是过了中午朋友还没有来，就自己先走了。陈太丘走了之后，他的朋友才赶来。陈太丘的儿子陈元方当时七岁，当时正在门外玩。那个朋友问陈元方："你父亲在家吗？"陈元方回答说："我父亲等您等了很久您都没有来，他已经走了。"那个朋友便生气地说："真不是人！和别人约好了一起出行，却丢下别人自己先走了。"陈元方说："您和我父亲约好了中午出行，到了中午还不来，就是不守信用。"那位朋友听了很是惭愧。这说明赴约也不能迟到。唐代的肖至忠年轻时与朋友相约在路上相见，正好赶上下大雪，路人都去躲避，肖至忠却说："哪能与别人约好了时间、地点，却因为避雪而失信的呢？"一直等到朋友来了，他才离去。众人对他的做法非常赞叹佩服。这是等待别人，自己必须遵守约定时间的例子。吴国的卓恕为人诚恳守信，从不失信于人。与别人相约，即使是暴风骤雨、冰天雪地也会如期赴约。他曾经从建业回老家会稽，向诸葛恪告别。诸葛恪问他什么时候会再来。他回答说："某天会再次拜访。"到了这一天，诸葛恪想要尽地主之谊，做东请客。为了等待卓恕的到来，主人与宾客都停着不吃不喝。当时赴会的宾客们，都以为会稽、建业两地远隔千里，又有江河湖泊的险阻，有无风浪难以预料，卓恕哪能按时到来。当卓恕出现在众人面前时，满座的人都非常惊讶。这是让别人等待，自己必须遵守约定时间的例子。

人与人之间的关系，之所以能预见将来，而不会失去原有的秩序，靠的就是事先的约定。有约定而不遵守，那么秩序就会因此而紊乱，人与人之间便会产生猜疑之心。不遵守约定时间的过错，虽说比不讲信用轻些，然而它足以因为浪费别人或自己的时间而丧失信用，也不可不赶紧戒除。

【原文】

失信之别有二：曰食言，曰愆期。

食言之失，有原于变计者，如晋文公伐原，命三日之粮，原不降，命去之。谍出曰："原将降矣。"军吏曰："请待之。"是也。有原于善忘者，如卫献公戒孙文子、宁惠子食，日旰不召，而射鸿于囿，是也。有原于轻诺者，如老子所谓"轻诺（按：当作"诺"）必寡信"是也。然晋文公闻军吏之言而答之曰："得原失信，将焉用之？"见变计之不可也。魏文侯与群臣饮酒乐，而天雨，命驾，将适野。左右曰："今日饮酒乐，天又雨，君将安之？"文侯曰："吾与虞人期猎，虽乐，岂可无一会期哉？"乃往身自罢之，不敢忘约也。楚人谚曰："得黄金百，不如得季布诺。"言季布不轻诺，诺则必践也。

愆期之失，有先期者，有后期者，有待人者，有见待于人者。汉郭伋行部，到西河美稷，有童儿数百，各骑竹马，道次迎拜。及事讫，诸儿复送至郭外，问使君何日当还。伋计日告之。行部既还，先期一日，伋谓违信于诸儿，遂止于野，及期乃入。明不当先期也。汉陈太丘与友期行日中，过中不至。太丘舍去。去后乃至。元方时七岁，戏门外。客问元方："尊君在否？"答曰："待君久不至，已去。"友人便怒曰："非人哉，与人期行，相委而去。"元方曰："君与家君期，日中不至，则是失信。"友人惭。明不可后期也。唐肖至忠少与友期诸路。会雨雪。人引避。至忠曰："岂有与人期，可以失信？"友至，乃去。众叹服。待人不愆期也。吴卓恕为人笃信，言不宿诺，与人期约，虽暴风疾雨冰雪无不至。尝从建业还家，辞诸葛恪。恪问何时当复来。恕对曰："某日当复亲觐。"至是日，恪欲为主人，停不饮食，以须恕至。时宾客会者，皆以为会稽、建业相去千里，道阻江湖，风波难必，岂得如期。恕至，一座皆惊。见待于人而不愆期也。

夫人与人之关系，所以能预计将来，而一一不失其秩序者，恃有约言。

约而不践，则秩序为之紊乱，而猜疑之心滋矣。愆期之失，虽若轻于食言，然足以耗光阴而丧信用，亦不可不亟戒之。

第十二讲 戒狎侮

人类之间本来就是平等的。但有的人很自尊却瞧不起别人，于是便有轻慢侮弄别人的言行。比如王曾与杨亿都做过皇帝的侍从。杨亿喜欢开玩笑，同僚和朋友没有不被他玩笑戏谑的。但他与王曾交谈时，却说："我哪敢和他开玩笑啊！"岂非是因为除了王曾，其余的人都为杨亿所瞧不起吗？人都是相互同情的。但有些人以使别人不快乐作为自己的快乐，于是便有轻慢侮弄别人的言行。比如王凤让人蒙上虎皮吓唬自己的参军陆英俊，几乎把他吓死，而他自己却开怀大笑，就是这样的例子。我们因为一时轻率疏忽，而造成违背人类原本平等的真正意义，丧失了人类之所以为人的本质，又怎么能不以此为戒呢？

古人常常有因为轻慢侮弄别人而得祸的。如许攸自恃功高而骄傲轻慢，曾经在众人围坐的时候直呼曹操的乳名说："阿瞒，你要是没有我，就得不到冀州。"曹操脸上笑着说："你说的是。"但心里很不高兴，后来到底把许攸杀了。又如严武把杜甫当做世交，待杜甫很好，亲自到杜甫家拜访。杜甫也去拜访严武，有时连头巾都不戴，而他的性格又褊急暴躁，曾经在醉酒后登上严武的凳几，瞪着严武说："严挺之竟然有这样的儿子！"严武因此怀恨在心。后来有一天，严武想杀掉杜甫，身边的人告诉了严武的母亲。严武的母亲急忙跑去劝阻严武，杜甫才得以获救。曹操、严武都是因为不能忍受别人的轻慢侮弄而杀人，这种行为固然很残暴；但许攸、杜甫难道不是咎由自取吗？

历史上也有因为轻慢侮弄而导致国家之间开战的。春秋时期，晋国的郤克与鲁国的臧孙许到齐国访问，齐君的母亲肖同侄子踮起脚站在棓（铺设于不平处的跳板）上面偷看，看到来访的使者中有瘸子，有瞎子。于是就派瘸子接待瘸子，瞎子接待瞎子，肖同侄子见此情形便笑了起来，结果被使者听到了。这两个出使的大夫回国后，一起率领军队与齐国在鞍大战。结果齐军大败。这就是轻慢侮弄带来的灾祸。

那些轻慢侮弄别人却没有遭到任何恶报的，也不是没有。如唐朝的高固，很长时间官居闲职，多次被同伴轻视取笑，等到他被任命为邠宁节度使，那些先前嘲笑他的人大多很害怕。然而高固饶了他们，不与计较。宋朝的孙抃（谥号文懿）是眉州人，年轻时家里很穷，想去京城参加科举考试，便到县衙开取推荐文书。县尉李昭言戏谑他说："像你这样的人去京城赶考的有几个？"没想孙文懿以第三名的成绩金榜题名，后来到审官院（主管下级官员的考核选拔）任职。那个叫李昭言的，正好有调令须去见孙文懿等候调遣，心里非常害怕，以为孙文懿肯定不会忘记自己先前戏谑他的话。哪知孙文懿特意派李昭言去做眉州知州。像这类例子，固然是被轻慢侮弄的人宽宏大度，但轻慢侮弄别人的人也害怕得不得了。既然这样，那么当初为什么乐于去那样做呢？

因此，无论按照理论来推断，还是通过事实来验证，轻慢侮弄别人的言行都不能不戒除，这是很清楚的。

【原文】

人类本平等也。而或乃自尊而卑人，于是有狎侮。如王曾与杨亿同为侍从。亿善谈谑，凡寮友无所不狎侮，至与曾言，则曰："吾不敢与戏。"

非以自曾以外，皆其所卑视故耶？人类有同情也。而或者乃致人于不快以为快，于是狎侮。如王凤使人蒙虎皮，怖其参军陆英俊几死，因大笑为乐是也。夫吾人以一时轻忽之故，而致违平等之义，失同情之真，又岂得不戒之乎？

古人常有因狎侮而得祸者。如许攸恃功骄慢，尝于聚坐中呼曹操小字曰："某甲，卿非吾不得冀州也。"操笑曰："汝言是也。"然内不乐，后竟杀之。又如严武以世旧待杜甫甚厚，亲诣其家，甫见之，或时不巾，而性褊躁，常醉登武床，瞪视曰："严挺之乃有此儿。"武衔之。一日欲杀甫，左右白其母，救得止。夫操、武以不堪狎侮而杀人，固为残暴；然许攸、杜甫，独非自取其咎乎？

历史中有以狎侮而启国际间之战争者。春秋时，晋却郤克与鲁臧孙许同时而聘于齐，齐君之母肖同侄子，踊于踣而窥客，则客或跛或眇。于是使跛者迓跛者，眇者迓眇者，肖同侄子笑之，闻于客。二大夫归，相与率师为鞍之战。齐师大败。盖狎侮之祸如此。

其狎侮人而不受何种之恶报者，亦非无之。如唐高固久在散位，数为侪类所轻笑，及被任为邠宁节度使，众多惧。固一释不问。宋孙文懿公，眉州人，少时家贫，欲赴试京师，自诣县判状。尉李昭言戏之曰："似君人物来试京师者有几？"文懿以第三登第，后判审官院。李昭言者，赴调见文懿，恐甚，意其不忘前日之言也。文懿特差昭言知眉州。如斯之类，受狎侮者诚为大度，而施者已不胜其恐惧矣。然则何乐而为之乎？

是故按之理论，验之事实，狎侮之不可不戒也甚明。

第十三讲 戒谤毁

人人都有明辨是非的心理：对的就说对，错的就说错，这是应该的。人人都有称赞善美、憎恶丑恶的情感：好的就称赞，坏的就憎恶，这也是应该的。只是一件事情的是与非，一个人的善与恶，其中的关系很复杂，我们一时的判断，往往不能作为定论。被我们评判为正确的、好的，有时虽不恰当，但其害处很小。而被我们评判为错误的、恶的，如果不恰当，它的害处就会很大。因此，我们评判一个人，倘若不是关系到公共利益、自己的责任之所在，就常常宣扬他的正确与好的地方，而隐去他的错误与恶的地方。如果不能隐去，那么看到他的错误就批评他，发现他的恶处就厌恶他，这也是可以的。如果本来就没有什么错误与恶，而我给他凭空虚构，或者他错误与恶的程度原本不深，而我给他罗织罪名，那就称之为谤毁。谤毁，是我们应当戒除的。

我们试着来探究一下，诽谤的动机到底是什么呢？是嫉妒别人的名誉吗？还是以为别人的失意对自己有利？还是别人与自己有宿怨，用这种方法来中伤别人？凡是像这样的动机，我们都拿来叩问一下自己的良心，没有一个是对的。凡是谤毁别人的人，常常害不了别人，反而恰恰会害了自己。汉代申咸诽谤薛宣不孝，于是薛宣的儿子薛况花钱请侠客杨明在宫门外砍伤了申咸。御史中丞认为这件事不能以平民百姓间的争斗来定论，应该从重处以薛况死刑。而廷尉以为，申咸是因为没有以正直之心去对待别人而被砍伤，应该与伤人者同罪，最终薛况被赦免死罪。今天文明国家的法律规定，如果有人无缘无故谤毁别人名誉，那么被谤毁的人有要求对方赔偿名誉损失的权利，这足以证明谤毁别人恰恰会自己害了自己。

古时那些被谤毁的人，大多也采取不计较的态度，这就是所谓的与其阻止别人的谤毁，不如加强自身修养。汉代的班超受命出使西域，卫尉李邑向皇帝上书，说班超经营西域的事业不可能成功，又极力诋毁班超。汉章帝大为愤怒，严厉斥责李邑，命令他到班超那里去接受调遣。班超就派遣李邑带领乌孙国的侍子回京。徐干对班超说："李邑先前诽谤您，想破坏您经营西域的功业，现在您为什么不依据皇帝诏书把他留在西域，另派其他官员去送乌孙国的侍子呢？"班超说："正是因为李邑先前诽谤了我，所以今天才派他回京。我内心自省没有愧疚，何必顾及别人的议论呢？"北齐崔暹劝文襄帝高澄应该亲近、重用邢劭。邢劭不知道这件事，却瞅机会就在文襄帝面前诋毁崔暹。文襄帝很不高兴，对崔暹说："你说邢劭的优点，而邢劭却专门说你的缺点。邢劭真是个傻瓜啊！"崔暹说："邢劭说的这些都是事实。他不是傻瓜蛋。"这都是这样的例子。虽然自己受到别人的诽谤却不计较，固然不失为品德高尚；但从诽谤者的角度来看，他们不是更加无地自容了吗？我们没有必要问受到诽谤的是怎样的人，但不能不以诽谤者为戒。

【原文】

人皆有是非之心：是曰是，非曰非，宜也。人皆有善善恶恶之情：善者善之，恶者恶之，宜也。惟是一事之是非，一人之善恶，其关系至为复杂，吾人一时之判断，常不能据为定评。吾之所评为是、为善，而或未当也，其害尚小。吾之所评为非、为恶，而或不当，则其害甚大。是以吾人之论人也，苟非公益之所关，责任之所在，恒扬其是与善者，而隐其非与恶者。即不能隐，则见为非而非之，见为恶而恶之，其亦可矣。若本无所谓非与恶，而我虚构之，或其非与恶之程度本浅，而我深文周纳之，则谓之谤毁。谤毁者，吾人所当戒也。

吾人试一究谤毁之动机，果何在乎？将忌其人名誉乎？抑以其人之失意为有利于我乎？抑以其人与我有宿怨，而以是中伤之乎？凡若此者，皆问之良心，无一而可者也。凡毁谤人者，常不能害人，而适以自害。汉申咸毁薛宣不孝，宣子况赇客杨明遮斫咸于宫门外。中丞议不以凡斗论，宜弃市。朝廷直以为遇人，不以义而见疻者，宜与疻人同罪，竟减死。今日文明国法律，或无故而毁人名誉，则被毁者得为赔偿损失之要求，足以证谤毁者之适以自害矣。

古之被谤毁者，亦多持不校之义，所谓止谤莫如自修也。汉班超在西域，卫尉李邑上书，陈西域之功不可成，又盛毁超。章帝怒，切责邑，令诣超受节度。超即遣邑将乌孙侍子还京师。徐干谓超曰："邑前毁君，欲败西域，今何不缘诏书留之，遣他吏送侍子乎？"超曰："以邑毁超，故今遣之。内省不疚。何恤人言？"北齐崔暹言文襄宜亲重邢劭。劭不知，顾时毁暹。文襄不悦，谓暹曰："卿说子才（劭字子才）长，子才专言卿短。此痴人耳。"暹曰："皆是实事。劭不为痴。"皆其例也。虽然，受而不校，固不失为盛德；而自施者一方面观之，不更将无地自容耶？吾人不必问受者之为何如人，而不可不以施为戒。

第十四讲 戒骂詈

我们中国人最容易犯的过失，大概就是骂人吧？素不相识的人，相互之间无意中偶然发生点摩擦，或者是驾车、挑负货物的时候，不小心相撞，本来相互道歉就可以了结的小事，却动辄出口骂人，很长时间都不停嘴。又或者是亲戚朋友之间讨论事情，意见不合，就骂起人来。或者骂对方是畜生，或者侮辱对方的家族。这种情况，中国的东南西北，大体相同。

大家都是人，却突然骂对方是畜生，这是什么道理呢？根据生物进化史，人类不过是哺乳动物中进化程度比较高的；而爬行动物实际上是哺乳动物的祖先。所以发育了二十八天的人胎，与发育天数相同的狗胎、龟胎十分相似。然而辱骂别人是畜生，是骂人家进化程度较低吗？但一般的人，看法并不是这样。汉代的刘宽有一次招待客人，派仆人去买酒。过了很久很久，仆人才大醉而归。客人忍受不了，骂道："畜生养的！"过了一会儿，刘宽疑心仆人会自杀，就派人去看。他对周围的人说："他也是人啊，骂他是畜生养的，还有比这更严重的侮辱吗？所以我怕他会自杀啊。"还有前秦的时候，王堕性情刚直峻洁，痛恨董荣如同仇人，几乎不跟他说话。王堕曾经说："董荣是什么样的鸡狗之人，怎么能让国士跟他说话呢？"董荣听后羞愧难当而心生怨恨，就劝前秦皇帝苻生杀了王堕。等到行刑的时候，董荣对王堕说："你现在还敢骂我董荣是鸡狗吗？"对待辱骂，要么被骂的人可能自杀，要么因为被骂而杀人，可见它对人的刺激是多么强烈。但是现在的人，还以这种话互相斥骂，却丝毫不觉得奇怪，这是为什么呢？

父子兄弟的罪过，不应相互牵连在一起。因为对一个人愤怒而侮辱他的家族，这是什么道理呢？古时候卫国的孙蒯在重丘饮马，打破了水瓶，重丘的人就辱骂孙蒯说："你父亲要变成厉鬼。"齐威王被周安王责备，便骂周安王说："呸，你母亲是个奴婢！"这是古人辱骂别人而牵连其父母的例子。那些骂人的脏话，只有在嘲笑戏弄的时候才用。《抱朴子·疾谬篇》说："嘲笑戏弄的话，有的上及祖先，下到妇女。"作者在文中斥责这种荒谬的做法并痛恨它。陈国国君陈灵公与臣子孔宁、仪行父三人与夏征舒的母亲私通。他们在夏征舒母亲那里饮酒作乐，陈灵公对仪行父说："夏征舒长得像你。"仪行父说："也像国君您。"陈灵公最终因说这些话被夏征舒杀死。但是现在的人，还以这种话互相斥骂，却丝毫不觉得奇怪，这是为什么呢？

其实没有别的原因，只是口说耳听习惯了而已，即使是非常不合情理的话，也不再去追究其中的原因；而且人云亦云，就像发感叹那样随口就来。《说苑》说："孔子家的孩子不知道什么是骂人，是因为他们善于教育孩子。"希望明白事理的人们，注意自己的不文明习惯并加以改正。

【原文】

吾国人最易患之过失，其骂詈乎？素不相识之人，于无意之中，偶相触迕，或驱车负担之时，小不经意，彼此相撞，可以互相谢过了之者，辄矢口骂詈，经时不休。又或朋友戚族之间，论事不合，辄以骂詈继之。或斥以畜类，或辱其家族。此北自幽燕，南至吴粤，大略相等者也。

夫均是人也，而忽以畜类相斥，此何义乎？据生物进化史，人类不过哺乳动物之较为进化者；而爬虫实哺乳动物之祖先。故二十八日之人胎，与日数相等之狗胎、龟胎，甚为类似。然则斥以畜类，其程度较低之义耶？而普通之人，所见初不如是。汉刘宽尝坐有客，遣苍头沽酒。迟久之。大醉而还。客不堪之，骂曰："畜产。"宽须臾，遣人视奴，疑必自杀，顾左右曰："此人也，骂言畜产，辱孰甚焉，故我惧其死也。"又苻秦时，王堕性刚峻，疾董荣如仇雠，略不与言，尝曰："董龙是何鸡狗者，令国士与之言乎？"（龙为董荣之小字。）荣闻而惭憾，遂劝苻生杀之。及刑，荣谓堕曰："君今复敢数董龙作鸡狗乎。"夫或恐自杀，或且杀人，其激刺之烈如此。而今之人，乃以是相詈，恬不为怪，何欤？

父子兄弟，罪不相及，怒一人而辱及其家族，又何义乎？昔卫孙蒯饮马于重丘，毁其瓶，重丘人诟之曰："尔父为厉。"齐威王之见责于周安王也，詈之曰："咄嗟，尔母婢也。"此古人之诟及父母者也。其加以秽辞者，惟嘲戏则有之。《抱朴子·疾谬篇》曰："嘲戏之谈，或及祖考，下逮妇女。"既斥为谬而疾之。陈灵公与孔宁、仪行父通于夏征舒之母，饮酒于夏氏。公谓行父曰："征舒似汝。"对曰："亦似君。"灵公卒以是为征舒所杀。而今之人乃以是相詈，恬不为怪，何欤？

无他，口耳习熟，则虽至不合理之词，亦复不求其故；而人云亦云，如叹词之暗呜咄咤云耳。《说苑》曰："孔子家儿不知骂，生而善教也。"愿明理之人，注意于陋习而矫正之。

第十五讲 文明与奢侈

我们来认识一下人类进化的历史：古时候的人在洞穴居住、在野外生活，现在的人则有完善的住宅；古时候的人茹毛饮血，吃鸟兽的肉，睡鸟兽的皮，现在的人则掌握了烹饪技术、裁缝技术；古时候的人把柴草捆起来做成火炬，用陶土制成灯盏，而现在的人则利用煤气和电力；古时候的人坐车轮没有辐条的原始车子，乘用剖空的巨大树木做成的独木舟，只能作为短距离的交通工具，而现在的人则有汽车和轮船作为交通工具，无论多远的地方都能到达；其他一切日常使用的东西，古时候的粗糙而现在的精细，古时候的简单而现在的复杂，大都如此。所以器物的价值，拿现在与古时候相比，比古时候多百倍，千倍，甚至万倍、亿倍都有，就像古时人节俭而现在的人奢侈，奢侈的程度，随着文明的进步而增加。因此痛恨奢侈的人，就把一切物质文明一并抛弃掉，如法国的卢梭、俄国的托尔斯泰就是这种人。

即使这样，那么文明与奢侈之间关系原本就像这样密不可分吗？并非如此。文明，就是普及社会福利使每个人都可以享用。把道路铺造平整，供人行走；把水过滤清洁，供人饮用；在路边上安电灯，给人照明；在公园里播放音乐，供人聆听；普及教育，开办平民大学，让人受教育；图书馆数量极大的藏书，供人阅读；博物馆价值连城的美术作品，供人鉴赏，因此才称之为文明。而且这些设施，有些为了人们的卫生健康，有些为了增加人们的智慧，有些为了提升人们的道德境界，它们所产生的效益，是其花费的百千万亿倍。所以花费虽然巨大，但不能当做奢侈来看。

奢侈，是一个人的花费，超过了普通人的正常花费，而且又不能产生什么益处，甚至会产生恶劣的影响。如《吕氏春秋》所说："出门用车，回家用辇，一定要让自己安逸舒服，其实这些车辇是招致摔倒的工具；喝醇酒，吃肥肉，一定要让自己身体强壮，其实这些酒是使肠胃腐烂的食物。"这种奢侈恶习，本来是原始部落酋长时期遗留下来的。在古代普通人的生活水平很低的时候，凡高楼大厦、雕梁画栋、玉杯象箸、长夜宴饮、游猎之乐，这种奢侈的花费要超过普通人平均花费多少倍呢？随着普通人的生活水平的渐渐提高，即使有贵族富豪以穷奢极欲著称，但他们的花费超过普通人平均花费的程度，绝对不如原始部落酋长时期那么严重。所以可知文明程度越高，奢侈的程度就相对越低。说今天的文明尚未能消灭奢侈行为，这是可以的；但认为奢侈是文明的产物，那就非常说不通。我们应当详细考察文明与奢侈的区别，崇尚文明，戒除奢侈，这才是折中的做法。

【原文】

读人类进化之历史：昔也穴居而野处，今则有完善之宫室；昔也饮血茹毛，食鸟兽之肉而寝其皮，今则有烹饪、裁缝之术；昔也束薪而为炬，陶土而为灯，而今则行之以煤气及电力；昔也椎轮之车，刳木之舟，为小距离之交通，而今则汽车及汽舟，无远弗届；其他一切应用之物，昔粗而今精，昔简单而今复杂，大都如是。故以今较昔，器物之价值，百倍者有之，千倍者有之，甚而万倍、亿倍者亦有之，一若昔节俭而今奢侈，奢侈之度，随文明而俱进。是以厌疾奢侈者，至于并一切之物质文明而摒弃之，如法之卢梭，俄之托尔斯泰是也。

虽然，文明之与奢侈，固若是其密接而不可离乎？是不然。文明者，利用厚生之普及于人人者也。敷道如砥，夫人而行之；漉水使洁，夫人而饮之；广衢之灯，夫人而利其明；公园之音乐，夫人而聆其音；普及教育，平民大学，夫人而可以受之；藏书楼之书，其数巨万，夫人而可以读之；博物院之美术品，其值不赀，夫人而可以赏鉴之。夫是以谓之文明。且此等设施，或以卫生，或以益智，或以进德，其所生之效力，有百千万亿于所费者。故所费虽多，而不得以奢侈论。

奢侈者，一人之费，逾于普通人所费之均数，而又不生何等之善果，或转以发生恶影响。如《吕氏春秋》所谓“出则以车，入则以辇，务以自佚，命之曰招蹶之机；肥酒厚肉，务以自疆，命之曰烂肠之食”是也。此等恶习，本酋长时代所遗留。在昔普通生活低度之时，凡所谓峻宇雕墙，玉杯象箸，长夜之饮，游畋之乐，其超越均数之费者何限？普通生活既渐高其度，即有贵族富豪以穷奢极侈著，而其超越均数之度，决不如酋长时代之甚。故知文明益进，则奢侈益杀。谓今日之文明，尚未能剿灭奢侈则可；以奢侈为文明之产物，则大不可也。吾人当详观文明与奢侈之别，尚其前者，而戒其后者，则折衷之道也。

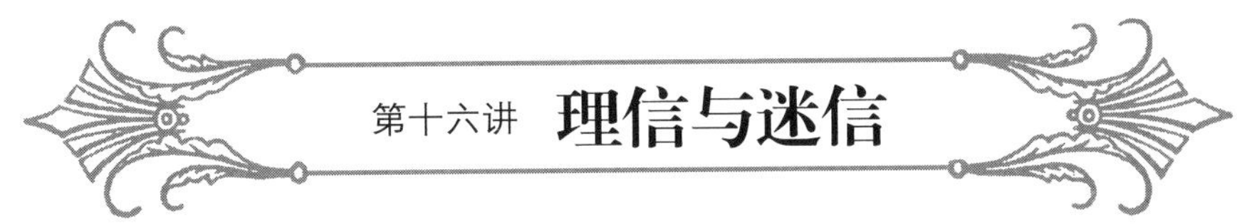

第十六讲 理信与迷信

人的行为遵循一定的标准，彼此之间就不至于发生冲突。一个人的言行发生根本性转变，依靠的就是信仰。信仰也有区别：一是理性，一是迷信。两者是“差之毫厘，失之千里”，所以我们不能不明察。

种瓜得瓜，种豆得豆，有什么样的原因，就有什么样的结果，这是所有人都明白的道理。那些糊涂而不善于明白事理的人，对于较复杂的事理，就不能明察。对于相关的因果关系，常常把事情的起因荒诞地归结为不可知的神，而且一切都依赖神。遇到幸福的事情，就说是神喜欢我而保佑我；遇到不幸的事情，就说是神发怒而降祸于我。于是就做祈求让神高兴而不让神发怒的事情，如祈祷、祭祀、忏悔，设立种种侍奉神的仪式，但这些做法与他们祈求的结果毫不相干。然而人们虔诚地相信它，这就是迷信。

房屋的础石湿润，就是天要下雨的征兆；地上起霜而水结坚冰，表明寒冷；尊敬别人的人，别人也常常尊敬他，爱护别人的人，别人也常常爱护他，这是人之常情；看到有什么样的原因，就能推断出什么样的结果，这是所有人都能相信的。糊涂而不善于明白事理的人，已经把一切原因都归结于神，而神的心情又不能实际测验，于是抱着非常侥幸的心理，想找到一个神与人之间的媒介，作为窥测神的心情的工具，于是就有巫婆、卜人、星士这类人，利用人们的需求而自欺欺人：或者假托自己是天使，或者自夸是先知，或者用龟甲蓍草占卜，或者用星象占卜，或者解释梦的预兆，或者观察人的气色，或者测算人的生辰八字，或者察看其先人坟墓的风水，所有这些都是为其种种预言做的准备，但与人们所寻求的真正原因又毫不相干。然而人们虔诚地相信它，这也是迷信。

理信则不是这样，它所确立的因果关系，常常通过无数次的实验归纳得出结论，所以能够破除以往的迷信。例如日食、月食现象，古人说这是上天对人类的警告，现在我们知道这是由于月球或地球的影子偶尔遮住太阳造成的，并且可以预测日食、月食再次发生的时间。瘟疫，古人认为是神对人类的惩罚，现在我们知道是由微生物的传染造成的，并且可以预防。人类之所以能成为万物的灵长，古人认为是天神在创造万物的时候，赋予人得天独厚的条件；现在我们认识到人类是生物进化过程中的一个级别，因为他们观察自然的能力，同类之间相互帮助的感情，都比其他生物种类先进，所以进化的程度特别高。这些都是理信的有力证明。

人类如果能破除迷信而坚持理信，那样就可以省去毫无意义的祈求和希望，把全部的精神与力量用于有益于社会的事业，而且天天都有进步。

【原文】

人之行为，循一定之标准，而不至彼此互相冲突，前后判若两人者，恃乎其有所信。顾信亦有别，曰理信，曰迷信。差以毫厘，失之千里，不可不察也。

种瓜得瓜，种豆得豆，有是因而后有是果，尽人所能信也。昧理之人，于事理之较为复杂者，辄不能了然。于其因果之相关，则妄归其因于不可知之神，而一切倚赖之。其属于幸福者，曰是神之喜我而佑我也，其属于不幸福者，曰是神之怒而祸我也。于是求所以喜神而免其怒者，祈祷也，祭告也，忏悔也，立种种事神之仪式，而于其所求之果，渺不相涉也。然而人顾信之，是迷信也。

础润而雨，征诸湿也；履霜坚冰至，验诸寒也；敬人者人恒敬之，爱人者人恒爱之，符诸情也；见是因而知其有是果，亦尽人所能信也。昧理之人，既归其一切之因于神，而神之情不可得而实测也，于是不胜其侥幸之心，而欲得一神人间之媒介，以为窥测之机关，遂有巫觋卜人星士之属，承其乏而自欺以欺人：或托为天使，或夸为先知，或卜以龟蓍，或占诸星象，或说以梦兆，或观其气色，或推其诞生年月日时，或相其先人之坟墓，要皆为种种预言之准备，而于其所求果之真因，又渺不相涉也。然而人顾信之，是亦迷信也。

理信则不然，其所见为因果相关者，常积无数之实验，而归纳以得之，故恒足以破往昔之迷信。例如日食、月食，昔人所谓天之警告也，今则知为月影、地影之偶蔽，而可以预定其再见之时。疫疠，昔人所视为神谴者也，今则知为微生物之传染，而可以预防。人类之所以首出万物者，昔人以为天神创造之时，赋畀独厚也；今则知人类为生物进化中之一级，以其观察自然之能力，同类互助之感情，均视他种生物为进步，故程度特高也。是皆理信之证也。

人能祛迷信而持理信，则可以省无谓之营求及希冀，以专力于有益社会之事业，而日有进步矣。

第十七讲 循理与畏威

人一生下来就有爱自己和爱他人的心性，因而生发为利己和利人的行为。利人利己的行为，或者舍己为人的行为是善行。过于利己，而不惜伤害他人的行为是恶行。这是古今中外都认同的道理。

在人类的蒙昧时代，人类的心胸还很狭隘，只看到自己的利益而看不到他人的利益，所以会产生很多只顾及自己的利益而损害他人利益的行为。有比较先知先觉的人，看到这样的行为对整个群体有害，就思考用什么样的办法防止，于是就有了赏罚：对做善事的人就奖赏，对做恶事的人就处罚，这就是法律的创始，也称为酋长的权威。酋长的赏罚不可能完全公平无私；他对于群体中每个成员的监督，作为赏罚的标准，都不可能周密而没有任何疏漏。于是那些隶属于酋长的人，又钻空子找到了趋利避害的办法，而不畏惧做恶事；酋长也就失去权威。

有想帮助酋长恢复权威的人说："监督别人行为的人，不只是酋长，还有神。我们即使一个人在房子里，其言行也如同有众人的监督。做善事，神就赐福给他；做坏事，神就惩罚他。神不仅会在人活着的时候进行奖赏与惩罚，也会在人死后进行奖赏与惩罚：行善的人死后让他升上天堂，作恶的人死后被打入地狱。"又有人说："神的奖赏与惩罚，不只是给他一个人，也会波及他的子孙：行善的人子孙又多又贤能，作恶的人子孙没出息，甚至会断子绝孙。"还有人说："神对人的奖赏与惩罚，不只是给他的今生，还会给他的来世：行善的人来世会成为幸福的人，而作恶的人来世会转生为贫苦残废的人，甚至会投胎为畜生。”这些都是宗教人士的言论。这就是所谓的神的权威。

即使这样，神的奖赏与惩罚，果真会那样吗？难道未来的痛苦与快乐，当真足以影响人现世的行为吗？所以虽说有所谓的神的权威，而人还是难免像过去那样做恶事。

况且那些君主、官吏、教主，动辄利用酋长和神的权威，强迫人们不做善事而去作恶事。其中最明显的，就是政治斗争和宗教战争。于是，所谓的权威不仅在惩恶扬善上没有成效，而且起了坏作用。

随着人类智力的发展进步，科学便产生了。科学，就是抛弃权威而追求真理。真理是什么？回答是，我所说的自己，就是别人所说的他人。我所说的他人，就是别人所说的自己。所以从相通的一面来看，没有所谓的自己与他人，而可以同样称为人。人与人之间，只要相互关爱，就能互惠互利。如果不得已而不能使所有人都获得利益，那么牺牲最少数人的利益，让大多数人获得利益，完全不必计较谁牺牲了自己的利益。像这样，行善就是件快乐的事，人们又何苦去作恶呢？

我们的所作所为，既然把真理作为准则，自然就不会去依赖权威；而且对那些产生坏作用、坏影响的所谓权威，务必一个个相继清除，以造就一个自由平等的世界，这就是我们天然的责任。

【原文】

人生而有爱己爱他之心象，因发为利己利他之行为。行为之己他两利，或利他而不暇利己者为善。利己之过，而不惜害他人者为恶。此古今中外之所同也。

蒙昧之世，人类心象尚隘，见己而不及见他，因而利己害他之行为，所在多有。有知觉较先者，见其事之有害于人群，而思所以防止之，于是有赏罚：善者赏之，恶者罚之，是法律所托始也。是谓酋长之威。酋长之赏罚，不能公平无私也；而其监视之作用，所以为赏罚标准者，又不能周密而无遗。于是隶属于酋长者，又得趋避之术，而不惮于恶；而酋长之威穷。

有济其穷者曰："人之行为，监视之者，不独酋长也，又有神。吾人即独居一室，而不啻十目所视，十手所指。为善则神赐之福，为恶则神降之罚。神之赏罚，不独于其生前，而又及其死后：善者登天堂，而恶者入地狱。"或又为之说曰："神之赏罚，不独于其身，而又及其子孙：善者子孙多且贤，而恶者子孙不肖，甚者绝其嗣。"或又为之说曰："神之赏罚，不惟于其今生也，而又及其来世：善者来世为幸福之人，而恶者则转生为贫苦残废之人，甚者为兽畜。"是皆宗教家之所传说也。是谓神之威。

虽然，神之赏罚，其果如斯响应乎？其未来之苦乐，果足以抑现世之刺冲乎？故有所谓神之威，而人之不能免于恶如故。

且君主也，官吏也，教主也，辄利用酋长之威，及神之威，以强人去善而为恶。其最著者，政治之战、宗教之战是也。于是乎威者不但无成效，而且有流弊。

人智既进，乃有科学。科学者，舍威以求理者也。其理奈何？曰，我之所谓己，人之所谓他也。我之所谓他，人之所谓己也。故观其通，则无所谓己与他，而同谓之人。人之于人，无所不爱，则无所不利。不得已而不能普利，则牺牲其最少数者，以利其最大多数者，初不必问其所牺牲者之为何人也。如是，则为善最乐，又何苦为恶耶？

吾人之所为，既以理为准则，自然无恃乎威；且于流弊滋章之威，务相率而廓清之，以造成自由平等之世界，是则吾人之天责也。

第十八讲 坚忍与顽固

《汉书·律历》上说："凡是音律、度量衡器具都是用铜制成。用铜制成的器具非常精良，不会因为干燥、潮湿、寒冷、酷热而改变品质，不会因为经受风雨而改变形状，稳定恒久，像君子高洁的品行，所以用铜来制作这些器具。"《考工记》上说："金属铸造的含量配比有六种：锡占六分之一（6：1），称之为制造钟鼎的含量配比；金锡比例为5：1，称之为制造刀斧类器物的含量配比；金锡比例为4：1，称之为制造戈戟类器物的含量配比；金锡比例为3：1，称之为制造大刀类器物的含量配比；金锡比例为5：2，称之为制造削、杀、矢类武器的含量配比；金锡各占一半（1：1），称之为制造镜类器物的含量配比。"唐代的贾公彦解释说："这里的金说的就是铜。"那么，铜的品质，可从两个方面来观察：一是面对外界的各种条件变化，铜不会被侵蚀；二是用来制造器具，它能调合其他金属的优点，因此形成种种不同的特性。所谓铜的特点好像君子高洁的品行，也应该从两个方面来看。孔子说："一个人的志向不可能被强行更改。"孟子说："高官厚禄迷惑不了自己的思想，贫穷困苦改变不了自己的志向，强权武力屈服不了自己的意志。"这不正像铜的恒久不变的特性吗？这就是所谓的坚忍。孔子说："见到德才兼备的人，就要向他看齐。"又说，"见多识广，选择其中好的来学习。"孟子说："要乐于吸取别人的优点来行善。"荀子说："君子的学习就像生物脱去旧的表皮一样，应不断地变化更新。"这难道不像铜与锡按照不同的含量配比制成新的器具吗？这就是不顽固。

坚忍的人，有一定的宗旨来规范自己的行为，而不被不符合宗旨的外部因素扰乱，所以遇到适合宗旨的新知识，必定欢迎。顽固的人，本来就没有什么宗旨，只是由于不习惯革新而产生一种无意识的反动；倘若外界的因素与他的惰性相遇，他就会转变立场而不再回头。因此，坚忍的人必定不顽固，而顽固的人反而不坚忍。

没看过清朝末年的历史吗？清政府从慈禧太后以下，因为仇视新法而仇视外国人，所以才有利用“义和团”反对洋人之战，可以说是顽固了。然而，一经庚子年（1900）八国联军的侵略压迫，那些原来排外的人，马上就变得崇洋媚外了。只要是外国人，不管贤愚一律崇拜；凡是外国的习俗，不问是非全都仿效。他们的不坚忍到了怎样的地步！革命志士感慨政坛风气不好，想通过欧化来挽救，这些可以说是不顽固。清政府对革命志士采取放逐、囚禁、杀戮等方法加以镇压，始终不能改变他们的志向。他们的坚忍又到了怎么的程度！坚忍与顽固的区别，看看双方的表现对比，就更加确凿了。

【原文】

《汉书·律历》云：“凡律度量衡用铜。为物至精，不为燥湿寒暑变其节，不为风雨暴露改其形，介然有常，有似于士君子之行。是以用铜。”《考工记》曰：“金有六齐：六分其金而锡居一，谓之链鼎之齐；五分其金而锡居一，谓之斧斤之齐；四分其金而锡居一，谓之戈戟之齐；三分其金而锡居一，谓之大刃之齐；五分其金而锡居二，谓之削杀矢之齐；金锡半，谓之鉴燧之齐。”贾疏曰：“金谓铜也。”然则铜之质，可由两方面观察之：一则对于外界倪来之境遇，不为所侵蚀也；二则应用于器物之制造，又能调合他金属之长，以自成为种种之品格也。所谓有似于士君子之行者，亦当合两方面而观之。孔子曰："匹夫不可夺志。"孟子曰："富贵不能淫，贫贱不能移，威武不能屈。"非犹夫铜之不变而有常乎？是谓坚忍。孔子曰："见贤思齐焉。"又曰："多闻择善者而从之。"孟子曰："乐取于人以为善。"荀子曰："君子之学如蜕。"非犹夫铜之资锡以为齐乎？是谓不顽固。

坚忍者，有一定之宗旨以标准行为，而不为反对宗旨之外缘所憧扰，故遇有适合宗旨之新知识，必所欢迎。顽固者本无宗旨，徒对于不习惯之革新，而为无意识之反动；苟外力遇其堕性，则一转而不之返。是故坚忍者必不顽固，而顽固者转不坚忍也。

不观乎有清之季世乎？满洲政府，自慈禧太后以下，因仇视新法之故，而仇视外人，遂有"义和团"之役，可谓顽固矣。然一经庚子联军之压迫，则向之排外者，一转而反为媚外。凡为外人，不问贤否，悉崇拜之；凡为外俗，不问是非，悉仿效之。其不坚忍为何如耶？革命之士，慨政俗之不良，欲输入欧化以救之，可谓不顽固矣。经政府之反对，放逐囚杀，终不能夺其志。其坚忍为何如耶？坚忍与顽固之别，观夫此而益信。

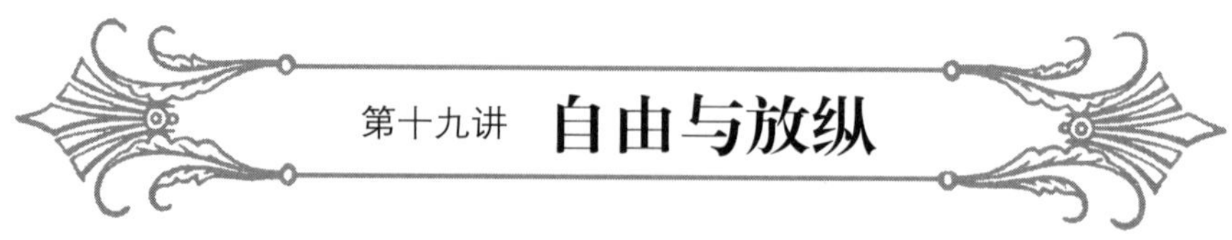

第十九讲 自由与放纵

自由，是一种美德。比如我们的思想、身体、言论、居处、职业、集会等等，都具有一定限度的自由。如果我们的自由受到外界的压制，而达不到应有的限度，那么我们就一定竭尽全力去争取，即使要付出流血的代价，也在所不惜，这就是所谓的“不自由，毋宁死”。但是如果自由超过了这个限度，不仅自己感到愧疚，也会损害他人，那样就不再是自由，而是放纵了。放纵，是自由的敌人。

人的思想不应该被宗教束缚，不应该被世俗的风尚牵制，而应该完全以良心为标准。这才是真正的自由。如果偶尔有不被良心允许的恶劣想法，但是我却有意纵容它，使它不断积聚滋长，它就会凌驾于良心之上，那就是放纵思想了。

饿了就吃饭，渴了就喝水，困了就睡觉，这是健康的自由。但是如果饮食没有节制，睡觉没有规律，养成不好的习惯，就会因为放纵自己而有害于自身的健康了。

高兴了就唱歌，悲伤了就哭泣，这是发泄感情的自由。然而遇到邻里办丧事，就不在街巷里唱歌，寡妇不在深夜里哭泣，这些都是因为不敢放纵自己的感情。

言论本来是自由的，但有的人用来揭发别人的隐私，或引导别人做奸淫偷盗的坏事；居住本来也是自由的，但是有人在住处制造危险物品，或通宵达旦地吵闹；职业本来是自由的，但是有的人制造假冒产品，贩卖毒品；集会本来是自由的，然而有的人用来传播迷信思想，胡作非为。像以上这些行为，都是放任自己极端的自由，而没有顾虑到别人自由的界限。这都是放纵的过错。

以前的法国大革命争取自由，是我们所崇拜的。然而那时候像罗伯斯庇尔、丹东等人，因为过度偏激，任意杀戮贵族，造成一个恐怖黑暗的时代，这是由于放纵而变成残忍了。近代英国妇女争取选举权，也是为了争取自由，是我们不敢轻视的。但是她们向政府施压的方法，最后发展到烧毁邮件、破坏艺术品的程度，这是因为放纵而变成粗暴了。自由的美德，一旦与放纵相牵涉，那么将会不知不觉地变成粗暴和残忍的行为。我们怎能不警惕而慎重呢?

【原文】

自由，美德也。若思想，若身体，若言论，若居处，若职业，若集会，无不有一自由之程度。若受外界之压制，而不及其度，则尽力以争之，虽流血亦所不顾，所谓“不自由毋宁死”是也。然若过于其度，而有愧于己，有害于人，则不复为自由，而谓之放纵。放纵者，自由之敌也。

人之思想不缚于宗教，不牵于俗尚，而一以良心为准。此真自由也。若偶有恶劣之思想，为良心所不许，而我故纵容之，使积渐扩张，而势力遂驾于良心之上，则放纵之思想而已。

饥而食，渴而饮，倦而眠，卫生之自由也。然使饮食不节，兴寐无常，养成不良之习惯，则因放纵而转有害于卫生矣。

喜而歌，悲而哭，感情之自由也。然而里有殡，不巷歌，寡妇不夜哭，不敢放纵也。

言论可以自由也，而或乃讦发阴私，指挥淫盗；居处可以自由也，而或于其间为危险之制造，作长夜之喧嚣；职业可以自由也，而或乃造作伪品，贩卖毒物；集会可以自由也，而或以流布迷信，恣行奸邪。诸如此类，皆逞一方面极端之自由，而不以他人之自由为界，皆放纵之咎也。

昔法国之大革命，争自由也，吾人所崇拜也。然其时如罗伯士比及但丁之流，以过度之激烈，恣杀贵族，酿成恐怖时代，则由放纵而流于残忍矣。近者英国妇女之争选举权，亦争自由也，吾人所不敢菲薄也。然其胁迫政府之策，至于烧毁邮件，破坏美术品，则由放纵而流于粗暴矣。夫以自由之美德，而一涉放纵，则且流于粗暴或残忍之行为而不觉，可不慎欤？

第二十讲 镇定与冷淡

世事多变，常常有一时突发的现象，不是人们能预料到的。普通人遇到这种情况，常常难免惊慌失措。惟独宽宏坚毅的人能够不动声色，根据情况立即做出决断，来排除众人的疑虑，从而避免产生混乱，这叫做镇定。

三国时诸葛亮在阳平关驻军，只留下一万人守西城。司马懿的大军将到，将士们大惊失色，想不出什么办法来。而诸葛亮神态自然，十分镇静，下令军队放倒旗子，停止敲鼓，打开西城门让士兵扫地洒水。司马懿怀疑城里有埋伏，不敢贸然进攻，带领军队撤到北山。宋朝的刘几在做保州知州的时候，有一天正在大宴宾客；半夜时分，忽然手下报告有士兵作乱。刘几也不问是什么人作乱，反而下令折花向客人劝酒。其间，刘几秘密令人分头出去抓捕，不久就把作乱的人抓到了。刘几继续与客人喝酒作乐直到天亮。宋朝李允则有一次在军中举行宴会，兵器库突然失火。李允则听到消息后仍然饮酒作乐不停。不久，火被扑灭了。李允则秘密派人拿着他的文书到瀛州，用茶叶箱子运载武器盔甲。不到十天，因火损失的武器盔甲又补齐了，而军队中的人都不知道这件事。后来，宋真宗问他这件事。李允则回答说：“储藏军械的地方，防火措施十分严密。我正在军中举行宴会时，兵器库就突然失火，这肯定是内奸在搞破坏。如果我离开宴会去救火，恐怕会有预料不到的事发生。”这几个都不愧为遇事镇定的人。

镇定的人，看起来好像无所事事，实际上是大有作为的人。如果看到世界的急剧变化，却对此没有一点反应，反而用清静无为的理论来宽慰自己，这样就不能称之为镇定，而应该称为冷淡。

西晋末年，北方的少数民族纷纷作乱，社会动荡不安。王衍身负宰辅重任，却不把治理国家放在心上，只知道清谈玄理。年轻的士人对他无比仰慕并极力效仿，于是高傲自大、浮夸荒诞、崇尚清谈的风气成为士人的风习。当时洛阳受到敌兵的危逼，很多官员想劝皇帝迁都以躲避灾难，唯独王衍以卖牛车来安定民心。他的做法好像很镇定，然而西晋备战不力，不久，王衍统率的军队被石勒打败。王衍临死时，看着身边的人说："唉，我们虽然不如古人，但如果以前不崇尚浮夸空谈，全力匡扶天下，也不至于落到今天的地步。"这就是冷淡造成的错误。

宋朝的富弼辞官回家，寻求长生不老的方法。吕大临写信给他说："古代三公没有具体的职务，只有品德高尚的人才能担任：他们在朝廷讨论治国方略，不在朝廷就主持乡里的教化。古代品德高尚的人担当了这样的重任，必定会用这样的方法使百姓觉悟，既成就自己，也成就万物。难道能因为位置的进退、年龄的盛衰而改变呢？而今儒家大道还没有得到彰显，人们热衷于其他学说，不是投于老庄之怀，就是入于佛教之门，人伦混乱，万物衰败。这是您这样品德高尚的人心怀恻隐之心的时候，要以振兴大道为己任，努力改变坏的风气。像那改变心气，一心追求长生不老的做法，是隐居山林的避世之士和那些独善其身的人所喜欢的，这难道能是世人对先生您的期望吗？"富弼因此向他道歉。这是深刻说明冷淡之不可取。

不仅是政治家，即使是不当官的人，看到王衍临死时的悔悟、富弼收到吕大临信后的道歉，知道了冷淡的坏处，也不能不深深以此为戒啊。

【原文】

世界蕃变，常有一时突起之现象，非意料所及者。普通人当之，恒不免张皇无措。而弘毅之才，独能不动声色，应机立断，有以扫众人之疑虑，而免其纷乱，是之谓镇定。

昔诸葛亮屯军于阳平，惟留万人守城。司马懿垂至，将士失色，莫之为计。而亮意气自若，令军中偃旗息鼓，大开西城门，扫地却洒。懿疑有伏，引军趋北山。宋刘几知保州，方大会宾客；夜分，忽告有卒为乱；几不问，益令折花劝客。几已密令人分捕，有顷禽至。几复极饮达旦。宋李允则尝宴军，而甲仗库火。允则作乐饮酒不辍。少顷，火息，密檄瀛州以茗笼运器甲，不浃旬，军器完足，人无知者。真宗诘之。曰："兵机所藏，儆火甚严。方宴而焚，必奸人所为。若舍宴救火，事当不测。"是皆不愧为镇定矣。

镇定者，行所无事，而实大有为者也。若目击世变之亟，而曾不稍受其刺激，转以清静无为之说自遣，则不得谓之镇定，而谓之冷淡。

晋之叔世，五胡云扰。王衍居宰辅之任，不以经国为念，而雅咏玄虚。后进之士，景慕仿效，矜高浮诞，遂成风俗。洛阳危逼，多欲迁都以避其难；而衍独卖牛车以安众心。事若近乎镇定。然不及为备，俄而举军为石勒所破。衍将死，顾而言曰："呜呼，吾曹虽不如古人，向若不祖尚浮虚，戮力以匡天下，犹不至今日。"此冷淡之失也。

宋富弼致政于家，为长生之术，吕大临与之书曰："古者三公无职事，惟有德者居之：内则论道于朝，外则主教于乡，古之大人，当是任者，必将以斯道觉斯民，成己以成物，岂以位之进退，年岁之盛衰，而为之变哉？今大道未明，人趋异学，不入于庄，则入于释，人伦不明，万物憔悴。此老成大人恻隐存心之时，以道自任，振起坏俗。若夫移精变气，务求长年，此山谷避世之士，独善其心者之所好，岂世之所以望于公者。"弼谢之。此极言冷淡之不可也。

观衍之临死而悔，弼之得书而谢，知冷淡之弊，不独政治家，即在野者，亦不可不深以为戒焉。

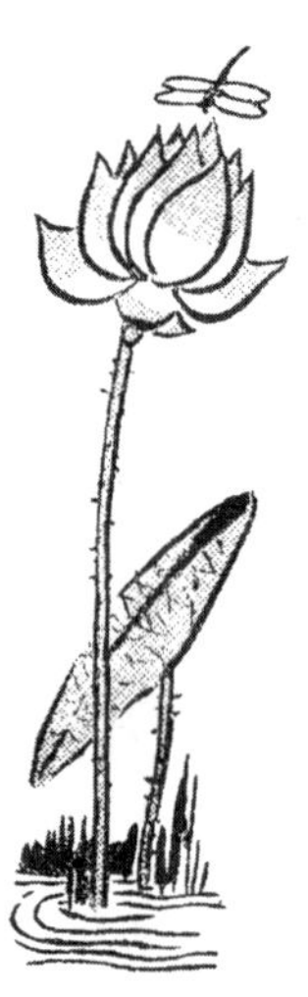

第二十一讲 热心与野心

孟子说："听到鸡叫就起来努力行善的人，是舜一类的人；听到鸡叫就起来，一心想着谋私利的人，是盗跖一类的人。"这两种人勤勉努力，看似相同，但是前者是把义务作为目的，称为"热心"；后者把权利作为目的，称为"野心"。大禹想到天下人有遭受洪灾的，就好像自己遭受洪灾一样；后稷想到天下人有忍饥挨饿的，就好像自己忍饥挨饿一样，这是热心。所以大禹治理水域、平整土地，后稷教人种植庄稼，都对天下人有功。项羽看到秦始皇巡游的威风说："我可以取代他！"刘邦则说："唉！大丈夫应该这样啊！"这是野心。所以残暴的秦朝灭亡后，刘邦、项羽为争夺天下血战了五年。项羽曾经说："天下动荡不安，只不过是因为我们俩人罢了。"野心家给天下带来祸患，大概就是这样。

为了美国的独立，华盛顿尽心尽力于军事达七年之久。建国之后，他又改革世袭君主制为总统选举制。华盛顿被选为总统后，处理政务公正无私。连任两届总统后，他退隐于弗农山庄园耕种，不再卷入任何的政治旋涡之中。在临死的时候，他把一部分家产捐助出来，用于公共教育及其他慈善事业。他可以称为有热心而没有野心的人了。

世上还有那种没有野心但也没有热心的人。如《论语》中提到的长沮、桀溺说："天下像洪水泛滥那样纷乱，谁能使它改变呢？"汉代的马少游说："人的一生，只要能刚刚够吃够穿，坐小轮的车子，骑跑不快的劣马，守好祖先的坟墓，被乡里人称为善人，这样就可以了。”他们就是这样的人。凡是隐居遁世的人，大多是这样的：他们不知道人作为社会的一分子，之所以能够生存，是因为没有哪一样不是社会赐予的。我们能够非常冷漠地置社会需要于不顾，而不竭尽全力去做自己力所能及的事吗？范仲淹说：“士当先天下之忧而忧，后天下之乐而乐。”李燔说：“人不一定等到有官有职后才去建功立业，只要根据自己的能力大小，做一些实实在在有利于他人的事，就是建功立业。”这些都是实话啊。

热心的人，并不一定直接参与社会公共事业。例如科学家们闭门钻研，好像没有参与世事，一旦他们有新的科学发明，那么充分利用它造福苍生，就一定能对社会生活产生非常大的影响。高尚的文学、优美的艺术，起初好像跟实际利益没有什么关系，但是它们陶冶性情的功能，是其他学科无可比拟的。所以勤勤恳恳做学问的学者，也算得上是热心人。但有的人仗着自己有才能，自高自大，看不起人，在别人面前炫耀自己，卖弄自己的智慧，就又变成学术界的野心家了，这又不能不以之为戒。

【原文】

孟子有言：“鸡鸣而起，孳孳为善者，舜之徒也；鸡鸣而起，孳孳为利者，跖之徒也。”二者，孳孳以为之同，而前者以义务为的，谓之“热心”；后者以权利为的，谓之“野心”。禹思天下有溺者，犹己溺之；稷思天下有饥者，犹己饥之；此热心也。故禹平水土，稷教稼穑，有功于民。项羽观秦始皇帝曰：“彼可取而代也。”刘邦观秦始皇帝曰：“嗟夫！大丈夫当如是也。”此野心也。故暴秦既灭，刘、项争为天子，血战五年。羽尝曰：“天下汹汹数岁者，徒为吾两人耳。”野心家之贻害于世，盖如此。

美利坚之独立也，华盛顿尽瘁军事，及七年之久。立国以后，革世袭君主之制，而为选举之总统。其被举为总统也，综理政务，至公无私。再任而退职，躬治农圃，不复投入政治之旋涡。及其将死，以家产之一部分，捐助公共教育及其他慈善事业。可谓有热心而无野心者矣。

世固有无野心而并熄其热心者。如长沮桀溺曰："滔滔者天下皆是也，而谁与易之？"马少游曰："士生一世，但取衣食裁足，乘下泽车，御款段马，守坟墓，乡里称善人，斯可矣。"是也。凡隐遁之士，多有此失；不知人为社会之一分子，其所以生存者，无一非社会之赐。顾对于社会之所需要，漠然置之，而不一尽其力之所能及乎？范仲淹曰："士当先天下之忧而忧，后天下之乐而乐。"李燔曰："凡人不必待仕宦有位为职事方为功业，但随力到处，有以及物，即功业矣。"谅哉言乎！

且热心者，非必直接于社会之事业也。科学家闭户自精，若无与世事，而一有发明，则利用厚生之道，辄受其莫大之影响。高上之文学，优越之美术，初若无关于实利，而陶铸性情之力，莫之与京。故孳孳学术之士，不失为热心家。其或恃才傲物，饰智惊愚，则又为学术界之野心，亦不可不戒也。

第二十二讲 英锐与浮躁

黄帝说："到了中午就应抓紧时间晒东西；手里拿起了刀就要抓紧时间宰割东西。"《吕氏春秋》说："用力贵在突然，用智贵在敏捷。人们看重千里马，是因为它能日行千里，如果走上十天才能到达，就与劣马相同了。人们看重利箭，是因为它能应声而至；如果整整一天才能到达，就跟没有射到目标结果相同了。"这些话是说英锐而勇于进取的重要。周朝人有句谚语说："怕头怕尾，剩下来的身子还有多少？"诸葛亮评价刘繇、王郎说："肚子里充满了许多困惑，胸中塞满了诸多难题。"说的就是不英锐果敢勇于进取的害处。

战国时候的楚丘先生七十岁了。孟尝君对他说："先生您老了。"楚丘先生回答说："让我去追逐野兽麋鹿，与老虎豹子搏斗，我确实已经老了；但让我用正确的言辞去说服诸侯，决断嫌疑、排除犹豫，我才刚刚算是壮年。"这是年纪虽大但英锐而勇于进取的人。东汉的范滂年纪轻轻就被封为清诏使，登上车子，握着辔头，巡行各地监察吏治，慷慨激昂而有澄清天下吏治的宏大志向，这是年龄虽小却英锐而勇于进取的人。

年轻人英锐之气常常远胜于老年人。但是这种锐气如果放纵太过，就会流于浮躁。苏轼评论贾谊、晁错二人说："贾谊是天下奇才，他所说的都是当时的治国良策。但是他让皇帝封他为属国官，想抓住匈奴单于，这就是读书人的大话，年轻人意气用事的表现了。战争，是伤及人命的事，尚且说得这么轻率，就像战国时的赵括轻视秦国、李俱小看楚国一样。如果汉文帝直接采用贾谊的方法，大概天下将会不得安宁。假如贾谊经历了艰难困苦，也一定会后悔自己当时说的话。至于晁错，更被称为刻薄之人。他做御史大夫时，贤明的丞相申屠嘉因他含恨而死。他更改国家的法令，使国家骚动不安。到吴楚等七国叛乱时，晁错就无计可施了。”韩愈评论柳宗元说：“子厚以前年轻的时候，勇于帮助别人，不够谨慎持重，认为功名事业轻易就可取得，所以后来受到牵连而被贬官，最后死在荒僻的边远之地，才干不能为世间所用，抱负不得施展。如果子厚当时在御史台、尚书省做官时，已经能谨慎持重，像后来担任司马、刺史时那样，也自然不会被贬官了。”这些都是怜惜他们英锐而勇于进取过头，变成了浮躁。以贾谊、晁错、柳宗元三人的才华，一旦变得浮躁，就会一蹶不振，不能施展自己的抱负，发挥自己的才能。何况那些才能不及他们的人，又怎么能不小心谨慎，以浮躁为戒呢？

【原文】

黄帝曰：“日中必熭，操刀必割。”《吕氏春秋》曰：“力重突，知贵卒。所为贵骥者，为其一日千里也；旬日取之，与驽骀同。所为贵镞矢者，为其应声而至；终日而至，则与无至同。”此言英锐之要也。周人之谚曰：“畏首畏尾，身其余几。”诸葛亮之评刘繇、王郎曰：“群疑满腹，众难塞胸。”言不英锐之害也。

楚丘先生年七十。孟尝君曰：“先生老矣。”曰：“使逐兽麋而搏虎豹，吾已老矣；使出正词而当诸侯，决嫌疑而定犹豫，吾始壮矣。”此老而英锐者也。范滂为清诏使，登车揽辔，慨然有澄清天下之志。此少而英锐者也。

少年英锐之气，常远胜于老人。然纵之太过，则流为浮躁。苏轼论贾谊、晁错曰："贾生天下奇才，所言一时之良策。然请为属国，欲系单于，则是处士之大言，少年之锐气。兵，凶事也，尚易言之，正如赵括之轻秦，李俱之易楚。若文帝亟用其说，则天下殆将不安矣。使贾生尝历艰难，亦必自悔其说。至于晁错，尤号刻薄，为御史大夫，申屠贤相，发愤而死，更改法令，天下骚然。至于七国发难，而错之术穷矣。"韩愈论柳宗元曰："子厚前时少年，勇于为人，不自贵重，顾借谓功业可立就，故坐废退，材不为世用，道不行于时。使子厚在台省时，已能自持其身，如司马刺史时，亦自不斥。"皆惜其英锐之过，涉于浮躁也。夫以贾、晁、柳三氏之才，而一涉浮躁，则一蹶不振，无以伸其志而尽其才。况其才不如三氏者，又安得不兢兢焉以浮躁为戒乎？

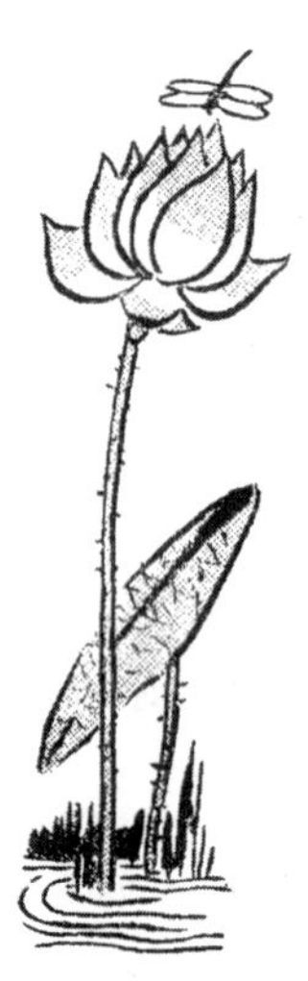

第二十三讲 果敢与卤莽

人活在世上，不可能始终处于平稳的顺境，而是常常会遇到艰难的处境。面对艰难的处境，又不能因为畏惧而退避逃跑，因此人们崇尚果断勇敢。虽然如此，果断勇敢说的并不是盲进。盲进，就是卤莽。果断勇敢，就是有计划，有次序，依据明确的思路进行，并且不屈不挠，而不是贸然行事。

大禹治水，正当洪水滔天之时，他的父亲刚刚因为治水无功而被杀，处境艰难可想而知。但他当时毅然接受重任而没有推辞。他率众凿通龙门，开辟伊阙，疏导江河，用了九年时间平息了水患，整治了土地。他大概是吸取了他父亲只依靠堤防而违逆水的特性以致失败的教训，始终把顺应水的特性作为治水的原则。他疏通、排泄、开凿、导引的功业，都是依据地势而分别选择不同的方法，所以取得成绩。

墨翟为了救宋国，走了很长的路，脚上磨起一层层的老趼。到了楚国，他以“患了偷窃病的人”打比方来劝说楚王放弃攻打宋国。楚王无言以对，于是借口公输般已经为楚国造了云梯，非攻打宋国不可。墨子于是解下衣带当做城池，用木片作为器械，让公输般来进攻。公输般多次用不同的器械攻城，墨子多次成功防御。公输般攻城的器械用完了，而墨子的防御办法还有余。公输般输了，却说：“我知道用什么办法来对付你，但我不说。”墨子也说：“我知道你用什么办法对付我，我也不说。”楚王问是怎么回事。墨子回答说：“公输般的意思，不过是想杀了我。他以为杀了我，宋国没有人能防守，他就可以进攻了。但是我的弟子禽滑厘等三百人，已经拿着守城用的器械，在宋国的城上等着楚国入侵。即使杀了我，也杀不尽宋国守城的人。”楚王说：“好吧，我不攻打宋国了。”方圆五千里的楚国，想要攻打方圆五百里的宋国，又在攻城器械刚刚造成、军队跃跃欲试的时候，想以一己之口舌来加以劝阻，他的果断勇敢到了怎样的程度呢？虽然这样，如果墨子当时没有守城的器械，又假如他有守城的器械而没有代他守城的弟子，那么墨子也只会白白丢掉性命，又怎么能救宋国呢？

蔺相如带着和氏璧给秦国的时候，只带着几个侍从，拿着价值十二座城的珍宝，进入有虎狼之心的秦国，吉凶难以预料。除了蔺相如，没有人敢去。蔺相如到秦国之后，看到秦王没有用十二座城来换和氏璧的诚意，便用严厉的言辞来责备他，并且用头璧俱碎的激烈行动来威胁秦王。即使是贪婪蛮横、不讲信义的秦王，也不能不被他折服。如果不是很清楚地了解秦王的心理，并且提前做好防备的办法，又怎么能这样从容呢？

那些果断勇敢的人，希望对事情有所帮助，而不是沾沾自喜，以此来炫耀自己。看看上面三个人的功绩，足以让我们明白果敢与卤莽的不同，而且只有不卤莽的人才能做到真正的果敢。

【原文】

人生于世，非仅仅安常而处顺也，恒遇有艰难之境。艰难之境，又非可畏惧而却走也，于是乎尚果敢。虽然，果敢非盲进之谓。盲进者，卤莽也。果敢者，有计画，有次第，持定见以进行，而不屈不挠，非贸然从事者也。

禹之治水也，当洪水滔天之际，而其父方以无功见殛，其艰难可知矣。禹于时毅然受任而不辞。凿龙门，辟伊阙，疏九江，决江淮，九年而水土平。彼盖鉴于其父之恃堤防而逆水性、以致败也，一以顺水性为主义。其疏凿排导之功，悉循地势而分别行之，是以奏绩。

墨翟之救宋也，百舍重茧而至楚，以窃疾说楚王。王既无词以对矣，乃托词于公输般之既为云梯，非攻宋不可。墨子乃解带为城，以褋为械，使公输般攻之。公输般九设攻城之机变，墨子九距之。公输般之攻械尽，墨子之守圉有余。公输般诎而曰："吾知所以距子矣，吾不言。"墨子亦曰："吾知子之所以距我，吾不言。"楚王问其故。墨子曰："公输子之意，不过欲杀臣。杀臣，宋莫能守，可攻也。然臣之弟子禽滑厘等三百人，已持臣守圉之器，在城上而待楚寇矣，虽杀臣不能绝也。"楚王曰："善哉！吾请无攻宋。"夫以五千里之楚，欲攻五百里之宋，而又在攻机新成、跃跃欲试之际，乃欲以一处士之口舌阻之，其果敢为何如？虽然，使墨子无守圉之具，又使有其具而无代为守圉之弟子，则墨子亦徒丧其身，而何救于国哉？

蔺相如之奉璧于秦也，挟数从者，赍价值十二连城之重宝，而入虎狼不测之秦，自相如以外，无敢往者。相如既至秦，见秦王无意偿城，则严词责之，且以头璧俱碎之激举胁之。虽贪横无信之秦王，亦不能不为之屈也。非洞明敌人之心理，而预定制御之道，乌能从容如此耶？

夫果敢者，求有济于事，非沾沾然以此自矜也。观于三子之功，足以知果敢之不同于卤莽，而且惟不卤莽者，始得为真果敢矣。

第二十四讲 精细与多疑

《吕氏春秋》说："事物有很多种类，但有的可以类推，有的不可以类推。"孔子说："我厌恶那些似是而非的东西：厌恶杂草，因为怕它妨碍禾苗生长；厌恶紫色，是怕它易与大红色混淆；厌恶郑国的乐曲，因为怕它把雅乐搞乱了；厌恶奸人，因为怕它扰乱正义；厌恶夸夸其谈，因为怕它扰乱诚信风气；讨厌伪君子，因为怕他们败坏道德。"《淮南子》说："有些事物彼此酷似，疑惑难明，令一些人眼花缭乱：有些刚愎自用的人，貌似聪明，实际上并不聪明；愚昧的人好像仁慈，实际上并不仁慈；戆头戆脑的人看似勇敢，实际上是卤莽。"那些表面上类似的东西，大体上就是这样，所以人们对此必须精细观察。

孔子说："大家都喜欢他，一定要考察究竟是为什么；大家都厌恶他，也一定要考察究竟是为什么。"又说，"要观察他因何去做这一事，再观察他如何去做，再观察他做此事的心情如何，安与不安。如此般观察，这个人怎么能隐藏得住呢？"庄子说："人的容貌复杂多变，情感深深潜藏，所以君子要让他到远处任职以观察他的忠诚，让他到近处做事来观察他的敬慎，给他繁难的事情来观察他的能力；向他突然提出问题来观察他的机智，给他期限紧迫的任务来观察他的诚信；把钱财委托给他来观察他的廉洁，告诉他危难的事情来观察他的节操。"这些都是观察一个人的精细方法。不只是观察别人是这样，约束自己也是一样。曾子说："我每天多次反省自己：替别人做事是不是尽心竭力了呢？与朋友交往是不是诚实呢？老师传授的知识是不是复习了呢？”孟子说：“假如有一个人对我蛮横无理，那么作为君子一定会自我反省：我一定不仁慈、一定没有礼貌，不然他怎么会用这样的态度对我呢？反省以后，自己变得仁慈、有礼貌之后，如果那个人还是蛮横无理，那么我一定会又一次自我反省：我一定不忠诚。自我反省而变得忠诚之后，如果那个人的蛮横无理仍然没有改变，那么君子才可以说：这人不过是个狂人罢了。”君子约束自己，也是这样精细。

精细没有别的，只不过是根据自己心力所能达到的程度反省检查自己罢了。如果不反省检查自己，妄自疑虑，那么这就叫多疑。列子说：“有一个人丢失了一把斧头，怀疑是邻居的儿子偷的。他看邻居的儿子走路的样子好像是偷了斧头的，看他的神情好像是偷了斧头的，看他说话的样子好像是偷了斧头的，看他的动作和神态，没有一点不像是没偷斧头的。不久，他在掘地的时候找到了他的斧头。”荀子说：“夏首的南边，有一个名叫涓蜀梁的人。他生性愚蠢而胆小。在月光明亮的晚上一个人夜行，他低头看到自己的影子，以为是伏在地上的鬼，抬头看见自己的头发，以为是站着的鬼怪，于是转身就跑，等到跑到家，就断气死了。”这些说的都是多疑带来的坏处。

其他多疑的事例还有：韩昭侯害怕梦话让妻子听到，就一个人独自睡觉；五代时的张允，家财万贯，为防备盗窃，每天都把许多钥匙别在衣服底下携带。像这样多疑，其实都是所谓的“天下本来没有那么多的事，只是庸人自找麻烦”。多疑和精细相比，怎么能够同日而语呢？

【原文】

《吕氏春秋》曰：“物多类，然而不然。”孔子曰：“恶似而非者：恶莠，恐其乱苗也，恶紫，恐其乱朱也，恶郑声，恐其乱雅乐也，恶佞，恐其乱义也，恶利口，恐其乱信也，恶乡愿，恐其乱德也。”《淮南子》曰：“嫌疑肖象者，众人之所眩耀：故狠者，类知而非知；愚者，类仁而非仁；戆者，类勇而非勇。”夫物之类似者，大都如此，故人不可以不精细。

孔子曰：“众好之，必察焉；众恶之，必察焉。”又曰：“视其所以，观其所由，察其所安，人焉廋哉？”庄子曰：“人者厚貌深情，故君子远使之而观其敬，烦使之而观其能，卒然问之而观其知，急与之期而观其信，委之以财而观其仁，告之以危而观其节。（按：《庄子·列御寇》原文作：“人者厚貌深情……故君子远使之而观其忠，近使之而观其敬，烦使之而观其能，卒然问焉而观其知，急与之期而观其信，委之以财而观其仁，告之以危而观其节。”）皆观人之精细者也。不惟观人而已，律己亦然。曾子曰：“吾日三省吾身：为人谋而不忠乎？与朋友交而不信乎？传不习乎？”孟子曰：“有人于此，其待我以横逆，则君子必自反：我必不仁也，必无礼也，此物奚宜至哉？其自反而仁矣，自反而有礼矣，其横逆由是也，君子必自反也：我必不忠。自反而忠矣，其横逆由是也，君子曰，此亦妄人也已矣。”盖君子之律己，其精细亦如是。

精细非他，视心力所能及而省察之云尔。若不事省察，而妄用顾虑，则谓之多疑。列子曰：“人有亡铁者，意其邻之子：视其行步，窃铁也；颜色，窃铁也；（按：缺“言语，窃也；”）动作态度，无为而不窃铁也。俄而扬其谷，而得其铁。”荀子曰：“夏首之南有人焉，曰涓蜀梁。其为人也，愚而善畏，明月而宵行，俯视其影，以为伏鬼也，仰视其发，以为立魅也，背而走，比至其家，失气而死。”皆言多疑之弊也。

其他若韩昭侯恐泄梦言于妻子而独卧；五代张允，家资万计，日携众钥于衣下。多疑如此，皆所谓“天下本无事，庸人自扰之”者也。其与精细，岂可同日语哉？

第二十五讲 尚洁与太洁

中国人向来以不讲究卫生闻名于世：不经常洗澡；不经常换洗衣服，随地吐痰，用袖子擦鼻涕，不洒扫道路，听任厕所散发臭味，不过滤饮用水，不知道隔离传染病人等。上述情形，从小的方面说会损害一个人的身体健康，从大的方面说话会造成一个地方瘟疫流行。这是我们痛心疾首的事情，希望能够以讲究卫生来互相劝导勉励。

不过，讲究卫生也有一个限度。洗澡、洒扫，一个人就能做好；公共卫生，要大家相互约定才能实行。但是如果不遵循常理，纠正谬误超过了应有的限度，那么它所带来的弊端也很多。

南宋的何佟之，一天洗十几次澡，还嫌不够多；元代倪瓒，洗手洗脸的水要频繁更换，衣服帽子每天也要拂拭好几十次，住房前后的树木和石头也要经常擦洗；清代的洪景融，每天洗脸从早晨洗到正午还洗不完。这些都是太爱干净而浪费时间。

南齐的王思远，对那些登门拜访自己的客人，先派人偷看，如果来客衣服不整洁，他就找借口不前去接待；如果来客仪表整洁，他才与之近坐交谈，等到客人走了之后，他还让仆人擦拭来客坐过的地方。南朝宋的庾炳之，来访的士大夫还没有送出门，他就让人擦拭客人坐过的位子，清洗席子；宋朝的米芾不和别人共用洗漱的手巾和器具。这些都是因为太爱干净而使人难堪。

像那采访各地的风土人情，教化少数民族，挽救孤儿穷人，治疗护理病人，这种情况下不得不进入不卫生的地方，接触到不卫生的人。假如大家都因为爱干净而有所顾虑，不敢前去，那么文明就不能传播，人道主义也将会断绝。汉朝的苏武被扣留在匈奴，住在洞穴中，渴了饿了就以雪和毡毛充饥。宋朝的洪皓被扣留在金国，用马粪生火，烘熟面团来充饥。宋朝的赵善应，在路上遇见病人，就一定收养救济，亲自煮药。瑞士的裴斯泰洛齐在一间房子里收留了五十多个小乞丐进行教育。这些人比，应把王思远、庾炳之等人作何看待呢？

而且讲究卫生整洁也一定要设身处地替别人着想。前秦苻朗与朝廷官员举行宴会，让小孩子跪着张开嘴，等客人把痰吐到他们的嘴里，然后含着出去，称之为“肉痰盂”。不用说，这是良心泯灭的做法。南朝宋的谢景仁居住的地方非常干净漂亮，每次吐痰时，他就吐到左右仆人的衣服上。事情办完了，他给那些人一天时间去洗衣洗澡。他的做法虽然不像苻朗那样残忍，但也是放纵自己蔑视别人人格的做法。而汉朝的郭泰，每次住旅馆，就亲自洒水扫地；等第二天离去后，别的客人进去，看到房间很干净，都会说：“这一定是郭泰昨晚住过的地方。”这真可以作为仿效的榜样啊。

【原文】

华人素以不洁闻于世界：体不常浴，衣不时浣，咯痰于地，拭涕于袖，道路不加洒扫，厕所任其熏蒸，饮用之水，不加滲漉，传染之病，不知隔离。小之损一身之康强，大之酿一方之疫疠。此吾侪所痛心疾首，而愿以尚洁互相劝勉者也。

虽然，尚洁亦有分际。沐浴洒扫，一人所能自尽也；公共之清洁，可互约而行之者也。若乃不循常轨，矫枉而过于正，则其弊亦多。

南宋何佟之，一日洗濯十余遍，犹恨不足；元倪瓒盥颒频易水，冠服拂拭，日以数十计，斋居前后树石频洗拭；清洪景融每赜面，辄自旦达午不休。此太洁而废时者也。

南齐王思远，诸客有诣己者，觇知衣服垢秽，方便不前，形仪新楚，乃与促膝，及去之后，犹令二人交拂其坐处。庾炳之，士大夫未出户，辄令人拭席洗床；宋米芾不与人共巾器。此太洁而妨人者也。

若乃采访风土，化导夷蛮，挽救孤贫，疗护疾病，势不得不入不洁之地，而接不洁之人。使皆以好洁之故，而裹足不前，则文明无自流布，而人道亦将歇绝矣。汉苏武之在匈奴也，居窟室中，啮雪与毡而吞之。宋洪皓之在金也，以马粪燃火，烘面而食之。宋赵善应，道见病者，必收恤之，躬为煮药。瑞士沛斯泰洛齐集五十余乞儿于一室而教育之。此其人视王思远、庾炳之辈为何如耶?

且尚洁之道，亦必推己而及人。秦苻朗与朝士宴会，使小儿跪而开口，唾而含出，谓之肉唾壶。此其昧良，不待言矣。南宋谢景仁居室极净丽，每唾，辄唾左右之衣。事毕，听一日浣濯。虽不似苻朗之忍，然亦纵己而蔑人者也。汉郭泰，每行宿逆旅，辄躬洒扫；及明去后，人至见之曰：“此必郭有道昨宿处也。”斯则可以为法者矣。

第二十六讲 互助与倚赖

西方有一则寓言说：“有非常不幸的甲、乙两人。甲一生下来就是瞎子，乙有残疾不能行走。两人相依为命：甲背着乙走路，乙就给甲指示方向，于是两人各自都减少了痛苦。”甲看不见而乙帮助他，乙不能行走而甲帮助他，这就是互助的意思。

互助的真谛就是这样。甲的义务，就是乙的权利，而同时乙的义务，也是甲的权利：互相付出，即互相获益。把这个道理推及到分工制度：一个人的需要，常常是出于很多人的劳动；而这个人的劳动，也反过来满足很多人的需要。这也是一种复杂的互助。

如果不尽义务，而只是以攫取他人义务的劳动成果作为自己的权利，这称为依赖。

在我国旧社会，依赖风气最为盛行。像乞丐，本来是人人所轻贱鄙视的。然而，那些纨绔子弟、官僚的亲友、帮闲的清客、官署的冗员，凡是无所事事依赖别人而生活的人，哪一个能够比乞丐强呢？

《礼·王制》记载道：“哑巴、聋子、瘸子、残障、侏儒，各自靠自己的能力为生。”晋国的胥臣说：“驼背的让他俯身敲钟，不能弯腰的让他敲击玉磬，侏儒让他表演杂技，瞎子让他演奏音乐，聋子让他掌管烧火。”残障者，尚且以自己的一技之长来养活自己，而那些健康强壮没有疾病的正常人，难道不因依赖别人感到耻辱吗？

过去的慈善家，喜欢向穷人施舍。他们的本意很好，但他们的行为却足以助长人的依赖心理。现在则可以出资兴建贫民工艺厂来代替。饥荒的年份，以劳动代替救济。被监禁的犯人，督促他们做工艺劳动，替他们把挣来的钱储存起来，作为出狱后谋生的资本。这些做法都是为了消除依赖的弊端。

年幼的人，不得不依靠别人而生活，但是如果他能够勤奋学习，成年后努力工作，那么他完全能偿还以前所欠下的债而有剩余。平常勤奋工作，节约开支，把剩余的钱积攒起来，以防备日后不时之需，那么即便是在衰老生病的时候，尚且能依靠自己的积蓄满足自己的需要，而不至于拖累别人，这也是自助的道理，与互助并不矛盾。

【原文】

西人之寓言曰："有至不幸之甲、乙二人。甲生而瞽，乙有残疾不能行。二人相依为命：甲负乙而行，而乙则指示其方向，遂得互减其苦状。"甲不能视而乙助之，乙不能行而甲助之，互助之义也。

互助之义如此。甲之义务，即乙之权利，而同时乙之义务，亦即甲之权利：互相消，即互相益也。推之而分工之制，一人之所需，恒出于多数人之所为，而此一人之所为，亦还以供多数人之所需。是亦一种复杂之互助云尔。

若乃不尽义务，而惟攫他人义务之产业为以权利，是谓倚赖。

我国旧社会倚赖之风最盛。如乞丐，固人人所贱视矣。然而纨绔子弟也，官亲也，帮闲之清客也，各官署之冗员也，凡无所事事而倚人以生活者，何一非乞丐之流亚乎？

《礼·王制》记曰："瘖、聋、跛、躃断者、侏儒，各以其器食之。"

晋胥臣曰："戚施直镈，蘧篨蒙璆，侏儒扶卢，矇瞍修声，聋聩司火。"废疾之人，且以一艺自赡如此，顾康强无恙，而不以倚赖为耻乎？

往昔慈善家，好赈施贫人。其意甚美，而其事则足以助长倚赖之心。今则出资设贫民工艺厂以代之。饥馑之年，以工代赈。监禁之犯，课以工艺，而代蓄赢利，以为出狱后营生之资本。皆所以绝倚赖之弊也。

幼稚之年，不能不倚人以生，然苟能勤于学业，则壮岁之所致力，足偿宿负而有余。平日勤工节用，蓄其所余，以备不时之需，则虽衰老疾病之时，其力尚足自给，而不至累人，此又自助之义，不背于互助者也。

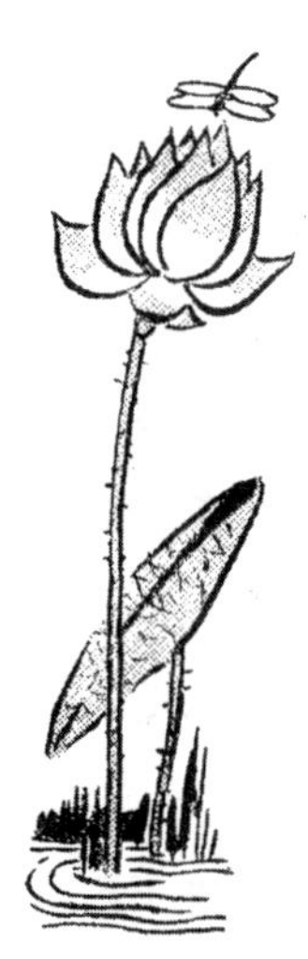

第二十七讲 爱情与淫欲

爱全人类，这是普通意义上的爱，是纯粹的伦理学性质的爱。还有特别的爱，专指男女之间产生的爱，叫做爱情。它以伦理学上的爱为基础，而兼有生理上的爱。生理上的爱，常常因人不同而有专一与混乱、长久与短暂的不同。自从有了夫妻制度，爱情才变得忠贞牢固。这是以伦理之爱约束生理之爱，因而才开始有了纯洁的爱情。

纯洁的爱情，为什么一定限于夫妇之间呢？我说，既然有所爱的人，那么就一定要保护他（她）的健康，使他（她）的心境平和，使他（她）的品格完善，使他的声誉美好，并为对方未来的幸福做好准备。凡是这诸多方面，以今天的社会制度作为标准来衡量，只有夫妻双方才能够担当。如果在夫妻关系之外，放纵生理上的爱欲，而对于所爱之人的命运漠不关心，这不能叫做爱情，只能称之为淫欲。其例如下：

一是纳妾。妾，大多是穷苦人家的女子卖身去做。同样是人，她们却成了商品，我们内心能安宁吗？同样是人，却不能使她们与被爱的人地位平等，而被看做奴隶，我们内心能安宁吗？一旦纳妾，那么夫妻之间不断产生猜忌嫌怨，也就破坏了家庭的平和气氛：或者放纵妻子虐待小妾，或者宠爱小妾而疏远妻子，种种罪恶由此而产生。稍微有点人性的话，怎么能忍心做出这样的事情？

二是嫖妓。妓女，大多是穷苦的青年女子受人诱惑，或被人压迫控制，都是迫不得已而以此作为职业。社会上的人都把她们看做是没有人格的人。我们现在怜悯她们还来不及，哪里忍心轻视她们呢？有人为妓女赎身，原本也是一种解救的方法；但是如果不慎重地为她们选择好的配偶，而是占有她们作为自己的小妾，那就是善事没有做完，而又让自己陷入了罪恶之中。

三是通奸。凡是犯有通奸罪的人，不论男女，常常被社会鄙视，对于女性更为严重，往往因此毁掉了她终身的幸福：严重的自杀，更严重的是被杀。想到这些，我们能不为他们非常担心害怕，而严厉禁止吗？

其他不纯洁的爱情，不应该触犯的道理，大体与此相似，一推想就可以明白。

【原文】

尽世界人类而爱之，此普通之爱，纯然伦理学性质者也。而又有特别之爱，专行于男女之间者，谓之爱情，则以伦理之爱，而兼生理之爱者也。生理之爱，常因人而有专泛久暂之殊，自有夫妇之制，而爱情乃贞固。此以伦理之爱，范围生理之爱，而始有纯洁之爱情也。

纯洁之爱，何必限于夫妇？曰既有所爱，则必为所爱者保其康健，宁其心情，完其品格，芳其闻誉，而准备其未来之幸福。凡此诸端，准今日社会之制度，惟夫妇足以当之。若于夫妇关系以外，纵生理之爱，而于所爱者之运命，恝然不顾，是不得谓之爱情，而谓之淫欲。其例如下：

一曰纳妾。妾者，多由贫人之女卖身为之。均是人也，而侪诸商品，于心安乎？均是人也，使不得与见爱者敌体，而视为奴隶，于心安乎？一纳妾而夫妇之间，猜嫌迭起，家庭之平和为之破坏；或纵妻以虐妾，或宠妾而疏妻，种种罪恶，相缘以起。稍有人心，何忍出此？

二曰狎妓。妓者，大抵青年贫女，受人诱惑，被人压制，皆不得已而业此。社会上均以无人格视之。吾人方哀矜之不暇，而何忍亵视之。其有为妓脱籍者，固亦救拔之一法；然使不为之慎择佳偶，而占以为妾，则为德不卒，而重自陷于罪恶矣。

三曰奸通。凡曾犯奸通之罪者，无论男女，恒为普通社会所鄙视，而在女子为尤甚，往往以是而摧灭其终身之幸福：甚者自杀，又甚者被杀。吾人兴念及此，有不为之慄慄危惧，而悬为厉禁者乎?

其他不纯洁之爱情，其不可犯之理，大率类是，可推而得之。

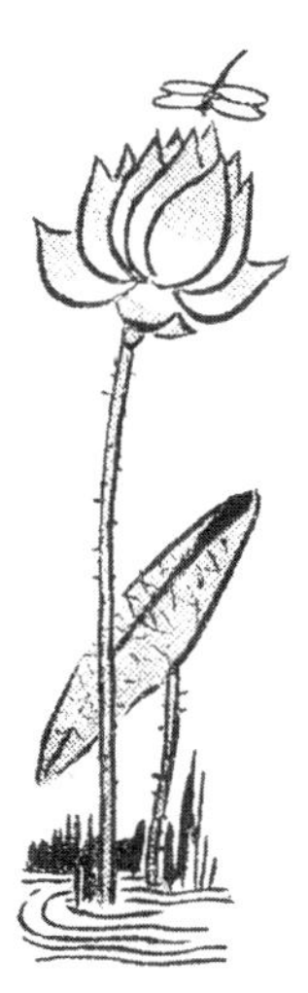

第二十八讲 方正与拘泥

孟子说：“如果一个人能够放弃有些事情不做，而后就能在另外的事情上有所作为。”这是因为一个人如果无论什么事都去做，那就抓不住事物的主要方面，把握不住事物的标准，而完全受外界的诱导或压制来行动，这样是不能够安身立命、担当大任的。因此，孟子说：“做人要正直坦荡，抬头无愧于天，低头无愧于人。”他又说：“高官厚禄迷惑不了自己的思想，贫穷困苦改变不了自己的志向，强权武力屈服不了自己的意志。”这句话的意思是说，无论外境如何，决不做违背良心的事。孔子说：“不合乎礼的东西不能看，不合乎礼的传闻不能听，不合乎礼的话不能说，不合乎礼的事不能做。”这句话是说我们的一言一行、一举一动，都要合乎道德规范。这些话说的都是做人要正直的道理。

以前，南朝梁代的明山宾，家里曾经穷得没办法，只好把骑的牛卖掉。已经卖了牛，收了钱，他又对买牛的人说：“这头牛曾经得过漏蹄病，虽说已经治好很久了，恐怕以后还会复发，所以不能不告诉你。”买主一听这话立马不要牛，要回了买牛的钱。唐朝的史官吴兢与刘子玄写的《武后实录》里，记述了张昌宗利诱张说作证诬陷魏元忠的事。后来张说做了宰相，读了《武后实录》里记的这件事，心里很不爽，知道是吴兢写的，就装作不知情的样子，不慌不忙地对吴兢说：“刘子玄所写魏元忠的事，对我一点也不宽容，这应该怎么办？”吴兢说：“刘子玄已经死了，不能在地下还受到诬陷。那是我吴兢写的，草稿还在呢！”张说多次向吴兢说情，请他修改书中的记录。吴兢拒绝说：“如果我遵照您的请求修改，那还叫什么实录？”最终没作改动。一个是宁可失去利益也不肯欺骗别人；一个是既不诬陷朋友，也不畏惧权势。这些都是为人端方正直的例子。

然而，也有人因为正直过头，显得有些呆板教条的。南朝梁代刘进的哥哥刘献，每次见刘进前，要隔着墙壁呼唤刘进，刘进听到呼唤，整理好衣冠后才跟哥哥见面说话。三国时吴国的顾恺病得很厉害，他的妻子进来看望他。他让旁边的人扶他起床，戴好头巾，穿好衣服，然后才与妻子说话。说完后，他就催促妻子赶紧回去。即使这些行为都是出于尊敬和礼貌，但以兄弟夫妻这样亲密的关系，还崇尚这样繁琐的礼节，也太过分了。儿子听父亲的话，这是正确的。然而《孝经》里说：“父亲有敢于直言规劝的儿子，就不会犯大的过错而陷于不义的境地。”孔子则说：“父亲打得轻就忍受，打得重就逃走，不让父亲因为责打儿子过重而披上不义的罪名。这是孝子受到父母责罚时应抱的态度。”

既然这样，那么对于服从命令，也不能呆板教条，不知变通。官吏应当遵守法令，这是正确的。然而西汉的汲黯受皇帝的命令下去视察，路过河南时，看到遭受旱涝灾害的贫民有一万多户，就根据实际情况，果断地以皇帝使臣的名义，手持符节开仓放粮，救济灾民，然后请皇帝治自己假冒圣旨之罪。汉武帝认为他做得对，就赦免了他。宋朝的程师孟做夔路提刑官，发现那里没有建常平仓储备粮食，就向朝廷建议设置粮仓。有一年遇上了饥荒，他就开仓放粮救济灾民。粮食不够，他不等向朝廷报告，就假称皇帝的圣旨，打开其他地方的粮仓救济灾民。办事的官吏很害怕，说这样做不行。程师孟说：“如果一定要等圣旨下达再放粮，那些挨饿的人早已经全部饿死了！”最终还是开仓救济灾民。这些可算是不死守法律条令而懂得变通的例子了。

【原文】

孟子曰：“人有不为也，而后可以有为。”盖人苟无所不为，则是无主宰，无标准，而一随外界之诱导或压制以行动。是乌足以立身而任事哉。故孟子曰：“仰不愧于天，俯不怍于人。”又曰：“富贵不能淫，贫贱不能移，威武不能屈。”言无论外境如何，而决不为违反良心之事也。孔子曰：“非礼勿视，非礼勿听，非礼勿言，非礼勿动。”谓视听言动，无不循乎规则也。是皆方正之义也。

昔梁明山宾家中尝乏困，货所乘牛。既售，受钱，乃谓买主曰：“此牛经患漏蹄，疗差已久，恐后脱发，无容不相语。”买主遽取还钱。唐吴兢与刘子玄，撰定武后实录，叙张昌宗诱张说诬证魏元忠事。后说为相，读之，心不善，知兢所为，即从容谬谓曰：“刘生书魏齐公事，不少假借，奈何？”兢曰：“子玄已亡，不可受诬地下。兢实书之，其草故在。”说屡以情蕲改。辞曰：“徇公之请，何名实录？”卒不改。一则宁失利而不肯欺人，一则既不诬友，又不畏势。皆方正之例也。

然亦有方正之故，而涉于拘泥者。梁刘进，兄献每隔壁呼进。进束带而后语。吴顾恺疾笃，妻出省之，恺命左右扶起，冠帻加袭，趣令妻还。虽皆出于敬礼之意，然以兄弟夫妇之亲，而尚此烦文，亦太过矣。子从父令，正也。然而《孝经》曰：“父有争子，则身不陷于不义。”孔子曰：“小杖则受，大杖则走，不陷父于不义。”然则从令之说，未可拘泥也。官吏当守法令，正也。然汉汲黯过河南，贫民伤水旱万余家，遂以便宜持节发仓粟以赈贫民，请伏矫制之罪。武帝贤而释之。宋程师孟，提点夔部，无常平粟，建请置仓；遘凶岁，赈民，不足，即矫发他储，不俟报。吏惧，白不可。师孟曰：“必俟报，饥者尽死矣。”竟发之。此可为不拘泥者矣。

第二十九讲 谨慎与畏葸

果敢的反面是畏葸；卤莽的反面是谨慎。理解了果敢与鲁莽的不同，那么也就可以理解谨慎与畏葸的不同了。现在再用事实来证明这一点。

孔子，是我国历史上非常谨慎的人，他曾经说："谨慎而且讲信用。"又说："多听，有怀疑的地方加以保留，其余足以自信的部分谨慎地说出；多看，有怀疑的地方加以保留，其余足以自信的部分，谨慎地实行。"但是孔子想要实行自己的主张，周游列国。他到了匡地，匡人误以为他是阳虎，就拿起武器把他围了好几层，然而孔子却毫不慌乱，依旧弹琴歌唱。离开匡地以后，他又先后到卫国、曹国、宋国，和弟子们在大树下演习礼仪。宋国的司马桓魋想杀孔子，便派人砍倒了这棵大树。孔子只得离去，到了郑国、陈国等国后，又来到蔡国。孔子被陈国和蔡国的大夫一起派士兵围在野外，断绝了粮食，七天没有生火做饭。但孔子仍不停地给弟子讲习诵读，演奏歌唱。陈、蔡的围困解除之后，他又到了楚国、卫国，最后应鲁哀公的邀请回到了鲁国。孔子不因为在匡、宋、陈、蔡等地被困而停止自己的追求。他写《春秋》一书，把他要表达的主旨口授给弟子们，是因为其中有讽刺、嘲笑、褒扬、隐讳、贬抑、贬损等意思，不可以用文字把它写出来。这是孔子谨慎的地方。然而，该写的就写，该删的就删。吴国、楚国的君主自称为王，而《春秋》却贬称他们为子爵。践土的盟会，实际上是晋国国君召来了周天子，而《春秋》却为之隐讳说：天王在河阳打猎。孔子并没有什么可畏惧的。所以："谨慎而不遵循礼制，就是畏惧。"说的就是谨慎与畏惧的区别。人们常说："诸葛亮一生都十分谨慎。"诸葛亮也是我国历史上非常谨慎的人。他在《出师表》中说："先帝知道我谨慎，所以在去世时把国家大事托付给我。"然而诸葛亮南征，五月渡过泸河，深入到不长草木的地方；他率军讨伐魏国，六次出兵祁山，由于担心军队粮草供应不上，就分兵屯田来接济军用。亮并不因为谨慎而怯战。只是魏军主帅司马懿先是在上邽的东边依据险要地势收敛兵力，两军没有交战的机会，再是在卤城之前登山扎营不肯交战。这就是贾诩、魏平所说的司马懿害怕蜀国军队就像怕虎一样。

况且危险情况哪里能没有呢？进行化学、电力试验，有爆炸的危险；操作机械，有被碾压的顾虑；开车有时候还会倾覆；坐船有时候会遇到风浪；救火则有可能被烧得焦烂；伺候病人则要防备传染。如果对任何事情都畏缩不前，那不是与木偶一样了吗？重要的是熟悉其中的规律，提前做好防范。孟子说："懂得天命的人，不会站在危墙下面。"汉代的谚语说："前面的车翻了，后面的车要引以为戒。"这是谨慎的道理，不是胆怯的人用来作为借口的。

【原文】

果敢之反对为畏葸；而鲁莽之反对为谨慎。知果敢之不同于鲁莽，则谨慎之不同于畏葸，盖可知矣。今再以事实证明之。

孔子，吾国至谨慎之人也，尝曰："谨而信。"又曰："多闻阙疑，慎言其余，多见阙殆，慎行其余。"然而孔子欲行其道，历聘诸侯。其至匡也，匡人误以为阳虎，带甲围之数匝，而孔子弦歌不辍。既去匡，又适卫，适曹，适宋，与弟子习礼大树下。宋司马桓魋，欲杀孔子，拔其树。孔子去，适郑、陈诸国而适蔡。陈、蔡大夫，相与发徒役，围孔子于野，绝粮，七日不火食。孔子讲诵弦歌不衰。围既解，乃适楚，适卫，应鲁哀公之聘而始返鲁。初不以匡、宋、陈、蔡之厄而辍其行也。其作《春秋》也，以传指口授弟子，为有所刺、讥、褒、讳、挹、损之文辞，不可以书见也。是其谨慎也。然而笔则笔，削则削。吴楚之君自称王，而《春秋》贬之曰子。践土之会，晋侯实召周天子，而《春秋》讳之曰：天王狩于河阳。初无所畏也。故曰："慎而无礼则葸。"言谨慎与畏葸之别也。人有恒言曰："诸葛一生惟谨慎。"盖诸葛亮亦吾国至谨慎之人也。其《出师表》有曰："先帝知臣谨慎，故临崩寄臣以大事也。"然而亮南征诸郡，五月渡泸，深入不毛；其伐魏也，六出祁山，患粮不继，则分兵屯田以济之。初不因谨慎而怯战。惟敌军之司马懿，一则于上邽之东，敛兵依险，军不得交，再则于卤城之前，又登山掘营不肯战，斯贾诩、魏平所谓畏蜀如虎者耳。

且危险之机，何地蔑有。试验化电，有爆烈之虞，运动机械，有轧轹之虑，车行或遇倾复；舟行或值风涛；救火则涉于焦烂，侍疫则防其传染。若一切畏缩而不前，不将与木偶等乎？要在谙其理性，预为防范。孟子曰："知命者，不立乎岩墙之下。"汉谚曰："前车覆，后车戒。"斯为谨慎之道，而初非畏葸者之所得而托也。

第三十讲 有恒与保守

有这样一个人，刚开始学习法语，不久改学英语，没过多久又改学俄语，像这样能够精通一个国家的语言吗？不能。又有这样一个人，刚开始学习木工，不久改学金属工艺，又没过多久改学制革工艺，像这样能成为一个好的工匠吗？不能。事情不论大小，工具不论精细粗糙，想要做到得心应手，就必须经过若干次练习。如果刚开始做就又停止，那么所学的东西很快就完全忘掉了。比如我们小的时候，手与口都没有多少能力，通过两三年的练习，然后才能用嘴说话，才能用手拿东西，何况其他更复杂的学术呢？所以人们做事不能没有恒心。

从前巴律西制造瓷器，经过了十八年的试验之后才成功。布封写自然史，经过了五十年的努力之后才写成。布申学习画画，从十多岁开始一直到老死。如果这三个人，刚开始学习不久就又改学其他行业，哪里能成名呢？

虽然这样，但他们三个人不改学其他行业，并不是因为保守而不求上进。巴律西拿出数百件陶器，多次改建新窑，多次在陶器上涂抹新药，进行试验。经过多次试验，栗色的陶器都变白了，可以自认为大功告成了；但是他又进行了八年试验，才做出了上好的瓷器。他又在瓷器上精心绘制花卉虫鸟，这样以后才引起世人的重视。布封写作自然史，稿子改了十一次，然后才公之于世。布申起先师从家乡的画匠学习，学尽了他的所有技艺，直到他再也没有东西可教；布申仍不满足，于是就到巴黎去，得以尽情欣赏美术界多姿多彩的作品；他仍不满足，立志要去罗马，但是因为贫穷，到了佛罗伦萨后不得不返回；第二次到了里昂；直至第三次出行，才到达罗马。刚到罗马，他得以饱览古人的名作，学习解剖学，以古代的雕像为摹本进行绘画，向朋友借来绘画书籍来读，绘画技巧于是大有长进。晚年，法国国王召见他，把他供养在巴黎画院。不到两年，他辞了职，再次前往罗马。他在年老得病的时候说："我虽然老了，但是锐意进取之心更加强烈了，我一定要使我的绘画技巧达到最高的境界。"如果巴律西以第一次经过多次试验取得的成果为满足，布封以自己的初稿为满足，布申以家乡的老师所教的技艺和在巴黎的收获为满足，那么他们作品的价值，又怎么能这样显赫呢？这是有恒心而又不保守的先例。没有恒心的人，忽东忽西，没有固定的轨道。保守的人，在巴掌大的地方徘徊来徘徊去，而且常常只会依照老路子走。有恒心的人有确定的目标，而且又无时无刻不在向着目标前进。这就是三者的不同之处。

【原文】

有人于此，初习法语，未几而改习英语，又未几而改习俄语，如是者可以通一国之言语乎？不能也。有人于此，初习木工，未几而改习金工，又未几而改习制革之工，如是而可以成良工乎？不能也。事无大小，器无精粗，欲其得手而应心，必经若干次之练习。苟旋作旋辍，则所习者，旋去而无遗。例如吾人幼稚之时，手口无多能力，积二三年之练习，而后能言语，能把握。况其他学术之较为复杂者乎？故人不可以不有恒。

昔巴律西之制造瓷器也，积十八年之试验而后成。蒲丰之著自然史也，历五十年而后成。布申之习图画也，自十余岁以至于老死。使三子者，不久而迁其业，亦乌足以成名哉。

虽然，三子之不迁其业，非保守而不求进步之谓也。巴氏取土器数百，屡改新窑，屡傅新药，以试验之。三试而栗色之土器皆白，宜以自为告成矣；又复试验八年，而始成佳品。又精绘花卉虫鸟之形于其上，而后见重于时。蒲氏所著，十一易其稿，而后公诸世。布氏初学于其乡之画工，尽其技，师无以为教；犹不自足，乃赴巴黎，得纵目于美术界之大观；犹不自足，立志赴罗马，以贫故，初至佛棱斯而返，继止于里昂，及第三次之行，始达罗马，得纵观古人名作，习解剖学，以古造象为模范而绘之，假绘术书于朋友而读之，技乃大进。晚年法王召之，供奉于巴黎之画院。未二年，即辞职，复赴罗马。及其老而病也，曰：“吾年虽老，吾精进之志乃益奋，吾必使吾技达于最高之一境。”向使巴氏以三试之成绩自画，蒲氏以初稿自画，布氏以乡师之所授、巴黎之所得自画，则其著作之价值，又乌能煊赫如是？是则有恒而又不涉于保守之前例也；无恒者，东驰西骛，而无一定之轨道也。保守者，踯躅于容足之地，而常循其故步者也。有恒者，向一定之鹄的，而又无时不进行者也。此三者之别也。

美育者，与智育相辅而行，以图德育之完成者也。

第一讲 文 字

人类的思想，之所以能高于其他动物，而且不断进步，是因为有复杂的语言，又有规范的文字用来记载语言。虽然语言足以作为思想的标记，但如果没有文字记载的话，记忆就很艰难，不能不局限于简单的层次；而且传播得不远，也不能产生集思广益的作用。自从有了文字帮助记忆以及传播，那么一切已经产生的思想，都可以充分保留下来成为将来的思想产生的基础；而且知识交换的范围，无论多远都可以到达。这就是思想之所以日渐深化，而且永无止境的缘故。

中国古代仿照物体的形状造字，把几个象形字组成新的字，有的组成会意字，有的组成形声字，而且一个字常常只有一个音节。西方各国以字母记录读音，把读音组合成词，而且一个词大多不止一个音节。这是中西文字不同之大略。

字词组成句子，句子组成段落，段落组成篇章，这就叫做文章，或者也可以单称为文。文章有三种类型：一是叙述文体，二是描写文体，三是辩论文体。叙述文体，或者叙述自然现象，或者叙述古往今来的人物、事件，自然科学的记载，以及历史等也属于叙述文体。描写文体，用来抒写人类的情感，如诗、赋、词、曲等都属于描写文体。辩论文体，用来证明真理，纠正谬误，孔子、孟子、老子、庄子的著作，古文中的论、说、辩、难等文章都属于辩论文体。这三种类型，有时也互相交叉，比如写历史常常夹杂一些论断，诗歌有时候也叙述故事，就是这样的例子。我们写信时，或者叙事，或者言情，或者说理，三种类型根据需要，可以随时采用。现在的报纸，有评论，有新闻，有诗歌，则是兼用三种类型的文体来写的。

【原文】

人类之思想，所以能高出于其他动物，而且进步不已者，由其有复杂之语言，而又有画一之文字以记载之。盖语言虽足为思想之表识，而不得文字以为之记载，则记忆至艰，不能不限于单简；且传达至近，亦不能有集思广益之作用。自有文字以为记忆及传达之助，则一切已往之思想，均足留以为将来之导线；而交换知识之范围，可以无远弗届。此思想之所以日进于高深，而未有已也。

中国象形为文，积文成字，或以会意，或以谐声，而一字常止一声。西洋各国，以字母记声，合声成字，而一字多不止一声。此中西文字不同之大略也。

积字而成句，积句而成节，积节而成篇，是谓文章，亦或单谓之文。文有三类：一曰，叙述之文。二曰，描写之文。三曰，辨论之文。叙述之文，或叙自然现象，或叙古今之人事，自然科学之记载，及历史等属之。描写之文，所以写人类之感情，诗、赋、词、曲等属之。辨论之文，所以证明真理，纠正谬误，孔、孟、老、庄之著书，古文中之论说辩难等属之。三类之中，间亦互有出入，如历史常参论断，诗歌或叙故事是也。吾人通信，或叙事，或言情，或辨理，三类之文，随时采用。今之报纸，有论说，有新闻，有诗歌，则兼三类之文而写之。

第二讲 图　画

我们视觉所看到的，都是平面。依靠触觉的帮助，而后才发现是立体。建筑和雕塑是平面和立体互见的艺术类型。艺术中还有舍弃立体而取平面，但在平面之中，仍然含有立体感觉的，这就是绘画。

立体的感觉从哪里产生的呢？从物体远近的比例、明暗的掩映中产生。西方人更增加了用描绘阴影来刻画光线的绘画技法，这样绘出的景物形态更加接近于自然。

绘画的内容包括：人、动物、植物、建筑、山水、宗教、历史、风俗。既比建筑雕塑更为丰富复杂，又含有音乐及诗歌的意味，所以特别感人。

在绘画中使用水彩敷彩着色，中外都一样。而西方人还有油画，始于文艺复兴时期的意大利，至今仍然盛行。不敷彩着色的，一种称为水墨画，是以墨的浓淡来进行烘托渲染；一种称为白描，是用细笔勾勒物体的形状轮廓。不敷彩着色的画，纯粹以形式和笔势来感染人。敷彩着色的画，除了形式、笔势之外，兼用色彩的刺激来感染人。

中国的画家，学绘画从临摹旧作入手。西方的画家，学绘画从描写实物入手。所以中国画除了肖像画以外，多数是以意境构成，虽然称为山水画，也大多是画家根据记忆中的印象画成。西洋画，人物画一定要有模特儿，山水画一定要有实景，即使是理想派的作品，也是先有原型，再在此基础上进行修改、润色。

中国画与书法结缘，大多含有文学趣味。西洋画则与建筑、雕塑结缘，以科学的观察、哲学的思想为辅佐。所以中国画以气韵取胜，善于绘画的人大多擅长书法与做诗；西洋画以技能和意蕴取胜，善于绘画的人有的兼通建筑与绘画。而且绘画艺术的发展，常常与科学、哲学的发展相伴。中国的绘画艺术，起源于上古的舜、禹时期，在唐朝发展齐备，于宋朝达到鼎盛时期，此后绘画的人逐渐减少，但也名家辈出。西洋的艺术，起源于古希腊时期，14、15世纪得到发展，16世纪最为兴盛。近三个世纪，学校大为完备，画画的人极多，标新立异的人才也常常从他们中间产生。

【原文】

吾人视觉之所得，皆面也。赖肤觉之助，而后见为体。建筑、雕刻，体面互见之美术也。其有舍体而取面，而于面之中，仍含有体之感觉者，为图画。

体之感觉何自起？曰：起于远近之比例，明暗之掩映。西人更益以绘影写光之法，而景状益近于自然。

图画之内容：曰人，曰动物，曰植物，曰宫室，曰山水，曰宗教，曰历史，曰风俗。既视建筑雕刻为繁复，而又含有音乐及诗歌之意味，故感人尤深。

图画之设色者，用水彩，中外所同也。而西人更有油画，始于“文艺中兴”时代之意大利，迄今盛行。其不设色者，曰水墨，以墨笔为浓淡之烘染者也。曰白描，以细笔钩勒形廓者也。不设色之画，其感人也，纯以形式及笔势，设色之画，其感人也，于形式、笔势以外，兼用激刺。

中国画家，自临摹旧作入手。西洋画家，自描写实物入手。故中国之画，自肖像而外，多以意构，虽名山水之图，亦多以记忆所得者为之。西人之画，则人物必有概范，山水必有实景，虽理想派之作，亦先有所本，乃增损而润色之。

中国之画，与书法为缘，而多含文学之趣味。西人之画，与建筑、雕刻为缘，而佐以科学之观察，哲学之思想。故中国之画，以气韵胜，善画者多工书而能诗。西人之画，以技能及义蕴胜，善画者或兼建筑、图画二术。而图画之发达，常与科学及哲学相随焉。中国之图画术，托始于虞、夏，备于唐，而极盛于宋，其后为之者较少，而名家亦复辈出。西洋之图画术，托始于希腊，发展于十四、十五世纪，极盛于十六世纪。近三世纪，则学校大备，画人伙颐，而标新领异之才，亦时出于其间焉。

第三讲 音 乐

音乐，是把多种声音按照一定的规律组织起来，通过听觉的愉悦使人们改变心情、陶冶情操的一门艺术。音乐的载体有两种：一是人的声音，如歌曲。二是乐器，自古代以来就用金、石、丝、竹、匏、土、革、木八种不同的材料制作。现在常用的有金、革、丝、竹四种材料制作的乐器。音乐中使用的音，以每秒振动三十二次的为最低，每秒振动八千二百七十六次的为最高。中间又划分为不同的阶层，比如从每秒振动二百五十次到五百一十七次的为一阶，每秒振动五百一十七次到一千零三十四次的又是一阶，这就是所谓的音阶。一个音阶之中，我国古代人取其中的五个音制作音乐，后来增加到七个音和九个音。而西方人现在所用的一个音阶，则包括七个全音，五个半音，一共十二音。

音与音相连续，根据每个音实际持续的时间确定其长短。以最长的音为基本单位，由此依次递减，有二分之一音符，四分之一音符，八分之一音符，十六分之一音符，三十二分之一音符，以及六十四分之一音符。同一个音，由于演奏乐器的不同，在同音之中又有所差别，这就是音色。

不同的音，有的可以和谐匹配，比如有的相隔八位，有的相隔五位，有的相隔三位，这就是谐音。

把各种高低不同的音，按照实际持续时间的长短调整音长，用谐音加以修饰，选择不同音色的乐器相和，组合成曲调，这就是音乐。所以音乐是以有节奏的变动作为一个系统，而又不显出丝毫的滞涩。它在生理上，有调节呼吸、促使血脉流动的作用；而在心理上，人生的普通形态、社会的变化情况、宇宙的壮观景象，都可以通过它而领悟。这就是音乐之所以感人至深、容易移风易俗的原因。

【原文】

音乐者，合多数声音，为有法之组织，以娱耳而移情者也。其所托有二：一曰人声，歌曲是也。二曰音器，自昔以金、石、丝、竹、匏、土、革、木者为之；今所常用者，为金、革、丝、竹四种。音乐中所用之声，以一秒中三十二颤者为最低，八千二百七十六颤者为最高。其间又各自为阶，如二百五十颤至五百十七颤之声为一阶，五百十七颤至千有三十四颤之声又自为一阶等，谓之音阶是也。一音阶之中，吾国古人选取其五声以作乐。其后增为七及九。而西人今日之所用，则有正声七，半声五，凡十二声。

声与声相续，而每声所占之时价，得量为申缩。以最长者为单位。由是而缩之，为二分之一，四分之一，八分之一，十六分之一，三十二分之一，及六十四分之一焉。同一声也，因乐器之不同，而同中有异，是为音色。

不同之声，有可以相谐的，或隔八位，或隔五位，或隔三位，是为谐音。

合各种高下之声，而调之以时价，文之以谐音，和之以音色，组之而为调、为曲，是为音乐。故音乐者，以有节奏之变动为系统，而又不稍滞于迹象者也。其在生理上，有节宣呼吸、动荡血脉之功。而在心理上，则人生之通式，社会之变态，宇宙之大观，皆得缘是而领会之。此其所以感人深，而移风易俗易也。

第四讲 戏 剧

在宏伟壮丽的建筑之中，有雕塑、装饰及绘画等艺术元素，以代表自然的景物。而又加上歌舞表演、音乐伴奏，集中各种美术的长处，使观众心领神会，自然而然而与之同化，不正是戏剧的功效吗？我国的戏剧，起源于古代的歌舞和俳优；到唐代开始有了专业教育；宋元时期才开始有了完整的戏曲；到了现代，戏曲中文辞比较雅驯、声调比较沉郁的，只有“昆曲”，但它无法迎合当时人们的喜好，于是“汉调”“秦腔”兴起并取代了昆曲。汉调也叫做皮黄，就是西皮和二黄。秦腔也称作梆子。

西方戏剧，起源于古希腊，当时就已经分为悲剧、喜剧两种，各有著名的戏曲作品。现代戏剧，大致分为歌舞剧和话剧两种。歌舞剧又分三种：一是正式歌舞剧（Opera），全部用歌曲，其性质常常倾向于悲剧这方面；二是杂体歌舞剧（Opera-Comique），在歌曲之外兼用说白，在悲剧中掺杂了喜剧的性质；三是小品歌舞剧（Opérette），全是喜剧的性质，也是歌曲与说白兼用，情节结构比较轻佻。话剧又分两种：一是悲剧（Tragiqne），二是喜剧（Comédie），都没有歌舞，不用音乐伴奏，语言和动作完全与现实生活情景一样。现在我国所谓的“新剧”，就是仿效它创作的。西方人把戏剧作为社会教育的一种，所以设备齐备。戏剧的唱词以及说白，都是著名的文学家编写的，有的学校甚至把它作为语文教科书。戏剧的乐谱，是著名音乐家谱写的。戏剧的演员，都是因为自身性格喜好与这门艺术相近，而在专门的学校进行研究学习，能够透彻理解剧本的深刻含义，并用适当的神情来刻画，所以非常感人，对社会有教化之功。以戏剧形式演出的艺术，还有一种影戏：有影像而没有声音（编注：指无声电影），其感染力虽然不及戏剧巨大，但名家所编创的影戏，也能以种种动作，营造意境；而且对于大自然的美景、科学研究的成果，尤其能刻画其中复杂曲折的状态，补充图书所无法表现的内容。这也是一种社会教育的方式。

【原文】

在闳丽建筑之中，有雕刻、装饰及图画，以代表自然之景物。而又演之以歌舞，和之以音乐，集各种美术之长，使观者心领神会，油然与之同化者，非戏剧之功用乎？我国戏剧，托始于古代之歌舞及俳优；至唐而始有专门之教育；至宋、元而始有完备之曲本；至于今日，戏曲之较为雅驯、声调之较为沉郁者，惟有“昆曲”，而不投时人之好，于是“汉调”及“秦腔”起而代之。汉调亦谓之皮黄，谓西皮及二黄也。秦腔亦谓之梆子。

西人之戏剧，托始于希腊，其时已分为悲剧、喜剧两种，各有著名之戏曲。今之戏剧，则大别为歌舞及科白二种。歌舞戏又有三别：一曰正式歌舞剧（Opera），全体皆用歌曲，而性质常倾于悲剧一方面者也。二曰杂体歌舞剧（Opera-Comique），于歌曲之外，兼用说白，而参杂悲剧以喜剧之性质者也。三曰小品歌舞剧（Opérette），全为喜剧之性质，亦歌曲与说白并行，而结体较为轻佻者也。科白剧又别为二：一曰悲剧（Tragiqne），二曰喜剧（Comédie），皆不歌不舞，不和以音乐，而言语行动，一如社会之习惯。今我国之所谓新剧，即仿此而为之。西人以戏剧为社会教育之一端，故设备甚周。其曲词及说白，皆为著名之文学家所编；学校中或以是为国文教科书。其音谱，则为著名之音乐家所制。其演剧之人，皆因其性之所近，而研究于专门之学校，能洞悉剧本之精意，而以适当之神情写达之。故感人甚深，而有功于社会也。其由戏剧而演出者，又有影戏：有象无声，其感化力虽不及戏剧之巨，然名手所编，亦能以种种动作，写达意境；而自然之胜景，科学之成绩，尤能画其层累曲折之状态，补图书之所未及。亦社会教育之所利赖也。

第五讲 诗 歌

人类都有情感。如喜、怒、哀、乐、爱、惧、怨恨、急躁等等，凡是一切心理上的状态，都是情感。内心情感被触动，就通过发出声音表现出来，于是有唉、呀、啊、咳、吁、嗟、呜呼、咄咄、呵呵等词，这叫做叹词。

虽然这样，但是情感的发生还是缘于以心与事物发生关系。或者有情感产生的原因，有情感所希望的结果，而且情感的程度，或者由弱到强，或者由强到弱，或者从一种情感转变为另一种情感，或者多种情感融合在一起，决非简单的叹词所能表现，于是人们用抑扬顿挫的声调和复杂的语言来形容它，诗歌就这样产生了。

声调就是韵和平仄。平声是指发声位于长短缓急之间的声调。最长最缓的声调称为去声，较短较缓的声调称为上声，最短最缓的声调称为入声，三者都是仄声。

语言就是词句。我国古代诗歌起初每句大多是四言，其后以五言、七言为多。八句一首的诗，称作律诗。十二句以上，称作排律。四句一首的，称为绝句（绝句偶尔有每句六言的）。古体诗的句数则不确定。诗的字句是确定的，而唱歌的人有时不得不延长一个字的音为几声，有时压缩几个字为一声，于是就有按照歌声的长短写诗，古时称为乐府，后代则称作“词”。词当中复杂而通俗的又称作“曲”。词中所用的字，不但要辨别平仄，而且还要分别清音和浊音，以便于歌声的音节和谐。

古人根据诗的性质，把诗分成三种：风、雅、颂。风，纯粹言情；雅，言情而兼有叙事内容；颂，用来歌功颂德。后代的诗歌，也不外乎是这三种类型。

与诗歌体裁类似的有赋、骈文，它们对声调的要求都不如诗歌那样谨严。赋要押韵，而骈文不必押韵。

【原文】

人皆有情。若喜、若怒、若哀、若乐、若爱、若惧、若怨望、若急迫，凡一切心理上之状态，皆情也；情动于中，则声发于外，于是有都、俞、噫、咨、吁、嗟、乌呼、咄咄、荷荷等词，是谓叹词。

虽然，情之动也，心与事物为缘。若者为其发动之因，若者为其希望之果，且情之程度，或由弱而强，或由强而弱，或由甲种之情而嬗为乙种，或合数种之情而冶诸一炉，有决非简单之叹词所能写者，于是以抑扬之声调，复杂之语言形容之。而诗歌作焉。

声调者，韵也，平、侧声也。“平”者，声之位于长短疾徐之间者也，其最长最徐之声曰“去”，较短较徐之声曰“上”，最短最徐之声曰“入”。三者皆为侧声。

语言者，词句也。古者每句多四言，而其后多五言、及七言。以八句为一首者，曰律诗。十二句以上，曰排律。四句者，曰绝句（绝句偶有六言者）。古体诗则句数无定。诗之字句有定数，而歌者或不能不延一字为数声，或蹙数字为一声，于是乎有准歌声之延蹙以为诗者，古者谓之乐府，后世则谓之词。词之复杂而通俗者谓之曲。词所用之字，不惟辨平侧，而又别清浊，所以谐于歌也。

古者别诗之性质为三：曰风，曰雅，曰颂。风，纯乎言情者也；雅，言情而兼叙事者也；颂，所以赞美功德者也，后世之诗，亦不外乎此三者。

与诗相类者有赋，有骈文。其声调皆不如诗之谨严。赋有韵，而骈文则不必有韵。

第六讲 历 史

历史，记载已经过去了的社会现象，用以流传并昭示后人。我们读历史而获得古人的知识，以此作为基础，并做进一步研究，这是人类知识之所以能够进步的原因。我们读历史而知道古人的行为，辨析他们行为的对与错，探讨他们成败的原因，效仿他们正确和成功的做法，戒除他们错误和失败的做法，这是人类道德和事业之所以能够进步的原因。这些都是历史的有益之处。

我国的历史著作，过去分为三种体裁：一是纪传体。为帝王撰写《本纪》，为其他重要的人物撰写《列传》，又编写《表》以记录皇室、贵族的世系和国家的大事，编撰《志》来记载典章制度：例如《史记》《汉书》以及二十四史中的其他正史都是。二是编年体。按照时间先后顺序记录历史事件，便于考查事件发生的先后关系：例如《左氏春秋传》《资治通鉴》等都是。三是纪事本末体。每记录一件事情，都有始有终，以便探求事件的前因后果：例如《尚书》《通鉴纪事本末》等都是。这三种体裁的历史著作，都是以政治事件为主，还附录其他种种事件。

现代的新历史学，不再偏重政治，而注意人文进化的演变轨迹。凡是风俗的变迁、实业的发展、学术的盛衰，都分别梳理它们的条理与演变，而又综述它们的系统结构。这叫做文明史。

还有专业领域的历史记载，如哲学史、文学史、科学史、美术史之类。

它们是文明史的一部分，我国纪传体历史著作中的《儒林传》《文苑传》等，以及其他传记如《宋元学案》《畴人传》（清阮元著，传主都是数学家）《画人传》等书，都是这一类。

【原文】

历史者，记载已往社会之现象，以垂示将来者也。吾人读历史而得古人之知识，据以为基本，而益加研究，此人类知识之所以进步也。吾人读历史而知古人之行为，辨其是非，究其成败，法是与成者，而戒其非与败者，此人类道德与事业之所以进步也。是历史之益也。

我国历史旧分三体：一曰纪传体。为君主作本纪，为其他重要之人物作列传，又作表以记世系及大事，作志以记典章：如《史记》、《汉书》、二十四史等是也。二曰编年体。循事记事，便于稽前后之关系，如《左氏春秋传》及《资治通鉴》等是也。三曰纪事本末体。每纪一事，自为首尾，便于索相承之因果：如《尚书》及《通鉴纪事本末》等是也。三者皆以政治为主，而其他诸事附属之。

新体之历史，不偏重政治，而注意于人文进化之轨辙。凡夫风俗之变迁，实业之发展，学术之盛衰，皆分治其条流，而又综论其统系。是谓文明史。

又有专门记载，如哲学史、文学史、科学史、美术史之类。是为文明史之一部分，我国纪传史中之儒林，文苑诸传，及其他《宋元学案》、《畴人传》、《画人传》等书，皆其类也。

附注：《畴人传》，清阮元著，所传皆算学家。

第七讲 地 理

地理，是用来考察地球的地理位置、行政区划，以及它与人类生活关系的一门学科，可以分为三类。

一是数学地理：如研究地球与太阳及其他行星的关系，及其自转、公转的规律等。它告诉我们地球上之所以有昼夜的轮替，以及春、夏、秋、冬四季不同的原因。

二是自然地理：如研究土壤的性质，山脉、河流的地形地势，动物、植物、矿物的分布，气候的变化，雨量、风向的比例等。因此，我们的体貌、性情、风俗习惯以及职业特点等，往往随着居住地的不同而互有差别。

三是人文地理：它又分为两种：其一，关于政治，例如地球上分布着若干国家，有中华民国、法国等国家。一个国家，又分为若干省份，如中华民国有二十四个省份，法国有八十六个省份。其他不编为省份的称为属地，如中华民国的蒙古、西藏，法国的安南以及在美洲、非洲、澳洲的属地。其二，关于生计，比如物产的丰歉情况，铁路、运河的交通状况，农业、林业、渔业、牧业的分布区域，工商业发达的大都市等。两者都是地理与人类生活有直接关系的方面，所以称为人文地理。

凡是记载这些各种门类现状的著作，都称为地理志，也叫地志。综合记录全球地理的地志，叫做世界地志；只限于一个国家的地志，称为某国地志，如《中华民国地志》《法国地志》等。地理如果没有地图，就很难记载清楚，所以地志著作一定配有地图，但地图不必都附录于地志。

【原文】

地理者，所以考地球之位置区划、及其与人生之关系者也，可别为三部。

一曰数学地理：如地球与日球及其他行星之关系，及其自转，公转之规则等是也。此吾人所以有昼夜之分，与夫春、夏、秋、冬之别。

二曰天然地理：如土壤之性质，山脉、河流之形势，动、植、矿各物之分布，气候之递变，雨量、风向之比例等是也。吾人之状貌、性情、习尚、及职业，往往随所居之地而互相差别者，以此。

三曰人文地理：又别为二：其一，关于政治，如大地分为若干国，有中华民国及法国等。一国之中，又分为若干省，如中华民国有二十四省，法国有八十六省是。其不编为省者曰属地，如中华民国有蒙古、西藏，法国有安南及美、非、澳诸州属地是。其二，关于生计，如物产之丰啬，铁道、运河之交通，农、林、渔、牧之区域，工商之都会等是。二者，皆地理与人生有直接之关系者也。故谓之人文地理。

凡记载此等各部之现状者，谓之地理志，亦曰地志。合全地球而记载之，是谓世界地志。其限于一国者，为某国地志，如中华民国地志，及法国地志等是也。地理非图不明，故志必有图，而图不必皆附于志。

第八讲 建 筑

人的生活，不能没有衣服、食物和房屋。而这三者，常常在实用功能之外，又加入了美术的意味。比如食物本来是满足人们饮食需要的，却又要求在制作与陈设上赏心悦目；衣服本来是保暖御寒的，却常常看到它花样翻新；房屋本来是遮蔽风雨的，然而建筑学却在美学上具有独特的价值。

建筑物，是集合了众多材料而建成的。材料品质的精致与粗糙、形式的弯曲与端直，都对我们的感情有影响。而当它汇集了数量众多的材料，组成一个有机的整体组织之时，它更是代表了一种人生观。它的形状和气韵，与我们息息相通。

我国建筑之中，具有美术性质的大致有七种：一是宫殿。古代帝王的居处和陵墓，还有佛寺、道观等都是。宫殿建筑大都是方形建筑，有多层屋檐，四面有檐溜，上面有飞檐，下面有高高的台阶、朱红的大门、青绿的琉璃瓦，这种外观表现出尊贵富丽的气质。二是别墅。幽静的书斋、深邃的馆舍、曲折的楼榭、回环的长廊，用亭台间隔，以泉水假山映衬，宁可朴素而不奢华，宁可空疏而不密集，大抵极尽清幽潇洒的韵味。三是桥。桥以石块垒成拱状穹隆式，与罗马式建筑相似。但罗马人普遍采用这种样式，而我国除桥以外的建筑很少使用。四是城。城以砖石垒成，城墙上环绕着齿状的矮墙，高耸着有瞭望楼的城门，用来保卫城市。城大体坚固整齐，其中具有观赏价值的，以万里长城最为著名。五是华表。华表树立在陵墓之前，也有是六面形柱子，而一般以圆形为多，上面有柱头，下方是绘有浮雕装饰的底座，非常像希腊神祠里的列栏。而华表两两对立，则又像埃及的方尖塔。六是坊。坊用来表彰名声气节，一般树在街道或者陵墓之前，很像欧洲的凯旋门，但是欧洲的是穹隆式结构，而我国是平直结构，这是两者的不同之处。七是塔。塔来源于印度，融入了我国固有的审美趣味，有七级、九级、十三级的区别，常依附于佛寺，与欧洲教堂的塔相似。但中国的塔常常建于佛殿之外，呈现出独立状态，与欧洲把塔融合进教堂的整体结构中的方式不同。总而言之，我国的建筑，既不如埃及建筑的壮阔雄大，也不像哥特式建筑的高耸欲飞，而是秩序严谨，配置精巧，正是我们民族数千年来遵守礼法、崇尚实际的精神体现。

【原文】

人之生也，不能无衣、食与宫室。而此三者，常于实用之外，又参以美术之意味。如食物本以适口腹也，而装置又求其悦目；衣服本以御寒暑也，而花样常见其翻新；宫室本以蔽风雨也，而建筑之术，尤于美学上有独立之价值焉。

建筑者，集众材而成者也。凡材品质之精粗，形式之曲直，皆有影响于吾人之感情。及其集多数之材，而成为有机体之组织，则尤有以代表一种之人生观。而容体气韵，与吾人息息相通焉。

吾国建筑之中，具美术性质者，略有七种：一曰宫殿。古代帝王之居处与陵寝，及其他佛寺道观等是也。率皆四阿而重檐，上有飞甍，下有崇阶，朱门碧瓦，所以表尊严富丽之观者也。二曰别墅。萧斋邃馆，曲榭回廊，间之以亭台，映之以泉石，宁朴毋华，宁疏毋密，大抵极清幽潇洒之致焉。三曰桥。叠石为穹窿式，与罗马建筑相类。惟罗马人广行此式，而我国则自桥以外罕用之。四曰城。叠砖石为之，环以雉堞，隆以谯门，所以环卫都邑也。而坚整之概，有可观者，以万里长城为最著。五曰华表。树于陵墓之前，间用六面形，而圆者特多，冠以柱头，承以文础，颇似希腊神祠之列栏；而两相对立，则又若埃及之方尖塔然。六曰坊。所以旌表名誉，树于康衢或陵墓之前，颇似欧洲之凯旋门，惟彼用穹形，而我用平构，斯其异点也。七曰塔。本诸印度而参以我国固有之风味，有七级、九级、十三级之别，恒附于佛寺，与欧洲教堂之塔相类。惟常于佛殿以外，呈独立之观，与彼方之组入全堂结构者不同。要之，我国建筑，既不如埃及式之阔大，亦不类峨特式之高骞，而秩序谨严，配置精巧，为吾族数千年来守礼法尚实际之精神所表示焉。

第九讲 雕 刻

音乐、建筑都足以用来表现人生观；而表现人生观最直接的是雕刻。雕刻是把木、石、金、土之类的东西，进行雕琢、浇铸，制成各种人物形象。它的取材，大多是历史事件、当代风俗，即使有取材于神话、宗教的，也还是一种人生观的表达而已。

雕刻艺术大体分为两大类：一类是浅雕、凸雕之类，雕像简单朴实，仅以线纹起伏的图形来刻画表现，如山东嘉祥的东汉武梁祠画像，及山西大名的北魏造像等属于这一类。一类是具体完整的造像，雕刻精巧，面面俱到，如商代的武乙命工匠雕刻的天神木偶，秦始皇铸造的十二个金人，以及后世所有的神祠佛寺的造像都属于这一类。

雕刻中精细的，一是匀称，各部分之间的长短肥瘦都成比例，不违反天然状态。二是细致精密，雕刻琢磨的工艺之优，无懈可击。三是浑然一体，没有斧凿而不自然的痕迹。四是生动，态度容貌都富美感，符合力学的一般规律；神情活灵活现，符合心理学的一般规律。我国古代以雕刻出名的人是东晋的戴逵。他曾经刻了一尊佛像，自己藏在帷帐中偷听人们对所刻佛像的褒贬，并依照他们的意见修改，像这样十年方才完工。但是这座佛像没有流传下来。之后以塑像出名的人，唐代有杨惠之，元代有刘元。西方则以古希腊的雕刻最为优美。而十五世纪以来，意大利、法国、德国、英国等国家，雕刻方面也是名家辈出。我们要是去法国的卢浮宫和卢克逊堡博物馆一游，那么就会从中大略了解到希腊和法国雕刻艺术之高超。

相传越王勾践曾经以铜铸造贤臣范蠡的肖像，这是我国肖像铸造的开始。但是后世很少见了。西方则自罗马时期就崇尚雕刻铸造肖像，传承至今，或者用岩石，或者用铜，面目没有不逼真的。

我国崇尚仪式，而西方人崇尚自然，所以我国的造像，自如来袒胸、观音赤足，照旧是印度传统的样式以外，很少有不穿衣戴帽的。西方则自古希腊时期以来就喜欢雕塑裸像，雕像骨骼的长短、肌肉的张弛，全都以解剖学为原理。作者固然不能不先对人体结构有所研究，观众也能够从中了解一些对人体结构的知识。

【原文】

音乐、建筑皆足以表示人生观；而表示之最直接者为雕刻，雕刻者，以木、石、金、土之属，刻之范之，为种种人物之形象者也。其所取材，率在历史之事实，现今之风俗，即有推本神话宗教者，亦犹是人生观之代表云尔。

雕刻之术，大别为二类：一浅雕凸雕之属，象不离璞，仅以圻堮起伏之文写示之者也。如山东嘉祥之汉武梁祠画像，及山西大名之北魏造像等属之。一具体之造像，雕刻之工，面面俱到者也。如商武乙为偶人以象天神，秦始皇铸金人十二，及后世一切神祠佛寺之像皆属之。

雕刻之精者，一曰匀称，各部分之长短肥瘠，互相比例，不违天然之状态也。二曰致密，琢磨之工，无懈可击也。三曰浑成，无斧凿痕也。四曰生动，仪态万方，合于力学之公例，神情活现，合于心理学之公例也。吾国之以雕刻名者，为晋之戴逵，尝刻一佛像，自隐帐中，听人臧否，随而改之。如是者十年，厥工方就，然其像不传。其后以塑像名者，唐有杨惠之，元有刘元。西方则古代希腊之雕刻，优美绝伦；而十五世纪以来，意、法、德、英诸国，亦复名家辈出。吾人试一游巴黎之鲁佛尔及卢克逊堡博物院，则希腊及法国之雕刻术，可略见一斑矣。

相传越王勾践尝以金铸范蠡之像，是为我国铸造肖像之始。然后世鲜用之。西方则自罗马时竞尚雕铸肖像，至今未沫。或以石，或以铜，无不面目逼真焉。

我国尚仪式，而西人尚自然，故我国造像，自如来袒胸，观音赤足，仍印度旧式外，鲜不具冠服者。西方则自希腊以来，喜为裸像；其为骨骼之修广，筋肉之张弛，悉以解剖术为准。作者固不能不先有所研究，观者亦得为练达身体之一助焉。

第十讲 装 饰

装饰是最普通的美术。它取材的对象，有石头、金属、陶土，这是从矿物中选取的；有木头、草、藤条、棉花、麻、果核、漆，这是从植物中选取的；有甲壳、角、骨、牙、皮、羽毛、丝，这是从动物身上选取的。它采用的技术，有雕刻、铸造、制陶、镶嵌、编织、刺绣、绘画等。它描绘的图像，有几何学的线与面，有动植物以及人类的形状，神话宗教以及社会事件。它装饰的对象，有身体、被服、器皿用具、宫室、都市等。

身体的装饰，一是文身，二是损伤身体的装饰。文身，或者用绘画，或用针刺，是未开化的人常有的。我国现在只有在戏剧表演的时候，有时以粉墨涂面；而在臂上刺青，则只有我国的武术家、外国的航海家，偶尔有这种情况。损坏身体的装饰，如野蛮人刺穿鼻子悬挂金属环，凿通嘴唇放置木头之类。我国妇女旧有缠足、穿耳的陋习，也是此类。

衣服的装饰，如帽子、衣服、腰带、佩饰以及所有的金银、钻石、珍珠、玉石之类的饰品都属于服饰。近世文明民族，已经渐渐变得简单朴素；只有帝王、贵族以及军人，还有特殊的制服；而妇女的帽子与衣服，还喜欢翻新出奇。巴黎的新款女装，常常成为全欧洲的流行时尚。“一战”时期德、法开战以后，德国政府曾经想设计日耳曼式女装来代替它，但德国的妇女并没有响应和认可。

器皿用具的装饰，大的如坐具卧具，小的如陈设品都是。我国商周时候的钟鼎，汉代的香炉、铜镜，宋代以后的瓷器，都是装饰的对象。

宫室的装饰，如屋檐、屋楣、柱头，大多有雕刻的纹饰；天花板及墙壁也偶有绘画；窗子用彩色的玻璃装饰，地面用斑驳的石头点缀铺设，这些都属于宫室装饰。其他如窗帘、幕布、地毡，也附属于这一类。

都市的装饰，如《考工记》所记："匠人营建国都，方圆九里，每边三个城门。城内的主干道九条纵向九条横向，每条纵向的街道能并行九辆车。"以此追求布局的均匀对称，表现整体的庄重严整。整个巴黎市怀抱塞纳河与森林，以长桥作为纬线，以公路作为分界线，其间夹杂着广场，以高大宏伟的建筑加以装饰，以广大的园林加以分隔，使之疏阔，依次布置，逐渐发展成今日盛大壮观的景象；而公路的两边，树木成荫，花草吐香；广场与公园之中，古木与杂花，喷泉与雕塑，或分或合，交错配合，全都经过精心构思。这些都是用来满足公众的审美情趣，而非某个人或某一家庭私有独享的。

由此看来，随着人类智慧的进步，则装饰艺术的方式、范围也随之发展。身体的装饰，是未开化时代所崇尚的；都市的装饰，则文化欠发达的国家就不会着意于此。由近而远，由私而公，我们可以从中观察到世运的盛衰变化。

【原文】

装饰者，最普通之美术也。其所取之材，曰石类，曰金类，曰陶土，此取诸矿物者也；曰木，曰草，曰藤，曰棉，曰麻，曰果核，曰漆，此取诸植物者也；曰介，曰角，曰骨，曰牙，曰皮，曰毛羽，曰丝，此取诸动物者也。其所施之技，曰刻，曰铸，曰陶，曰镶，曰编，曰织，曰绣，曰绘。其所写象者，曰几何学之线面，曰动植物及人类之形状，曰神话宗教、及社会之事变。其所附丽者，曰身体，曰被服，曰器用，曰宫室，曰都市。

身体之装饰，一曰文身，二曰亏体。文身之饰，或绘或刺，为未开化所常有。我国今惟演剧时或以粉墨涂面；而臂上花绣，则惟我国之拳棒家，外国之航海家，间或有之。亏体之饰，如野蛮人穿鼻悬环，凿唇安木之属。我国妇女，旧有缠足、穿耳之习，亦其类也。

被服之装饰，如冠、服、带、佩及一切金、钻、珠、玉之饰皆是。近世文明民族，已日趋简素；惟帝王、贵族、及军人，犹有特别之制服；而妇女冠服，尚喜翻新。巴黎新式女服，常为全欧模范。德、法开战以后，德政府尝欲创日耳曼式以代之，而德之妇女，未能从焉。

器用之装饰，大之如坐卧具，小之如陈设品皆是。我国如商、周之钟鼎，汉之铲镜，宋以后之瓷器，皆其选也。

宫室之装饰，如檐楣柱头，多有刻文；承尘及壁，或施绘画；集色彩之玻板以为窗，缀斑驳之石片以敷地，皆是。其他若窗幕、地毯之类，亦附属之。

都市之装饰，如《考工记》："匠人营国，方九里，旁三门，国中九经九纬，经涂九轨。"所以求均称而表庄严也。巴黎一市，揽森河左右，纬以长桥，界为驰道，间以广场，文以崇闳之建筑，疏以广大之园林，积渐布置，蔚成大观；而驰道之旁，荫以列树，芬以花塍，广场及公园之中，古木杂花，喷泉造像，分合错综，悉具匠意。是皆所以餍公众之美感，而非一人一家之所得而私也。

由是观之，人智进步，则装饰之道，渐异其范围。身体之装饰，为未开化时代所尚；都市之装饰，则非文化发达之国，不能注意。由近而远，由私而公，可以观世运矣。

教育者，养成人格之事业也。

第一讲 修 己

人活着，不能无所作为，而要做他应当做的事情，这叫做道德。道德不可能一下子沿袭采用，必定也有理想、有方法。修身这门学科，就是用来揭示修养道德的方法的。

做事必定有先后次序，而道德的条目，与我们所应当做的事情相同，而用来实施的方法，则不能没有先后次序。所谓最需要先做的事，就是修身。

我国的圣人，把孝作为各种品行的根本，小的方面如个人的品德，大的方面如国民的公义，没有不是由此推演而来的，所以说孝顺父母、友爱兄弟，以这种孝悌的道理影响政事，由此而在社会上施行，就应该对自己的职责竭尽全力，而对他人的生命、财产、名誉全都爱护珍惜，不能有一点侵害损毁。此外还有剩余的时间和精力，则又应当博爱众人，致力于公益事业，由此而施行于国家，则对法律的规定、发布的命令，都应当严格遵守而不违反。而在国家有需要的时候，又应当献身于国家，公而忘私，以尽国民的义务，这些都是道德教育的范畴，是我们每个人都不能不努力的啊。

道德的每个方面，虽然各不相同，而遵行之本在于我们每个人自己。知道而不遵行，犹如不知；知道应当遵行，但是缺乏遵行的素养，犹如不能遵行。心怀邪念的人，不会做出正义的事情；贪图私利的人，不会考虑公益事业。没有自己欺骗自己而能对别人尽心尽责的人，没有自取侮辱而能受到别人尊敬的人。所以道德上的教化，虽然是统合了各个方面来说的，而它的根本在于提高自身的修养。

提高自身修养的方法各不相同，而以使身体健康强壮为首要。身体不健康强壮，即使有美好的心愿，也无法做到。身体健康强壮了，但是不开启他的知识，锻炼他的技能，那与牛马有什么区别呢？所以又不能不追求智慧与才能。知识丰富了，技能精湛了，而又不用德行来率领，则往往助长恶行而成就错误，所以又不能不培养德行。所以提高自身修养的方法，德育、智育、体育三个方面都要兼顾，而不能忽视或废弃某一方面。

【原文】

人之生也，不能无所为，而为其所当为者，是谓道德。道德者，非可以猝然而袭取也，必也有理想，有方法。修身一科，即所以示其方法者也。

夫事必有序，道德之条目，其为吾人所当为者同，而所以行之之方法，则不能无先后。其所谓先务者，修己之道是已。

吾国圣人，以孝为百行之本，小之一人之私德，大之国民之公义，无不由是而推演之者，故曰惟孝友于兄弟，施于有政，由是而行之于社会，则宜尽力于职分之所在，而于他人之生命若财产若名誉，皆护惜之，不可有所侵毁。行有余力，则又当博爱及众，而勉进公益，由是而行之于国家，则于法律之所定，命令之所布，皆当恪守而勿违。而有事之时，又当致身于国，公而忘私，以尽国民之义务，是皆道德之教所范围，为吾人所不可不勉者也。

夫道德之方面，虽各个不同，而行之则在己。知之而不行，犹不知也；知其当行矣，而未有所以行此之素养，犹不能行也。怀邪心者，无以行正义；贪私利者，无以图公益。未有自欺而能忠于人，自侮而能敬于人者。故道德之教，虽统各方面以为言，而其本则在乎修己。

修己之道不一，而以康强其身为第一义。身不康强，虽有美意，无自而达也。康矣强矣，而不能启其知识，练其技能，则奚择于牛马；故又不可以不求知能。知识富矣，技能精矣，而不率之以德性，则适以长恶而遂非，故又不可以不养德性。是故修己之道，体育、知育、德育三者，不可以偏废也。

第二讲 体 育

道德以提高自身修养作为基础，而提高自身修养的方法，又以体育作为基础。

忠孝是人伦的正道，没有健康强壮的身体就无法遵行。人们赡养父母，要看自己的能力服侍奉养，身体羸弱而不能尽到自己的责任，即使有孝心又有什么用呢？何况他还会因为疾病而使父母担忧。对于国家也是这样。国民的义务，没有能超过服兵役的。不是身体强壮有力的人，应征达不到标准，临阵而不能打仗，他怎么能对国家尽忠呢？而且不仅忠孝是这样，所有的道德，大概都不是身体羸弱的人所能遵行的。如果想要履行道德的要求，为国尽力，以尽到人生的天职，恐怕必定要从体育开始了。

而且体育与智育的关系尤为密切。西方的哲人说过：强健的精神，必定依赖强健的身体。这是实话。如果不是精神失常，不会有学习还不能明白、反复练习还不能熟练的人。人能否成立，要看体魄怎么样了。曾经也有身怀杰出才能而且青春年少的人，只是因为体魄孱弱，不能实现自己的志向，黯然地与那些平庸的人为伍，甚至有的在盛年之时荒废了学业，有的中途去世，更为可悲。

人原本就不容许自私，因为没有人能够脱离社会而独自生活。没有父母就没有我们，所以子女侍奉赡养父母的义务是与生俱来的。其他如兄弟、夫妻、朋友之间也与各自地位相对，而各有其应尽的义务。而我们身体的健康强壮与否，就关系到能否尽到我们应尽的义务。所以人的身体，对于家族、社会、国家，都有妥善保养的责任。假如傲慢地说：我的身体不健康强壮，自己会承受，与别人没有关系。这就大错特错了。

人年幼的时候，对于健康卫生的方法，应该听从父亲、兄长的教导。到十三四岁，就应该自己注意了。内容如下：一是节制饮食，二是保持身体及衣物清洁，三是按时运动，四是按时作息，五是使精神快乐。

人在少壮年的时候，损害身体的原因，大多是由于饮食没有节制。虽然正当身体生长发育之时，饮食的分量原本不能以老年人作为参照，但是禁忌饮食过量则是一样的。假如在吃饱之后，还贪图美味而恣意贪吃，则对身体的损害大家都明白，就不用再说了。而且本来知道饮食过量的害处，但是迫于一时的食欲，控制不住自己，以致养成不能克制欲望的习惯，其危害就更大，所以不能不谨慎。

少年人经常喜欢在闲暇的时候吃零食，以致吃饭的时候饭量减少，也是一种坏习惯。医生称成人的胃病大多由此造成的。这怎么能不戒除呢？

烟与酒都是害处多而好处少。醉酒会使人的精神错乱，而不能控制自己。能在开始的时候注意不去喝酒，则没有什么可担心的。吸烟大多数从玩一玩开始，到形成习惯，就成了癖好而不能戒除了。所以少年人要特别小心防备。烟有毒性，一支卷烟所含的毒素足以毒死二十只麻雀。它的毒性如此剧烈，可知吸烟者所受的毒害多么大。

凡是人的习惯常常可以用其他习惯来代替。饮食过量也是一种习惯，用节制饮食的方法矫正，而渐渐形成习惯，那么旧习惯就不难完全除去。

保持清洁是卫生中的第一要义，这应从清洁自己的身体开始。世界上还没有洗过澡而甘愿穿脏衣服的人。身体、衣服清洁了，则房间庭院自然不能任其荒芜肮脏，由此推而广之，把干净整洁的家庭聚集成村落、城市，那么不仅足以保证身体的健康强壮，也可以避免传染病的流行。

身体、衣服的清洁，不仅有益于健康，也可以使仪容美丽，而且养成了良好的习惯，对于精神的裨益也不浅。身体不洁净，就像蒙了脏东西一样，这样与别人接触，也是一种不尊敬别人的表现。而喜欢清洁的人，做事大抵有板有眼，用心也很缜密，习惯与天性相辅相成，则形成助人勤勉精明的美德。借助整洁优美的仪容来彰显精神，也是陶冶性情的好办法。

运动也是卫生的重要方面。它可以帮助肠胃消化，促进血液循环，使精神爽朗。凡是终日静坐躺卧而懒于运动的人，身心就因此而不畅快，逐渐导致食欲减退，气血衰减，元气也因此而消耗。所以终日进行脑力劳动的人，尤其不能不运动。运动虽然看似浪费时间，但却是勤勉者所不能吝惜的，这也就像体力劳动者不能不休息一样。

凡是人在精神抑郁的时候，触物感事，没有一件称心如意的，而成为学业进步的阻力。虽然这多半是由于性格孤僻造成的，但是身体器官的不调和，也足以造成这种情况。有时在山中野外游玩散心，呼吸新鲜空气，那么身心忽然为之一快，锐意上进之力马上增加。在春夏假期，游览国内的名胜地区，这对精神最有益。

因此，运动能够帮助身体器官工作，是为尽力于学业做的准备，不是用来恣意放纵的。所以运动如同饮食一样，也不能没有节制。但是学校的青年学生，对于踢球、划船之类的运动，放纵自己的爱好，则不惜投入全部精力参加，因而也有毁伤身体或者造成疾病的，这就失去了运动的本意了。

凡是劳动的人都不能不休息。睡眠是最主要的休息方式，应该按时休息，而青壮年更应该注意。世上那些太过于勤学而夜以继日的人，对此不能不警醒。睡眠不足，则身体因此衰弱，逐渐引发疾病，即使幸免于此，这种做法也不足取。为什么呢？睡眠不足的人，精神已经疲劳，即使每日研究探索，取得的成果有时尚且赶不上按时作息的人的一半，只不过是自己找罪受罢了。而睡眠过头，也足以养成懒惰习惯，这也是我们不能不认清的。

精神是人体的原动力。精神不愉快，则睡眠饮食不舒服，而气血为此枯竭，形容为此憔悴，逐渐形成疾病，这也是健康的大忌。顺利与坎坷不可预知，悲哀与快乐不断产生，这实在是人生常态，但是我们一定要开阔胸襟，神志清明，即使有不如意的事，也应当随顺机缘，顺应变化，而不使它留滞于意识之中，则完全可以涵养精神，使它不影响身体的健康。

使身体健康强壮的方法，大略如此。我们之所以对此非常计较，难道是想偏爱自己吗？这的确是因为我们自身，对于家族、社会、国家有着应尽的义务。而那些糊涂虫，或因为感情纠葛、小小的怨恨，就去自杀，没有比这更大的罪过了。他们或许以为一切罪恶，都会因为自杀而消除，这实际上是用私人情感泯灭了社会公义。仁人志士为了正义事业献出自己的生命，的确是人生应尽的义务。我们平日之所以爱惜自己的身体，正是为了履行这义务。有的人因为缺衣少食，而自问对于社会也没有什么益处，就以一死表示歉意，这从感情上有值得怜悯的地方，但其意志薄弱的做法，也是令人鄙视的。人生至此，就应当百折不挠，排除艰难险阻而奋勇前进。有了坚韧的精神，什么事情能不成功呢？一遇到困难就停止前进的人，不是大丈夫。

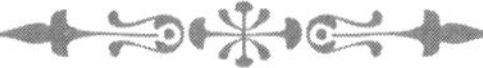

【原文】

凡德道以修己为本，而修己之道，又以体育为本。

忠孝，人伦之大道也，非康健之身，无以行之。人之事父母也，服劳奉养，惟力是视，羸弱而不能供职，虽有孝思奚益？况其以疾病贻父母忧乎？其于国也亦然。国民之义务，莫大于兵役，非强有力者，应征而不及格，临阵而不能战，其何能忠？且非特忠孝也。一切道德，殆皆非羸弱之人所能实行者。苟欲实践道德，宣力国家，以尽人生之天职，其必自体育始矣。

且体育与智育之关系，尤为密切，西哲有言：康强之精神，必寓于康强之身体。不我欺也。苟非狂易，未有学焉而不能知，习焉而不能熟者。其能否成立，视体魄如何耳。也尝有抱非常之才，且亦富于春秋，徒以体魄孱弱，力不逮志，奄然与凡庸伍者，甚至或盛年废学，或中道夭逝，尤可悲焉。

夫人之一身，本不容以自私，盖人未有能遗世而独立者。无父母则无我身，子女之天职，与生俱来。其他兄弟夫妇朋友之间，亦各以其相对之地位，而各有应尽之本务。而吾身之康强与否，即关于本务之尽否。故人之一身，对于家族若社会若国家，皆有善自摄卫之责。使傲然曰：我身之不康强，我自受之，于人无与焉。斯则大谬不然者也。

人之幼也，卫生之道，宜受命于父兄。及十三四岁，则当躬自注意矣。请述其概：一曰节其饮食；二曰洁其体肤及衣服，三曰时其运动；四曰时其寝息；五曰快其精神。

少壮之人，所以损其身体者，率由于饮食之无节。虽当身体长育之时，饮食之量，本不能以老人为比例，然过量之忌则一也。使于饱食以后，尚歆于旨味而恣食之，则其损于身体，所不待言。且既知饮食过量之为害，而一时为食欲所迫，不及自制，且致养成不能节欲之习惯，其害尤大，不可以不慎也。

少年每喜于闲暇之时，杂食果饵，以致减损其定时之餐饭，是亦一弊习。医家谓成人之胃病，率基于是。是乌可以不戒欤?

酒与烟，皆害多而利少。饮酒渐醉，则精神为之惑乱，而不能自节。能慎之于始而不饮，则无虑矣。吸烟多始于游戏，及其习惯，则成癖而不能废。故少年尤当戒之。烟含毒性，卷烟一枚，其所含毒分，足以毙雀二十尾。其毒性之剧如此，吸者之受害可知矣。

凡人之习惯，恒得以他习惯代之。饮食之过量，亦一习惯耳。以节制食欲之法矫之，而渐成习惯，则旧习不难尽去也。

清洁为卫生之第一义，而自清洁其体肤始。世未有体肤既洁，而甘服垢污之衣者。体肤衣服洁矣，则房室庭园，自不能任其芜秽，由是集清洁之家而为村落为市邑，则不徒足以保人身之康强，而一切传染病，亦以免焉。

且身体衣服之清洁，不徒益以卫生而已，又足以优美其仪容，而养成善良之习惯，其裨益于精神者，亦复不浅。盖身体之不洁，如蒙秽然，以是接人，亦不敬之一端。而好洁之人，动作率有秩序，用意亦复缜密，习与性成，则有以助勤勉精明之美德。借形体以范精神，亦缮性之良法也。

运动亦卫生之要义也。所以助肠胃之消化，促血液之循环，而爽朗其精神者也。凡终日静坐偃卧而怠于运动者，身心辄为之不快，驯致食欲渐减，血色渐衰，而元气亦因以消耗。是故终日劳心之人，尤不可以不运动。运动之时间，虽若靡费，而转为勤勉者所不可吝，此亦犹劳作者之不能无休息也。

凡人精神抑郁之时，触物感事，无一当意，大为学业进步之阻力。此虽半由于性癖，而身体机关之不调和，亦足以致之。时而游散山野，呼吸新空气，则身心忽为之一快，而精进之力顿增。当春夏假期，游历国中名胜之区，此最有益于精神者也。

是故运动者，所以助身体机关之作用，而为勉力学业之预备，非所以恣意而纵情也。故运动如饮食然，亦不可以无节。而学校青年，于蹴鞠竞渡之属，投其所好，则不惜注全力以赴之，因而毁伤身体，或酿成疾病者，盖亦有之，此则失运动之本意矣。

凡劳动者，皆不可以无休息。睡眠，休息之大者也，宜无失时，而少壮尤甚。世或有勤学太过，夜以继日者，是不可不戒也。睡眠不足，则身体为之衰弱，而驯致疾病，即幸免于是，而其事亦无足取。何则？睡眠不足者，精力既疲，即使终日研求，其所得或尚不及起居有时者之半，徒自苦耳。惟睡眠过度，则亦足以酿惰弱之习，是亦不可不知者。

精神者，人身之主动力也。精神不快，则眠食不适，而血气为之枯竭，形容为之憔悴，驯以成疾，是亦卫生之大忌也。夫顺逆无常，哀乐迭生，诚人生之常事，然吾人务当开豁其胸襟，清明其神志，即有不如意事，亦当随机顺应，而不使留滞于意识之中，则足以涵养精神，而使之无害于康强矣。

康强身体之道，大略如是。夫吾人之所以斤斤于是者，岂欲私吾身哉？诚以吾身者，因对于家族若社会若国家，而有当尽之义务者也。乃昧者，或以情欲之感，睚眦之忿，自杀其身，罪莫大焉。彼或以一切罪恶，得因自杀而消灭，是亦以私情没公义者。惟志士仁人，杀身成仁，则诚人生之本务，平日所以爱惜吾身者，正为此耳。彼或以衣食不给，且自问无益于世，乃以一死自谢，此则情有可悯，而其薄志弱行，亦可鄙也。人生至此，要当百折不挠，排艰阻而为之，精神一到，何事不成？见险而止者，非夫也。

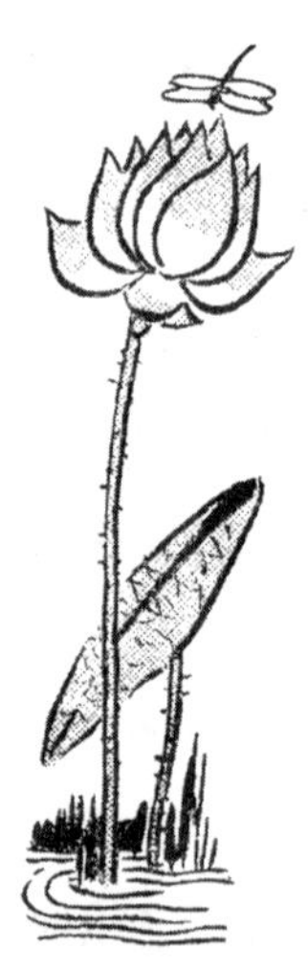

第三讲 习 惯

习惯是人的第二天性。它对性格的感化力量，如同朋友对于人的感化一样。人的心理会随着时间的变化而变动，跟着事物的变动而改变，拿起笔就想写，操起琴而就想弹，人都是这样，而在年轻的时候尤为厉害。对于平日接触的事物，人的精神不知不觉中就会受到浸润熏陶，而与它形成非常密切的关系，这就是所谓的习惯与天性相辅相成。所以我们对习惯不能不慎重，如同交友要慎重一样。

江河由细小的水流汇集而成，习惯由细小而不值得计较的事情积累而成。以前北美洲有一个罪人，临刑时感慨地说："我之所以受到这种刑罚，就是因为小时候每天睡懒觉不能早起的习惯造成的。"能否早起是小事，而早起之心不够坚决，养成因循苟且的习惯，则一切去恶从善之事，他也是如此不坚决，这是他受到刑罚的原因。因此，事情不在于多么小，如果多次反复，养成习惯，那么它的影响非常大，对关系到善与不善的习惯，哪里能不谨慎呢？假如平日注意到善与不善的界限，养成向善去恶的习惯，则用不着勉强自己，而道德自然长进。道德的根本，本来不在高远之处而在浅近之处。自洒扫、应对、进退，以及其他一事一物、一动一静之间，无一不是道德存在的地方。道德标立的名目，叫正义，叫勇往，叫勤勉，叫忍耐，大体都没有超出习惯的范围。

礼仪是交际的关键，而大有造就习惯的力量。心性能够使形体端正，形体也能影响心性。因此平日容貌端正，面色平正，言辞顺畅，那么妄念就无从萌发，而言行忠实、信用、忠厚、恭敬，就会不知不觉形成习惯。孔子在颜渊问什么是仁的时候，告诉他不合乎礼的东西不能看，不合乎礼的传闻不能听，不合乎礼的话不能说，不合乎礼的事不能做。通过礼仪而正心，的确是圣人话中隐含的意思。那些愚妄之人，以为礼仪是虚伪粉饰的东西，动辄赤身露体、狂妄猖獗，虽然号为率真，而不懂得不注重仪容举止，心也就会随之转化，这样时间长了，就没有什么可顾忌的，什么样的荒唐事都做得出来，一发而不可收，这样做岂不是很荒谬吗?

【原文】

习惯者，第二之天性也。其感化性格之力，犹朋友之于人也。人心随时而动，应物而移，执毫而思书，操缦而欲弹，凡人皆然，而在血气未定之时为尤甚。其于平日亲炙之事物，不知不觉，浸润其精神，而与之为至密之关系，所谓习与性成者也。故习惯之不可不慎，与朋友同。

江河成于涓流，习惯成于细故。昔北美洲有一罪人，临刑慨然曰：吾所以罹兹罪者，由少时每日不能决然蚤起故耳。夫蚤起与否，小事也，而此之不决，养成因循苟且之习，则一切去恶从善之事，其不决也犹是，是其所以陷于刑戮也。是故事不在小，苟其反复数四，养成习惯，则其影响至大，其于善否之间，乌可以不慎乎?第使平日注意于善否之界，而养成其去彼就此之习惯，则将不待勉强，而自进于道德。道德之本，固不在高远而在卑近也。自洒扫应对进退，以及其他一事一物一动一静之间，无非道德之所在。彼夫道德之标目，曰正义，曰勇往，曰勤勉，曰忍耐，要皆不外乎习惯耳。

礼仪者，交际之要，而大有造就习惯之力。夫心能正体，体亦能制心。是以平日端容貌，正颜色，顺辞气，则妄念无自而萌，而言行之忠信笃敬，有不期然而然者。孔子对颜渊之问仁，而告以非礼勿视，非礼勿听，非礼勿言，非礼勿动。由礼而正心，诚圣人之微旨也。彼昧者，动以礼仪为虚饰，袒裼披猖，号为率真，而不知威仪之不摄，心亦随之而化，渐摩既久，则放僻邪侈，不可收拾，不亦谬乎。

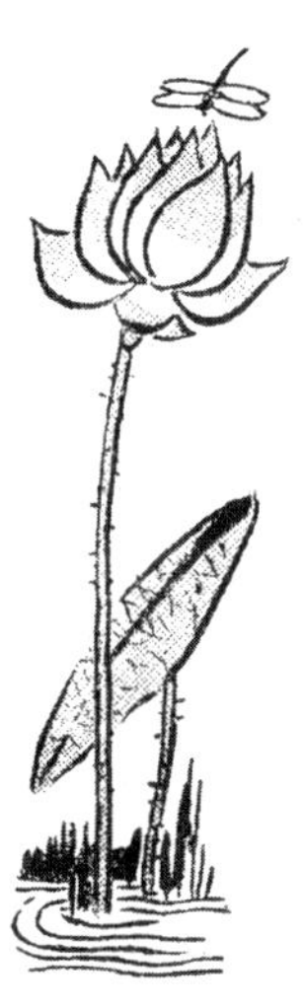

第四讲 勤 勉

勤勉是一种好习惯。凡人们所努力为之的事情，不尽相同，关键在于各人根据自己的地位境遇，而对自己的职责竭尽全力，这也是注重涵养德行的人不能缺少的。对自己从事的职业努力不懈，就会学到适应的方法与节制的意义，而精明细心、坚忍不拔等优点也相继养成。使人的品性败坏的行为中，没有能超过懈怠懒惰的。懈怠懒惰是各种罪恶之源。古人称那些品性卑劣的人在闲居独处的时候，无论什么坏事都做得出来，就是因为这个。不仅是品性卑劣的人，即使是好人，如果整天吃得饱饱的，什么事也不干，则必定从悠闲安乐趋向于游荡懒惰。于是鄙野猥琐的想法、乖谬不正的念头，不知不觉地萌发，逐渐滋长蔓延而难以抑制。这是我们应当警醒的。

人的一生，凡是德行、才能、功业、名誉、财产及其他一切幸福，没有一样不是依靠勤勉而能轻易获得的。人生的价值，要看事业成功与否，而不在于寿命的长短。曾经有七老八十的人，还完全醉生梦死、糊里糊涂地过日子，人们都忘了给他奉酒祝寿。也有人中年去世，而建立了卓越的功勋，人们反而不觉得他已经不在了。这就是勤勉与不勤勉的区别。桃子、梨子、李子、栗子，不去掉皮，就吃不到果实。不勤勉的人，即使是小小的利益也无从得到。自古成就大事业、享有盛名的人，哪一个不是因为有过人的勤奋努力呢？世上不是没有因为长期过于劳累而丧命的人，但是与那些沉溺于悠闲安乐的人相比，仅仅十分之一二。勤勉的成效，可以看得到啊。

【原文】

勤勉者，良习惯之一也。凡人所免之事，不能一致，要在各因其地位境遇，而尽力于其职分，是亦为涵养德性者所不可缺也。凡勤勉职业，则习于顺应之道，与节制之义，而精细寻耐诸德，亦相因而来。盖人性之受害，莫甚于怠惰。怠惰者，众恶之母。古人称小人闲居为不善，盖以此也。不惟小人也，虽在善人，苟其饱食终日，无所事事，则必由佚乐而流于游惰。于是鄙猥之情，邪僻之念，乘间窃发，驯致滋蔓而难图矣。此学者所当戒也。

人之一生，凡德行才能功业名誉财产，及其他一切幸福，未有不勤勉而可坐致者。人生之价值，视其事业而不在年寿。尝有年登期耋，而悉在醉生梦死之中，人皆忘其为寿。亦有中年丧逝，而树立卓然，人转忘其为夭者。是即勤勉与不勤勉之别也。夫桃梨李栗，不去其皮，不得食其实。不勤勉者，虽小利亦无自而得。自昔成大业、享盛名，孰非有过人之勤力者乎？世非无以积瘁丧其身者，然较之汩没于佚乐者，仅十之一二耳。勤勉之效，盖可睹矣。

第五讲 自 制

自制，指的是节制情欲。情欲本来没有什么不好，况且高尚的志向节操、伟大的事业，也有很多是从此发源的。然而情欲如同骏马一样，有善于奔跑的能力，但不能选择前进的方向，假如不加控制驾驭，而任其奔跑，就不免掉到沟壑里、撞到岩壁上，甚至有的因此而丧命。情欲也是这样，倘若不用理性与毅力加以节制，它的危害就不胜枚举。情欲不仅仅关系一个人，倘若所有的国民都成为情欲的奴隶，那么政体的改良、学习的进步，都不能期望它实现，而国家的前途就更不用问了。这是自制之所以重要的原因。

自制的内容包括三个方面：一是节制生理欲望，二是克制心理欲望，三是抑制热情。

饥渴之欲，使人懂得按时饮食，营养身体。它对于保全生命、振作气力，关系重大。然而沉迷于美味而不知满足，则不仅妨害身体，而且将使性灵湮灭、志气懈怠，而养成放浪、奢侈的恶习。况且如沉湎于酒，荒淫于色，留下的祸患特别大，都不能不用自制力预先加以禁止。

欲望就是看重名誉、贪求财产、寻求快乐之类。人如果没有欲望，就觉得生活非常没有意义，所以不能没有欲望，这与不能没有生理欲望一样，而其超过限度带来的危害也相似。

豹死留皮，人死留名，看重名誉是人的美德。但是急着出名而不顾其他，则由此带来的弊病，不是骄纵就是谄媚。骄纵的人，一定要炫耀自己而抑制别人，就必定强不知以为知，扬扬得意地拒人于千里之外，只不过使自己的头脑日渐昏聩，学习日益退步，而虚名终究不能长时间假冒下去。即使学识果真已经无人可及，而骄矜之气充溢，或将欺凌父亲兄长而轻慢长辈上级，这也太狂悖了。谄媚之人，必定降低身份而遵循世俗的平庸见解，就将做出不分是非、违背事理的事情，在污浊混乱的世道里以求与别人相同，即使能够窃得一时之名，而不免被有远见卓识的人讥笑。这些都是不能自制的过错。

从小处说，一个人自身的幸福，从大处说，国家富强的基础，没有不依靠财产的。财产的增殖，人生的确不能忽视。但世人只知道增殖财产，而不知道它的使用方法，那么即使有亿万身家，也不过是个守财奴罢了。而矫正这种错误的人，有的又浪费金钱来放纵耳目的嗜欲，这些都不是中庸之道。财产之所以可贵，是因为它有利己利人的作用。假使只蓄积财产，而不知怎样来使用，则对自己没有好处，对别人也没有益处，与穷光蛋又有什么不同呢？而且只知道积蓄财产而不使用的人，他对于穷苦的亲戚、饥寒的旧友都将坐视不救，不只爱怜之情淡薄，而且廉耻之心荡然无存。应当给而不给，必定不应当取而取，如私买窃贼的赃物、收取欠债人的高利息，等等，凡是丧尽良心伤害天理的事情，都将毫无顾忌地去做，而逐渐将不齿于人类。这种过分吝啬的弊病，的确不能不戒除。知道过分吝啬应当戒除，而纠正错误超过了应有的限度，符合道义地获取却胡乱地给予，收入少却花费多，那么就将有倾家荡产的灾祸。既不能保住自己独立的品位，而对忠、孝、慈、善诸种德行，虽不想放弃却又不得不放弃，各种好的品行全都废弃，此种奢侈的弊病，也必定不逊于过分吝啬。二者其实都是欲望过度导致的，把二者折中一下，处置奢侈和鄙吝的中庸之道就出来了，那就是节俭。

节俭，指的是对自己日常生活的享用有节制。人们在社会生活中已经有了上下、贵贱之别，那么用来维持他们官阶、地位而使其尽到职责的花费，本来有相应的限度，不能用统一的标准来约束，关键在于与他们的地位、境况相配，而没有超过限度。饮食不必求多，只要吃饱肚子就行了；车马衣服不必求好，能做到礼仪周到就行了。继承祖先的家业，勤奋努力，毫不懈怠，把自己的收入节约使用，那么家里就有剩余的财产，而且可以在他人遇到不幸的时候用来救济他们，如此做善事，不也是很快乐吗？而且节俭的人必定欲望少，欲望少就不会被身外之物所役使，然后可以培养德行，完善为人之道。

一家人都节俭，则一家和睦融洽；全国人都节俭，则全国安定团结。因为人人节俭而财产丰裕，那么人人安居、敬业、爱国的念头就会油然而生。否则奢侈之风弥漫，人人任意花费没有节制，将没有时间救济穷人，又哪里有工夫顾及国家呢？况且国家以人民作为成员，哪里有人民穷困，而国家不困顿窘迫的呢？自古以来，国家因为人民节俭而兴盛，又因为奢侈导致衰败的，又哪里数得清呢！如罗马帝国之类就是这样的例子。喜欢快乐、畏惧苦痛，是人之常情；人们做事，多半被它驱使逼迫，起居行动，衣服饮食，很少不是由此造成的。大凡人情世故可以慢慢练达，而不可以马上禁止。古代的宗教家，常常有远离快乐而前去受苦的，恰恰足以伤害心情，而未必对修养道德有益。人倘若善于享受快乐，处置得当，是无可厚非的。它可以激发精神，鼓舞志气，足以作为勤勉的辅助。但有些人到了放弃各种事情的地步，这就不能不戒除了。

适度的快乐，说起来很容易，而做起来很难，只有时时注意，不要让它太过分，就几乎没有什么大的过错了。古人说过：“欢乐到了极点，悲哀的感情就多了。”世间不愉快的事情，没有比欲望过度更厉害的。在这时候，欲望不仅没有活泼精神、振作志气的作用，反而会招致疲劳，养成疏懒之习，甚至做出背离道德、违反礼仪的行为。世上品行堕落而不顾刑律惩罚的人，常常是由于过分快乐，我们能不谨慎吗！

人是有感情的动物，遇到某种情境，而有强烈的感动，则感情为之改变，来不及思前顾后，甚至放弃所有对自己对别人应尽的义务，而务必达到目的，这叫做热情。热情已经产生，如果不平心静气地思考其是非利害并设法节制它，那么放纵心意以后，常常不免陷身于罪恶，这不是热情的罪过，而是不善于利用热情的人的责任。利用热情，是用道理控制它，就像利用蒸气，用精巧的机械承受它，那么它强大的能量没有人能够抵挡。

热情的种类很多，而以愤怒最为激烈。盛怒之下而想发泄，就是死都尚且不避，与发疯没有什么不同。因此愤怒之下行事的人，给自己和家人带来灾祸而悔恨不及的，常常是十之八九。

愤怒也不是不良的品德，但受人侮辱而不敢与之计较，则是怯弱的行为，正义之士以之为耻。应当愤怒而愤怒，是君子也有的事情。然而只顾发泄一时的愤怒，不顾及亲戚，不宽恕朋友，辜负恩情与友谊，违背理性而酿成暴乱的举动，从而带来终身祸患的人，世上有很多。应该在年轻时养成忍耐之力，即使有时愤怒而不能忍受，也必定先平心而明察，像这样就没有不恰当的愤怒，而诟骂斗殴的举动差不多可以避免了。

忍耐是交际的重要方法。人心的不同如同面貌不同一样，倘若动不动就对不符合自己心意的人发怒，那么必定至于父子不亲、夫妇反目、兄弟不合的地步，而朋友也有友谊不再、变成仇敌的后果，这不是自己招来的灾祸吗？所以对待别人的方法，可以从情感上宽恕的就宽恕，可以从事理上排遣的就排遣。孔子说“严于责备自己，而轻于责备别人”，就是以这样的方法养成忍耐的美德。

次于愤怒的是傲慢，是嫉妒，也不能不戒除。傲慢就是用自己的长处欺凌别人；嫉妒就是看到自己的短处转而怨恨别人，这些都不是实事求是的做法。品德高尚、才能杰出的人，内心的真诚会从言表中流露出来。虽然他克制自己而不自满，而周遭的人一旦接到触他庄重的仪容举止，就情不自禁会敬畏他、模仿他。至于不安守本分，而只模仿剽窃以自我炫耀的人，那么可以欺骗一时，而不能持久，他凌辱蔑视他人，恰恰是暴露自己的浅陋低劣罢了。至于像他人的才识声望有超过我的，我爱戴他、敬重他，检查我不如他的地方而盼望赶上他。不这样做，反而嫉妒他，对自己有什么益处呢？嫉妒不仅愚蠢可笑，其心更可鄙。

情欲不能不节制，大体也是这样。节制它的办法，应当是怎样的呢？情欲旺盛，往往不是理智的力量所能对付的，不是说说利害关系就能破除的，而唯有以情欲节制情欲一种方法。

以情欲节制情欲的方法是什么样的呢？当愤怒的时候，则欣赏或演奏音乐来调和它；当抑郁的时候，则登临山水来排解它，于是心旷神怡，爽然若失，回忆愤怒抑郁的样子，于是心中释然。

情欲的炽烈，如同燎原之火不可接近，而过一会儿就自己衰减，这是它的常态。故克制情欲的方法，在于养成忍耐的习惯。正当情欲炽烈旺盛的时候，忍耐力的强弱常常关系到人生的祸与福，差别只在顷刻之间。古时候有个人，性情急躁，盛怒的时候，常有不符礼仪的言行，几乎不能把持自己。以后当盛怒之时，他就随口说出若干数字，从一至一百，以此抑制自己的冲动，其用意非常好，值得效法。

【原文】

自制者，节制情欲之谓也。情欲本非恶名，且高尚之志操，伟大之事业，亦多有发源于此者。然情欲如骏马然，有善走之力，而不能自择其所向，使不加控御，而任其奔逸，则不免陷于沟壑，撞于岩墙，甚或以是而丧其生焉。情欲亦然，苟不以明清之理性，与坚定之意志节制之，其害有不可胜言者。不特一人而已。苟举国民而为情欲之奴隶，则夫政体之改良，学艺之进步，皆不可得而期，而国家之前途，不可问矣。此自制之所以为要也。

自制之目有三：节体欲，一也；制欲望，二也；抑热情，三也。

饥渴之欲，使人知以时饮食，而荣养其身体。其于保全生命，振作气力，所关甚大。然耽于厚味而不知餍饫，则不特妨害身体，且将汩没其性灵，昏惰其志气，以酿成放佚奢侈之习。况如沉湎于酒，荒淫于色，贻害尤大，皆不可不以自制之力预禁之。

欲望者，尚名誉，求财产，赴快乐之类是也。人无欲望，即生涯甚觉无谓。故欲望之不能无，与体欲同，而其过度之害亦如之。

豹死留皮，人死留名，尚名誉者，人之美德也。然急于闻达，而不顾其他，则流弊所至，非骄则谄。骄者，务扬己而抑人，则必强不知以为知，诎诎然拒人于千里之外，徒使智日昏，学日退，而虚名终不可以久假。即使学识果已绝人，充其骄矜之气，或且凌父兄而傲长上，悖亦甚矣。谄者，务屈身以徇俗，则且为无非无刺之行，以雷同于污世，虽足窃一时之名，而不免为识者所窃笑，是皆不能自制之咎也。

小之一身独立之幸福，大之国家富强之基础，无不有借于财产。财产之增殖，诚人生所不可忽也。然世人徒知增殖财产，而不知所以用之之道，则虽藏镪百万，徒为守钱虏耳。而矫之者，又或靡费金钱，以纵耳目之欲，是皆非中庸之道也。盖财产之所以可贵，为其有利己利人之用耳。使徒事蓄积，而不知所以用之，则无益于己，亦无裨于人，与赤贫者何异？且积而不用者，其于亲戚之穷乏，故旧之饥寒，皆将坐视而不救，不特爱怜之情浸薄，而且廉耻之心无存。当与而不与，必且不当取而取，私买窃贼之赃，重取债家之息，凡丧心害理之事，皆将行之无忌，而驯致不齿于人类。此鄙吝之弊，诚不可不戒也。顾知鄙吝之当戒矣，而矫枉过正，义取而悖与，寡得而多费，则且有丧产破家之祸。既不能自保其独立之品位，而于忠孝慈善之德，虽欲不放弃而不能，成效无存，百行俱废，此奢侈之弊，亦不必逊于鄙吝也。二者实皆欲望过度之所致，折二者之衷，而中庸之道出焉，谓之节俭。

节俭者，自奉有节之谓也，人之处世也，既有贵贱上下之别，则所以持其品位而全其本务者，固各有其度，不可以执一而律之，要在适如其地位境遇之所宜，而不逾其度耳。饮食不必多，足以果腹而已；舆服不必善，足以备礼而已，绍述祖业，勤勉不怠，以其所得，撙节而用之，则家有余财，而可以恤他人之不幸，为善如此，不亦乐乎？且节俭者必寡欲，寡欲则不为物役，然后可以养德性，而完人道矣。

家人皆节俭，则一家齐；国人皆节俭，则一国安。盖人人以节俭之故，而赀产丰裕，则各安其堵，敬其业，爱国之念，油然而生。否则奢侈之风弥漫，人人滥费无节，将救贫之不暇，而遑恤国家。且国家以人民为分子，亦安有人民皆穷，而国家不疲苶者。自古国家，以人民之节俭兴，而以其奢侈败者，何可胜数！如罗马之类是已。爱快乐，忌苦痛，人之情也；人之行事，半为其所驱迫，起居动作，衣服饮食，盖鲜不由此者。凡人情可以徐练，而不可以骤禁。昔之宗教家，常有背快乐而就刻苦者，适足以戕贼心情，而非必有裨于道德。人苟善享快乐，适得其宜，亦乌可厚非者。其活泼精神，鼓舞志气，乃足为勤勉之助。惟荡者流而不返，遂至放弃百事，斯则不可不戒耳。

快乐之适度，言之非艰，而行之维艰，惟时时注意，勿使太甚，则庶几无大过矣。古人有言：欢乐极兮哀情多。世间不快之事，莫甚于欲望之过度者。当此之时，不特无活泼精神、振作志气之力，而且足以招疲劳，增疏懒，甚且悖德非礼之行，由此而起焉。世之堕品行而冒刑辟者，每由于快乐之太过，可不慎欤！

人，感情之动物也，遇一事物，而有至剧之感动，则情为之移，不遑顾虑，至忍掷对己对人一切之本务，而务达其目的，是谓热情。热情既现，苟非息心静气，以求其是非利害之所在，而有以节制之，则纵心以往，恒不免陷身于罪戾，此亦非热情之罪，而不善用者之责也。利用热情，而统制之以道理，则犹利用蒸气，而承受以精巧之机关，其势力之强大，莫能御之。

热情之种类多矣，而以忿怒为最烈。盛怒而欲泄，则死且不避，与病狂无异。是以忿怒者之行事，其贻害身家而悔恨不及者，常十之八九焉。

忿怒亦非恶德，受侮辱于人，而不敢与之校，是怯弱之行，而正义之士所耻也。当怒而怒，亦君子所有事。然而逞忿一朝，不顾亲戚，不恕故旧，辜恩谊，背理性以酿暴乱之举，而贻终身之祸者，世多有之。宜及少时养成忍耐之力，即或怒不可忍，亦必先平心而察之，如是则自无失当之忿怒，而诟詈斗殴之举，庶乎免矣。

忍耐者，交际之要道也。人心之不同如其面，苟于不合吾意者而辄怒之，则必至父子不亲，夫妇反目，兄弟相阋，而朋友亦有凶终隙末之失，非自取其咎乎？故对人之道，可以情恕者恕之，可以理遣者遣之。孔子曰：躬自厚而薄责于人。即所以养成忍耐之美德者也。

忿怒之次曰傲慢，曰嫉妒，亦不可不戒也。傲慢者，挟己之长，而务以凌人；嫉妒者，见己之短，而转以尤人，此皆非实事求是之道也。夫盛德高才，诚于中则形于外。虽其人抑然不自满，而接其威仪者，畏之象之，自不容已。若乃不循其本，而摹拟剽窃以自炫，则可以欺一时，而不能持久，其凌蔑他人，适以自暴其鄙劣耳。至若他人之才识闻望，有过于我，我爱之重之，察我所不如者而企及之可也。不此之务，而重以嫉妒，于我何益？其愚可笑，其心尤可鄙也。

情欲之不可不制，大略如是。顾制之之道，当如何乎？情欲之盛也，往往非理义之力所能支，非利害之说所能破，而惟有以情制情之一策焉。

以情制情之道奈何？当忿怒之时，则品弄丝竹以和之；当抑郁之时，则登临山水以解之，于是心旷神怡，爽然若失，回忆忿怒抑郁之态，且自觉其无谓焉。

情欲之炽也，如燎原之火，不可向迩，而移时则自衰，此其常态也。故自制之道，在养成忍耐之习惯。当情欲炽盛之时，忍耐力之强弱，常为人生祸福之所系，所争在顷刻间耳。昔有某氏者，性卞急，方盛怒时，恒将有非礼之言动，几不能自持，则口占数名，自一至百，以抑制之，其用意至善，可以为法也。

第六讲 勇 敢

勇敢可以使人克服艰难。人生、学业没有一样可以轻易成就。在艰难的境遇中不屈服、不沮丧，不达目标不罢休，则是勇敢的结果。

所谓勇敢，说的并不是体力。如果按照体力，那么牛马将胜过人。人的勇敢，必定包含智慧、品德等基本要素，常常在完成应尽的义务、彰显真理的时候体现。曾子说："自我反省而发现正义的确在我方，即使对方是千军万马，我也勇往直前，决不退缩。"这就是勇敢的本义。

翻翻历史，自古以来社会人文的进步，从勇敢者身上受益很多。这些事情，有的被有权有势、强横霸道的人把持，有的已经习惯了流行的风俗习惯，不排除万难而用力抗拒它，就不能有所作为。所以担此重任的人，不是不屈服于权势的道德家，就必定是不求宠幸尊荣的爱国者；不是不阿谀社会舆论的思想家，就必定是不沉迷私欲的事业家。这些人大都坚强刚毅，不惊不惧。他们所看到的是真是善，即使遇到什么样的艰难，也绝不会灰心丧气。没有看到希腊哲学家苏格拉底吗？因为所持的哲学观点，他被全希腊的人非难而不理会，蒙受异端左道之名而不顾惜，直到被判服毒而死也不改变自己的节操，至今人们都认为他很伟大。我们又没有看到意大利大学者布鲁诺和伽利略吗？布鲁诺痛斥当时的伪科学，遂被宗教裁判所判为"异端"而被烧死在罗马鲜花广场。他临刑前从容地看着法庭的官吏说："你们今天判处我死刑，但是我知道你们的害怕远远超过了我。"伽利略倡导"地动说”，当时的教会对他违背教旨很生气，把他投入宗教裁判所的监狱，但伽利略没有屈服。这些都是被学者传为美谈的事情。像这些人，不仅学识过人，而且为了追求信仰的真理，无论受到多少次挫折也毫不动摇退缩。的确有值得赞赏的地方，虽然他们一生穷困，死于牢狱之中，但却声名远播，流传百世而不泯灭。那些丧失节操、改变志向，忽视公理与正义而屈从流行的风俗习惯的人，难道能与他们同日而语吗?

人的一生有顺境，也有逆境。在逆境之中，身处困境，进退两难，不以勇敢的态度对待，就没有办法转祸为福，化险为夷。而且勇敢也不是等到身处逆境才能显现出来，在和平无事的时候，也能显露无遗。如专心于自己的工作，安守自己的本分，不受外界的诱惑，都是这样的例子。

人沾染了不良品德而招来祸害，常常是由于不果断：知道应当做的而不敢做；知道不能不做的也不敢做，受到名利的诱惑而丧失了分辨是非得失的能力，都是不能果断处置的过错。至于那虚炫自己的才学，矫饰自己的德行，用以欺骗世人的人，则又由于没有安守本分的勇气，而走上了这条错误的道路。

勇敢最为显著的特点是独立。独立，就是尽到自己的职责而不倚赖别人。人站立在大地上靠的是自己的双脚，人立于世也是这样。用自己的心思考它，用自己的意志实践它，用自己的财力滋养它，必定如此以后才是独立，也必定如此以后才能称之为人。独立说的并不是离开社会独自生活。人一生下来，就聚集在一起成为家族，成为社会，成为国家，怎么能不互相扶持，取长补短，共同谋划集体的幸福呢?而在相互关系之中，从个人方面来说，各人要尽自己对于集体的责任，也算得上是独立。独立，说的也不是故作姿态，以示与众不同。不问事情的曲直利害，而一切违背人的本性并把它当为快乐，是愚昧无知。这与不问事情的曲直利害，而一切遵从别人的意思去做的人，有什么区别呢?唯有不存成见，而以良知为标准，只要公理与正义所在，即使很浅陋的言辞，也虚心接受，否则即使是王公的命令、贤哲的高论，也会拒绝而不畏惧，这叫做真正的独立。

独立的要点有三个方面：一是自谋生计；二是自信；三是自决。

谋生是做一切事情的基础。人如果不能独立生存，那么其他事情都不值得一说。自己的能力不够，依靠他人糊口的人，其卑躬屈膝本来就不值得说；像那瞧着别人的脸色来过活的人，把人家的一颦一笑当做自己的忧愁和喜悦，相信人之所信而不敢怀疑，好人之所好而不敢不喜欢，也不过是一个多余而无用的东西罢了，这都是因为不能自谋生计的缘故。

人对于一件事情，因为明白到其中的道理而相信它，即使事情千变万化，如果它其中的道理没有发生变化，那么我依然像过去一样相信它，这叫做自信。古代的旷世大儒，之所以能够发现真理，固然是由于他们的学识渊博，关键还在于他们非常自信，不因为权力的威逼而改变，不因为世俗的议论而动摇，所以经历的时间越久远，他们所发现的真理就越彰显。

当人们判断事理的时候，一举一动都跟随别人，不敢自己做主，这也是没有独立心的表现。智慧与见识达不到的地方，不能不向老师与朋友咨询，但如果面临事情的时候迟疑不决，顺应他人的意旨行事，那就特别浅陋低劣了。

简单地说，没有独立心的人，常常不知道自重。既然不自重，也就不知道尊重别人，这就会极大地损害自己的品德与地位而伤害道德与正义。倘若全国所有的人都没有独立心，却希望国家独立而巩固，行吗？

勇敢而符合道义，叫做义勇。空手搏虎、涉水过河这样有勇无谋、鲁莽冒险的事情，盗贼尚且能够做到，这不过是凭一时的感情冲动产生的勇气，哪里值得这样做呢？君子对于天下的事情，没有亲疏厚薄，只以义作为准绳，毁谤和赞誉不能扰乱他，生死不能威胁他，这样的作为就是义勇。

义勇之中，以对国家的贡献为最大。在这个国家，一个人的生命、财产、名誉，能不被人侵凌毁坏。而上要侍奉父母，下要养活妻儿，使各自能够满足各自的需要，无一不是国家的赐予，而且也不仅仅与个人有关系，实际上是从祖先那里继承，而又将传给子孙后代，以至于无数代。所以国家的危急患难与一个人的危急患难相比，何止是数倍而已。在这样的时候，我就舍弃我的生命财产及其一切，为国牺牲。如果对国家有利就绝不吝惜，这是国民的义务。假如有人学识渊博、名位尊崇，而在国家有事的时候，犹豫不决，踌躇观望，不敢有所作为，那么人生最大的节操就毁损了，人生万事就分崩溃败了，不仅让当时的人笑话，也给后世子孙留下耻辱，非常可怕。因此平日必须坚持锻炼自己的意志，养成见义勇为的习惯，就能尽到国民的责任，而不会辜负国家。

然而假如对于义与非义，凭其知识无法辨别，那么即使有崇尚道义的志向，而行动却常常与之背离，这就是因为学问不够，而知识积累不足。所以人不能不治学问。

【原文】

勇敢者，所以使人耐艰难者也。人生学业，无一可以轻易得之者。当艰难之境而不屈不沮，必达而后已，则勇敢之效也。

所谓勇敢者，非体力之谓也。如以体力，则牛马且胜于人。人之勇敢，必其含智德之原质者，恒于其完本务彰真理之时见之。曾子曰：自反而缩，虽千万人，吾往矣。是则勇敢之本义也。

求之历史，自昔社会人文之进步，得力于勇敢者为多。盖其事或为豪强所把持，或为流俗所习惯，非排万难而力支之，则不能有为。故当其冲者，非不屈权势之道德家，则必不循嬖幸之爱国家，非不阿世论之思想家，则必不溺私欲之事业家。其人率皆发强刚毅，不憑不慄。其所见为善为真者，虽遇何等艰难，决不为之气沮。不观希腊哲人苏格拉底乎？彼所持哲理，举世非之而不顾，被异端左道之名而不惜，至仰毒以死而不改其操，至今伟之。

又不观意大利硕学百里诺及加里沙乎？百氏痛斥当代伪学，遂被焚死。其就戮也，从容顾法吏曰：公等今论余以死，余知公等之恐怖，盖有甚于余者。加氏始倡地动说，当时教会怒其戾教旨，下之狱，而加氏不为之屈。是皆学者所传为美谈者也。若而人者，非特学识过人，其殉于所信而百折不回。诚有足多者，虽其身穷死于缧绁之中，而声名洋溢，传之百世而不衰，岂与夫屈节回志，忽理义而循流俗者，同日而语哉？

人之生也，有顺境，即不能无逆境。逆境之中，跋前疐后，进退维谷，非以勇敢之气持之，无由转祸而为福，变险而为夷也。且勇敢亦非待逆境而始著，当平和无事之时，亦能表见而有余。如壹于职业，安于本分，不诱惑于外界之非违，皆是也。

人之染恶德而招祸害者，恒由于不果断。知其当为也，而不敢为；知其不可不为也，而亦不敢为，诱于名利而丧其是非之心，皆不能果断之咎也。至乃虚炫才学，矫饰德行，以欺世而凌人，则又由其无安于本分之勇，而入此歧途耳。

勇敢之最著者为独立。独立者，自尽其职而不倚赖于人是也。人之立于地也，恃己之足，其立于世也亦然。以己之心思虑之，以己之意志行之，以己之资力营养之，必如是而后为独立，亦必如是而后得谓之人也。夫独立，非离群索居之谓。人之生也，集而为家族，为社会，为国家，乌能不互相扶持，互相挹注，以共图团体之幸福。而要其交互关系之中，自一人之方面言之，各尽其对于团体之责任，不失其为独立也。独立亦非矫情立异之谓。不问其事之曲直利害，而一切拂人之性以为快，是顽冥耳。与夫不问曲直利害，而一切循人意以为之者奚择焉。惟不存成见，而以其良知为衡，理义所在，虽刍荛之言，犹虚己而纳之，否则虽王公之命令，贤哲之绪论，亦拒之而不惮，是之谓真独立。

独立之要有三：一曰自存；二曰自信；三曰自决。

生计者，万事之基本也。人苟非独立而生存，则其他皆无足道。自力不足，庇他人而糊口者，其卑屈固无足言；至若窥人鼻息，而以其一颦一笑为忧喜，信人之所信而不敢疑，好人之所好而不敢忤，是亦一赘物耳，是皆不能自存故也。

人于一事，既见其理之所以然而信之，虽则事变万状，苟其所以然之理如故，则吾之所信亦如故，是谓自信。在昔旷世大儒，所以发明真理者，固由其学识宏远，要亦其自信之笃，不为权力所移，不为俗论所动，故历久而其理大明耳。

凡人当判决事理之时，而俯仰随人，不敢自主，此亦无独立心之现象也。夫智见所不及，非不可咨询于师友，惟临事迟疑，随人作计，则鄙劣之尤焉。

要之无独立心之人，恒不知自重。既不自重，则亦不知重人，此其所以损品位而伤德义者大矣。苟合全国之人而悉无独立心，乃冀其国家之独立而巩固，得乎？

勇敢而协于义，谓之义勇。暴虎冯河，盗贼犹且能之，此血气之勇，何足选也。无适无莫，义之与比，毁誉不足以淆之，死生不足以胁之，则义勇之谓也。

义勇之中，以贡于国家者为最大。人之处斯国也，其生命，其财产，其名誉，能不为人所侵毁。而仰事俯畜，各适其适者，无一非国家之赐，且亦非仅吾一人之关系，实承之于祖先，而又将传之于子孙，以至无穷者也。故国家之急难，视一人之急难，不啻倍蓰而已。于是时也，吾即舍吾之生命财产，及其一切以殉之，苟利国家，非所惜也，是国民之义务也。使其人学识虽高，名位虽崇，而国家有事之时，首鼠两端，不敢有为，则大节既亏，万事瓦裂，腾笑当时，遗羞后世，深可惧也。是以平日必持炼意志，养成见义勇为之习惯，则能尽国民之责任，而无负于国家矣。

然使义与非义，非其知识所能别，则虽有尚义之志，而所行辄与之相畔，是则学问不足，而知识未进也。故人不可以不修学。

第七讲 修 学

身体健壮，仪容魁伟，可以视为有贤人吗？不能；居室高大宏伟，被服精美鲜艳，可以视为是美丽吗？不能。人没有知识，就不能有所作为，即使外表打扮得很漂亮，而内心的粗俗浅薄、肮脏污秽，难道能掩盖吗？

知识与道德，有非常密切的关系。道德这个词是很尊崇的，归结其要点，则不外乎避恶而行善。如果没有知识，那么凭什么来辨别善恶，知道不应当做恶，应当行善呢？知道应当行善而去做，知道不应当做恶而不做，这叫做真正的道德。世上不忠不孝、无礼无义、纵情亡身的人，其人未必都是奸恶逆乱、糊涂暴戾之人，大多是由于知识不够，而不能辨别善恶之故。

普通的道德，有普通知识的人就能履行。高尚的道德，不是知识高尚的人就不能履行。因此自古以来修养自身、奉行道义、为百世师表的人，必定列于那些旷世超俗的人之中，如孔子就是这样的人。

知识是人情事理的基础。人情事理非常繁杂，而没有一样不依赖知识。近代各种文化现象纷纷出现，社会风气每天都在更新，无论什么样的事业，对于知识的需求都更加殷切。因此人无论贵贱，没有不需要学习的。而且知识可以使我们的品格高尚。知识深广，则言行自然温雅而令人心动，令人钦慕。既然已经明白是非之理，那么通过言行表露出来自然没有什么疑难，这就是所谓的内心的真诚会从言行上表露出来。那些知识不足的人，眼睛能够看见日月，却不能看到公理与正义的光芒；有对物质世界的感触，而没有精神世界的和谐融洽；有眼前的忧患，而没有长远的考虑。胸襟如此狭隘，其言行又怎么能避免浅陋低劣呢？

知识的启发，必通过修学实现。修学追求博大精深。随着社会文明的进步，国家的贫富强弱与国民学问的深浅成比例。欧美诸国之所以能够开辟许多疆土，像老虎那样凶狠地盯着整个世界，其实就是因为那些国家的专家学者用理学、工学的知识发展生产、兴办企业，坚持不懈，取得了这样的实效。所以文明国家的竞争依靠的不是武力而是智力。当今海外各国的交际频繁，智力的竞争日益激烈。作为国民，我们怎么能不刻苦努力，勇猛前进，广泛搜寻知识，以成为国家的有用之材呢？

修学的方法有两种：一是忍耐坚持，一是爱惜时间。

锦绣用来装饰身体，学术用来美化心灵。锦绣虽美丽，一段时间以后就会破旧；学术的益处，可以终身享受，被后世传诵，其可贵之处就是这样。大凡物品越珍贵，那么就越难得到，学术这样珍贵，是粗浅地涉猎就能得到吗？因此，修学的人不能不忍耐坚持。

少年修学的人，开始很少有不勤学的，但不久惰性钻了空子，没有时间反省一下自己的功夫火候到底如何，而是感叹学业难成。岂知古今的大学者，大抵有着非同常人的才能，而又能锐意进取，才取得大的成就，那么普通人能不劳而获吗？而不能忍耐坚持的人想在短短的几天，取得以毕生的精力都不能完成的成就，一旦没有看到成效就半途而废，就像扔掉破鞋子一样。如此，则即使那些一般人所能掌握的薄技微能，也会学了百十种却无一样有成，何况专业学习有精深的理论、广博的范围，如果不专心致志、不厌烦不倦怠，必定连其边沿也看不到，而做事草率粗疏的人，想一下子就能轻而易举的成功，不也是很狂妄吗？

庄子说过：我们的生命是有限的，而知识是无限的，以有限的生命去追求无限的知识，本来常常苦于达不到。如果不珍惜一分一秒的时间，不让它在无益的事情上有一点浪费，就很少有人能够实现自己的志向。所以学者尤其不能不爱惜时间。

年轻的时候适宜修学，因为他的心中还虚空，没有成见。在此时尽力修学，积累的智慧有时终身受用不尽。否则，浪费大好时光养成放纵自己做坏事的习惯，即使中年悔悟，努力督促勉励自己，最终收获也很少。朱熹说过：不要说今日不学还有明日；不要说今年不学还有明年，日月流逝，时间不会等人，感叹人老了而一事无成，是谁的过错呢？他的话深刻而明了，年轻人不能不反复玩味啊。

因为不能不如此爱惜时间，所以我们不仅要爱惜自己的时间，更要爱惜别人的时间。曾经有人拜访朋友，待了一整天，只是信口乱说些荒诞无稽、没有根据的话，耽误了朋友的工作，这叫做偷盗时间的贼，学者应该戒除。

修学本来要进入学校跟从老师学习，但以读书更为有效。好老师不容易找到，假如能够找到，而直接受到的教诲也是有限度的，也不如书籍能使我们受到无穷无尽的益处。

各种文化现象逐渐发展，则书籍渐渐丰富，历代学者的著述非常多，不是一个人的财力就能够全部搜罗到的，而且也不是一个人的目力能够读完的，所以不能不选择对我们有益的书来读。读无益的书，与不读书相同，修学的人应该明白这个道理。

凡是学习普通知识的人，应该以平日的课程作为根本，而以读书作为辅助。倘若讲授的课程还没有研究完，而胡乱地读了很多杂书，即使有收获，也是广博而无落脚点。而且课外读书，也有先后次序，这是专业学习者应该特别注意的。如果不能正确地估计自己知识程度的高低，拿高深的书来读，以不知为知，沿袭原来的错误，只有害处而没有益处。而有了一点肤浅的理解而沾沾自喜，则终身也没有融会贯通的希望。书没有高尚与卑下之分，如果能够透彻理解其中的道理，那么即使是非常浅近的书，自然也有无穷的兴味。否则只被高尚之名震撼，而读那些不求深入理解的书，有什么益处呢？远行要从近处开始，登高要从脚下开始，读书的道理也是如此。没有见过的书，向老师朋友询问之后再进行选择，则不用担心不符合的自己学习程度。

如果修学的人找到好老师，得到好书，就不用担心没有进步，而且可以依靠朋友。在节假日，志同道合的朋友聚会，凡是老师没有教诲到的地方、对书本上的道理有怀疑的地方，各自抒发自己的见解，互相讨论，阐明发挥，相互之间得到的益处非常大。立志修学的人，务必要选择朋友。

学问的建立在于信奉，而学问的进步在于怀疑。不是善于怀疑的人，不会知道真正的信奉。读古人之书，听师友的话，必定要在内心进行考察，探求其为何如此的原因。有时不能找到原因，就辗转探求，必定用心领会其要领，直到毫无疑义之后才罢手，这叫做真正的知识。像那人云亦云而没有自己独到见解的人，即使博闻多识，也不过犹如一个书箱罢了，谈不上什么学识。至于像预先就有成见，凡是他人的说法，不探求它的所以然而全部加以反对，则又是过度的怀疑，这样的人大概不知道学问是什么东西。怀疑，是做学问的方法，不是做学问的目的。

【原文】

身体壮佼，仪容伟岸，可以为贤乎？未也；居室崇闳，被服锦绣，可以为美乎？未也。人而无知识，则不能有为，虽矜饰其表，而鄙陋龌龊之状，宁可掩乎？

知识与道德，有至密之关系。道德之名尚矣，要其归，则不外避恶而行善。苟无知识以辨善恶，则何以知恶之不当为，而善知当行乎？知善之当行而行之，知恶之不当为而不为，是之谓真道德。世之不忠不孝、无礼无义、纵情而亡身者，其人非必皆恶逆悖戾也，多由于知识不足，而不能辨别善恶故耳。

寻常道德，有寻常知识之人，即能行之。其高尚者，非知识高尚之人，不能行也。是以自昔立身行道，为百世师者，必在旷世超俗之人，如孔子是已。

知识者，人事之基本也。人事之种类至繁，而无一不有赖于知识。近世人文大开，风气日新，无论何等事业，其有待于知识也益殷。是以人无贵贱，未有可以不就学者。且知识所以高尚吾人之品格也，知识深远，则言行自然温雅而动人歆慕。盖是非之理，既已了然，则其发于言行者，自无所凝滞，所谓诚于中形于外也。彼知识不足者，目能睹日月，而不能见理义之光；有物质界之感触，而无精神界之欣合，有近忧而无远虑。胸襟之隘如是，其言行又乌能免于卑陋欤？

知识之启发也，必由修学。修学者，务博而精者也。自人文进化，而国家之贫富强弱，与其国民学问之深浅为比例。彼欧美诸国，所以日辟百里、虎视一世者，实由其国中硕学专家，以理学工学之知识，开殖产兴业之端，锲而不已，成此实效。是故文明国所恃以竞争者，非武力而智力也。方今海外各国，交际频繁，智力之竞争，日益激烈。为国民者，乌可不勇猛精进，旁求知识，以造就为国家有用之材乎？

修学之道有二：曰耐久；曰爱时。

锦绣所以饰身也，学术所以饰心也。锦绣之美，有时而敝；学术之益，终身享之，后世诵之，其可贵也如此。凡物愈贵，则得之愈难，曾学术之贵，而可以浅涉得之乎？是故修学者，不可以不耐久。

凡少年修学者，其始鲜或不勤，未几而惰气乘之，有不暇自省其功候之如何，而咨嗟于学业之难成者。岂知古今硕学，大抵抱非常之才，而又能精进不已，始克抵于大成，况在寻常之人，能不劳而获乎？而不能耐久者，乃欲以穷年莫殚之功，责效于旬日，见其未效，则中道而废，如弃敝屣然。如是，则虽薄技微能，为庸众所可跂者，亦且百涉而无一就，况于专门学艺，其理义之精深，范围之博大，非专心致志，不厌不倦，必不能窥其涯涘，而乃卤莽灭裂，欲一蹴而几之，不亦妄乎？

庄生有言：吾生也有涯，而知也无涯，夫以有涯之生，修无涯之学，固常苦不及矣。自非惜分寸光阴，不使稍縻于无益，鲜有能达其志者。故学者尤不可以不爱时。

少壮之时，于修学为宜，以其心气尚虚，成见不存也。及是时而勉之，所积之智，或其终身应用而有余。否则以有用之时间，养成放僻之习惯，虽中年悔悟，痛自策励，其所得盖亦仅矣。朱子有言曰：勿谓今日不学而有来日；勿谓今年不学而有来年，日月逝矣，岁不延吾，呜呼老矣，是谁之愆？其言深切著明，凡少年不可不三复也。

时之不可不爱如此，是故人不特自爱其时，尤当为人爱时。尝有诣友终日，游谈不经，荒其职业，是谓盗时之贼，学者所宜戒也。

修学者，固在入塾就师，而尤以读书为有效。盖良师不易得，借令得之，而亲炙之时，自有际限，要不如书籍之惠我无穷也。

人文渐开，则书籍渐富，历代学者之著述，汗牛充栋，固非一人之财力所能尽致，而亦非一人之目力所能遍读，故不可不择其有益于我者而读之。读无益之书，与不读等，修学者宜致意焉。

凡修普通学者，宜以平日课程为本，而读书以助之。苟课程所受，研究未完，而漫焉多读杂书，虽则有所得，亦泛滥而无归宿。且课程以外之事，亦有先后之序，此则修专门学者，尤当注意。苟不自量其知识之程度，取高远之书而读之，以不知为知，沿讹袭谬，有损而无益，即有一知半解，沾沾自喜，而亦终身无会通之望矣。夫书无高卑，苟了彻其义，则虽至卑近者，亦自有无穷之兴味。否则徒震于高尚之名，而以不求甚解者读之，何益？行远自迩，登高自卑，读书之道，亦犹是也。未见之书，询于师友而抉择之，则自无不合程度之虑矣。

修学者得良师，得佳书，不患无进步矣。而又有资于朋友，休沐之日，同志相会，凡师训所未及者，书义之可疑者，各以所见，讨论而阐发之，其互相为益者甚大。有志于学者，其务择友哉。

学问之成立在信，而学问之进步则在疑。非善疑者，不能得真信也。读古人之书，闻师友之言，必内按诸心，求其所以然之故。或不所得，则辗转推求，必逮心知其意，毫无疑义而后已，是之谓真知识。若乃人云亦云，而无独得之见解，则虽博闻多识，犹书簏耳，无所谓知识也。至若预存成见，凡他人之说，不求其所以然，而一切与之反对，则又怀疑之过，殆不知学问为何物者。盖疑义者，学问之作用，非学问之目的也。

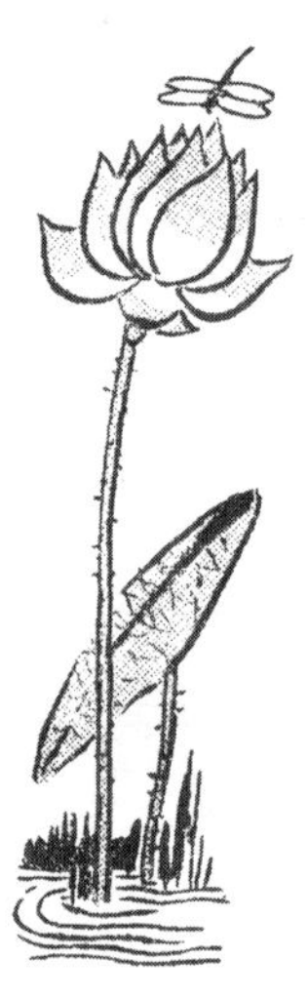

第八讲 修 德

人之所以与禽兽不同，是因为人有德行。应当做的事情就做，这叫做德，是诸种德行的本源；而使我们把行德作为乐事的叫做德行。体力、智慧才能，都是履行道德的人所依赖的。但是如果不以德行加以统领，就如同有精兵而没有派良将率领，于是旺盛充沛的体力，恰好用来帮助强横凶恶的人；卓越的智慧与才能，可能用来帮助奸诈邪恶的小人，岂不可惜?

基本的德行，用一句话概括就是：遵守良知。一举一动，都遵循良知的指导，中间不夹杂一点点私心，就差不多没有什么大的过错，而可以成为有道德的人。今略举德行的主要内容如下：

德行之中最基础的叫信义。信义，就是实事求是，不因为利害生死之关系而违背道德。社会上各种各样的事情，没有一样不是经过信义建立的。如果轻视鄙弃信义的人遍布于整个国家，则全国的名声与教化、风教与纲纪就全部丧失了。孔子说：言语忠诚老实，行为忠厚严肃，即使到了落后的部族国家，也行得通。说的是信义值得崇尚。人如果以信义与别人交往，真心待人，没有一点自私自利的打算，即使是粗暴乖戾的人也不会冒犯他。否则不顾公理道义，必定用欺诈手段对待别人，那么即使是温和宽厚、忠诚老实的人，也往往用不循礼法的手段报复。西方的谚语说：正直，是上等的谋略。说的就是这个意思。世上曾经有笼络人心的伪君子，大多不过只能达到一时的目的，而一旦败露，人们也就不愿意与他交往。

信义的关键，在于不说虚妄不实的话与不失约。少年喜欢新奇的事物，往往违背事理真相而编造假话，希望以此耸人听闻。这样做时间长了，那么即使在不是开玩笑或者说笑的时候，也不知不觉地夹杂虚妄不实的话，他也就不能取信于他人。因为他的话真伪各半，是不是真话非常难以辨别，的确不如不相信为好。所以，不能不戒除说虚妄不实的话。

在开口说话就不守信义的是妄语，而在说话之后不守信义的是失约。二者都丧失了信用。有约定而不履行，那么必定会导致与他约定的人浪费时间，耽误时机，而深受其拖累。所以如果接二连三地失约，那么人们将相互告诫而不敢与其一起做事了。如此的话，那么这人虽然置身人世，而枯寂无聊，简直与独栖沙漠没有不同，不是自讨苦吃吗？世人本来也有没有失约之心，而由于意外的事情，迫不得已而不得不这样做。如与友人有游玩散心之约，而突然遇到父兄患病，事情的轻重缓急不用说就可以明白。如果不顾父兄的危急，而受小信用的束缚，那么反而是背离道德，的确不能舍此而就彼。之后要做的事，如果不是时间非常紧张，就应当传递讯息给约会的朋友，告诉他原因，这样虽然不能履行自己的诺言，但也不是什么过错。又有已经约定好，立即醒悟事情不符合情理而不便赴约，也应以解约为好。失约的过错，原因在于开始约定的时候不够谨慎。所以立约的时候，必须确定事情没有违背情理，而且自审能力能够达到，然后再决定。《礼记·中庸》说：说话与行动相照应，行动和言语相符合。说的就是这个道理。

言为心声，而人处世，不能依着性子无所顾忌地说话，如果不问何时何地，与面对的是什么人，就按照自己的心思唠唠叨叨说个没完，那么不免惹人讨厌。或者炫耀自己的长处，或者揭露别人的短处，那么对于自己来说已经有失品德，恰恰也会招来别人的怨恨。有的甚至揭发别人的隐私，乱说别人以往的过失、罪恶，使听者无地自容，那么话一出口而灾祸马上就随之而来。人何苦逞一时的痛快，而给自己招来灾祸呢？

交际之道，没有比恭敬、不放纵更重要的了。恭敬、不放纵，说的是不能毫无顾忌，不能赏罚失当，过而无度。人们之间长期以来不能和睦相处的原因，常常由一时的情绪不满引起。交际应酬的时候，往往有因为容貌神色的傲慢、语言口气的轻薄，而造成不幸事件。说话的人未必有意侮辱别人，而是由于平日不恭谨的习惯导致的。想要纠正其弊端，一定要遵循恭敬、不放纵的原则，对待尊长、与朋友交往就不用说了，对于初次见面的人更应该注意。即使那个人的过失非常明显，并且不能接受别人的意见，自己也不应该缺乏理智，只凭一时的想法和情绪面对他。可以先用温和的神情面对他，用委婉的语言劝导他，用真诚的心感化他，如此而不听从教诲的人很少。不然，态度傲慢、盛气凌人，则君子都感觉不愿跟他说话，而小人又以为他看不起自己，怨恨愤怒逐渐积聚，很少有不找借口而挑起事端的，对此不能不谨慎。

没看到侍奉父母的人吗？他们早晚以和顺愉快的神情态度侍奉父母，即使饭食简单、衣着朴素，父母也很快乐；如果他们脸色不和悦，神情不和顺，即使锦衣玉食，也不能使父母愉快。交际之道也是这样，如果容貌语言不失恭敬、不放纵的宗旨，那么其他方面虽然简单，而别人也不认为是冒犯自己，否则即使非常铺张排场，也没有什么效果。

名望与地位越高，则容易产生不恭敬、不放纵的态度，而等到得罪了别人，得到的灾祸也更惨烈。所以恭敬、不放纵，就是用来长期保持其声名富贵的方法。

恭敬、不放纵与屈从奉迎不同。屈从奉迎的人令人鄙夷，与恭敬、不放纵的人让人尊崇恰好相反。独立自主之心，是人生须臾都不能缺少的。抑制自己的意愿、违背正道以迎合别人，随声附和、曲意逢迎别人以取悦当世，这些都是屈从奉迎，而非恭敬、不放纵。谦逊是恭敬、不放纵的一个方面，与人格联系在一起，就不会受到别人的委屈。应该谦让就谦让，应该坚持就坚持，则是恭敬、不放纵的人所做的。

礼仪是恭敬、不放纵的表现。恭敬、不放纵不仅从声色笑貌之中表现出来，而且诚意聚积于心中，道德表现于外，是不可以假装的。而且礼仪随着国家的风俗及时代的发展而变化，虽然它们的意旨相同，而表现的形式或许大不相同，这也是不能不知道的。

恭敬、不放纵的关键，在于能够容人。人心不同，如果以为见解与自己不同就排斥他，则不是团结群众的方法。况且人非圣人，谁能没有过错呢？有了过错而不改正，就成了罪恶。对逆耳之言，更应该心情平和地思考，这也是恭敬、不放纵的效果。

【原文】

人之所以异于禽兽者，以其有德性耳。当为而为之之谓德，为诸德之源；而使吾人以行德为乐者之谓德性。体力也，知能也，皆实行道德者之所资。然使不率之以德性，则犹有精兵而不以良将将之，于是刚强之体力，适以资横暴；卓越之知能，或以助奸恶，岂不惜欤？

德性之基本，一言以蔽之曰：循良知。一举一动，循良知所指，而不挟一毫私意于其间，则庶乎无大过，而可以为有德之人矣。今略举德性之概要如左：

德性之中，最普及于行为者，曰信义。信义者，实事求是，而不以利害生死之关系枉其道也。社会百事，无不由信义而成立。苟蔑弃信义之人，遍于国中，则一国之名教风纪，扫地尽矣。孔子曰：言忠信，行笃敬，虽蛮貊之邦行矣。言信义之可尚也。人苟以信义接人，毫无自私自利之见，而推赤心于腹中，虽暴戾之徒，不敢忤焉。否则不顾理义，务挟诈术以遇人，则虽温厚笃实者，亦往往报我以无礼。西方之谚曰：正直者，上乘之机略。此之谓也。世尝有牢笼人心之伪君子，率不过取售一时，及一旦败露，则人亦不与之齿矣。

入信义之门，在不妄语而无爽约。少年癖嗜新奇，往往背事理真相，而构造虚伪之言，冀以耸人耳目。行之既久，则虽非戏谑谈笑之时，而不知不觉，动参妄语，其言遂不能取信于他人。盖其言真伪相半，是否之间，甚难判别，诚不如不信之为愈也。故妄语不可以不戒。

凡失信于发言之时者为妄语，而失信于发言以后为爽约。二者皆丧失信用之道也。有约而不践，则与之约者，必致糜费时间，贻误事机，而大受其累。故其事苟至再至三，则人将相戒不敢与共事矣。如是，则虽置身人世，而枯寂无聊，直与独栖沙漠无异，非自苦之尤乎？顾世亦有本无爽约之心，而迫于意外之事，使之不得不如是者。如与友人有游散之约，而猝遇父兄罹疾，此其轻重缓急之间，不言可喻，苟舍父兄之急，而局局于小信，则反为悖德，诚不能弃此而就彼。然后起之事，苟非促促无须臾暇者，亦当通信于所约之友，而告以其故，斯则虽不践言，未为罪也。又有既经要约，旋悟其事之非理，而不便遂行者，亦以解约为是。此其爽约之罪，乃原因于始事之不慎。故立约之初，必确见其事理之不谬，而自审材力之所能及，而后决定焉。中庸曰：言顾行，行顾言。此之谓也。

言为心声，而人之处世，要不能称心而谈，无所顾忌，苟不问何地何时，与夫相对者之为何人，而辄以己意喋喋言之，则不免取厌于人。且或炫己之长，揭人之短，则于己既为失德，于人亦适以招怨。至乃讦人阴私，称人旧恶，使听者无地自容，则言出而祸随者，比比见之。人亦何苦逞一时之快，而自取其咎乎？

交际之道，莫要于恭俭。恭俭者，不放肆，不僭滥之谓也。人间积不相能之故，恒起于一时之恶感，应对酬酢之间，往往有以傲慢之容色，轻薄之辞气，而激成凶隙者。在施者未必有意以此侮人，而要其平日不恭不俭之习惯，有以致之。欲矫其弊，必循恭俭，事尊长，交朋友，所不待言。而于始相见者，尤当注意。即其人过失昭著而不受尽言，亦不宜以意气相临，第和色以谕之，婉言以导之，赤心以感动之，如是而不从者鲜矣。不然，则倨傲偃蹇，君子以为不可与言，而小人以为鄙己，蓄怨积愤，鲜不借端而开衅者，是不可以不慎也。

不观事父母者乎，婉容愉色以奉朝夕，虽食不重肉，衣不重帛，父母乐之；或其色不愉，容不婉，虽锦衣玉食，未足以悦父母也。交际之道亦然，苟容貌辞令，不失恭俭之旨，则其他虽简，而人不以为忤，否则即铺张扬厉，亦无效耳。

名位愈高，则不恭不俭之态易萌，而及其开罪于人也，得祸亦尤烈。故恭俭者，即所以长保其声名富贵之道也。

恭俭与卑屈异。卑屈之可鄙，与恭俭之可尚，适相反焉。盖独立自主之心，为人生所须臾不可离者。屈志枉道以迎合人，附合雷同，阉然媚世，是皆卑屈，非恭俭也。谦逊者，恭俭之一端，而要其人格之所系，则未有可以受屈于人者。宜让而让，宜守而守，则恭俭者所有事也。

礼仪，所以表恭俭也。而恭俭则不仅在声色笑貌之间，诚意积于中，而德辉发于外，不可以伪为也。且礼仪与国俗及时世为推移，其意虽同，而其迹或大异，是亦不可不知也。

恭俭之要，在能容人。人心不同，苟以异己而辄排之，则非合群之道矣。且人非圣人，谁能无过？过而不改，乃成罪恶。逆耳之言，尤当平心而察之，是亦恭俭之效也。

第九讲 交 友

人喜欢群居而厌恶独处，所以在内有家室，在外有朋友。朋友可以使人减少痛苦而增加欢乐。即使是非常快乐的事情，如果没有志同道合的人共同欣赏，那么其中的乐趣也就有限；在抑郁无聊的时候，如果有一个好朋友抚慰他的寂寞，一起分担忧愁悲伤，那么胸襟因此开阔，前后几乎就像两个人。至于到远方游历，寄居他乡的时候，兄弟亲戚没有时间关怀自己，那么对于朋友的需要就更为急切。

朋友是能补救我们过失的人。凡是人不会没有偏见，而意气用事就往往无法自己反省，此时得到正直诚信的朋友的忠告并善加引导，那么就有人觉悟到自己错误，他得到的益处就非常大了。

朋友又能够成全别人的善事而解救他的危难。人经营事业，很少有能以一己之力做成的。现在交通便利，技术发展迅速，分工合作、互通有无的途径越来越多，想要兴办一种事业，尤其不能不聚合众人的意志和力量来完成。那么对于朋友帮助的需要，因此而更加多了。至于突然遇到疾病，或遭遇变故，能给以抚慰和保护的人，除了亲戚家人以外，除了朋友又能指望谁呢？

朋友对于我们的益处正是如此。西方的哲人认为朋友是外在的我，的确是极其高明的言论。一个人没有朋友，则虽然身处社会之中，而心中寂寞无聊，这与独处沙漠又有什么不同呢？

古人说过，如果不了解一个人的为人，就先看看他交往的人是什么样的。朋友的关系如此，那么选择朋友就不能不谨慎。但凡朋友开始相识，或是因为籍贯职业，互相有关系；或是因为德行才能，平时互相钦慕，本来不必出于同一种途径。而结交朋友的关键在于，不要为一时的是非曲直而结交，而要以不忘旧友，不忘当年的约定作为结交的主旨。如果是随意滥交朋友的人，不顾以后的事情，无缘无故而如胶似漆，无因无由而冰炭难容，那就是把交谊当做儿戏。像这样的人，终身都不能从朋友那里受益。

已经结交，则不能不守信义。信义，是朋友应尽的首要义务。如果没有信义，就会无缘无故产生猜忌之心，友谊不能长久保持，朋友变成仇敌之事大多由此引起的。唯有信义之交才无从挑拨，使他们分离。

朋友有过错，应该以诚心诚意从容地劝导他，即是他不听从，或者不礼貌地对待我，也姑且原谅他，而慢慢等他悔悟。世上有人历数友人的过失而毫不宽容，有的因此而激愤相争，这不是保全友谊的方法。而在接受朋友劝导的时候，如果听的是恳切率直的话，有些甚至让人难堪，也应当心平气和地倾听，慎重考虑其中的道理，不要问他的话是否得当，毕竟他的情意令人感动。像那自己隐瞒过错而忌讳耿直的话，与讳疾忌医又有什么不同呢？

朋友有成人之美的益处已如前述，那么相互作为朋友，不能不履行自己的义务。如农工实业，不集中巨资、集思广益就不能创立，应该各尽自己最大的能力，齐心协力共同筹划。等到施行的时候，互持契约，各自遵守自己的权限，不相互欺骗，不相互推脱，那么彼此可以享有各自应得的利益。不仅实业，学问也是这样。当今文化得到极大的发展，各种学术无不理论精微、范围博大，不是一人的精力就能完备的。而且分科非常繁杂，各科之间有着非常密切的关系。如果专门修习一科而不涉及其他，则学识浅陋；如果兼习每门学科而没有重点，则又门类过多而没有落脚点，因此若能够集合志同道合的朋友，分不同的门类研究，互相讨论，各人以自己的长处互相弥补帮助，学业才能够取得大的成就。

不过，这些都是共享安乐的事情，如果可以与他共同享受安乐，而不能与他分担忧患灾难的朋友，不是真正的朋友。朋友之道在于扶危济困，即使抛弃财产、名誉也不顾惜。否则如柳宗元所说，平日相互召唤追随、相互仰慕相悦，发誓不相互背叛辜负；可一旦面临像毛发那样微小的危险，就立即躲开，恐怕牵连到自己。如果这样，人生又何必要以有朋友为贵呢?

朋友如果有违背正道的征兆，就应该尽力劝谏阻止，不能因为碍于交情而顺从他。又如职务职责所在，一心为公而忘却私事，也不能因为朋友私下告求的关系，而凭借权力谋私。申明友谊而歪曲公共权力，是国家的罪人。朋友的交情，是私人品德；国家的公务，是公共道德。如二者不能并存，则不能不委屈私人品德以顺从公共道德。这是国民应当牢记在心里的。

【原文】

人情喜群居而恶离索，故内则有家室，而外则有朋友。朋友者，所以为人损痛苦而益欢乐者也。虽至快之事，苟不得同志者共赏之，则其趣有限；当抑郁无聊之际，得一良友慰其寂寞，而同其忧戚，则胸襟豁然，前后殆若两人。至于远游羁旅之时，兄弟戚族，不遑我顾，则所需于朋友者尤切焉。

朋友者，能救吾之过失者也。凡人不能无偏见，而意气用事，则往往不遑自返，斯时得直谅之友，忠告而善导之，则有憬然自悟其非者，其受益孰大焉。

朋友又能成人之善而济其患。人之营业，鲜有能以独力成之者，方今交通利便，学艺日新，通功易事之道愈密，欲兴一业，尤不能不合众志以成之。则所需于朋友之助力者，自因之而益广。至于猝遇疾病，或值变故，所以慰藉而保护之者，自亲戚家人而外，非朋友其谁望耶?

朋友之有益于我也如是。西哲以朋友为在外之我，洵至言哉。人而无友，则虽身在社会之中，而胸中之岑寂无聊，曾何异于独居沙漠耶？

古人有言，不知其人，观其所与。朋友之关系如此，则择交不可以不慎也。凡朋友相识之始，或以乡贯职业，互有关系；或以德行才器，素相钦慕，本不必同出一途。而所以订交者，要不为一时得失之见，而以久要不渝为本旨。若乃任性滥交，不顾其后，无端而为胶漆，无端而为冰炭，则是以交谊为儿戏耳。若而人者，终其身不能得朋友之益矣。

既订交矣，则不可以不守信义。信义者，朋友之第一本务也。苟无信义，则猜忌之见，无端而生，凶终隙末之事，率起于是。惟信义之交，则无自而离间之也。

朋友有过，宜以诚意从容而言之，即不见从，或且以非理加我，则亦姑恕宥之，而徐俟其悔悟。世有历数友人过失，不少假借，或因而愤争者，是非所以全友谊也。而听言之时，则虽受切直之言，或非人所能堪，而亦当温容倾听，审思其理之所在，盖不问其言之得当与否，而其情要可感也。若乃自讳其过而忌直言，则又何异于讳疾而忌医耶？

夫朋友有成美之益，既如前述，则相为友者，不可以不实行其义。有如农工实业，非集巨资合群策不能成立者，宜各尽其能力之所及，协而图之。及其行也，互持契约，各守权限，无相诈也，无相诿也，则彼此各享其利矣。非特实业也，学问亦然。方今文化大开，各科学术，无不理论精微，范围博大，有非一人之精力所能周者。且分科至繁，而其间乃互有至密之关系。若专修一科，而不及其他，则孤陋而无藉，合各科而兼习焉，则又泛滥而无所归宿，是以能集同志之友，分门治之，互相讨论，各以其所长相补助，则学业始可抵于大成矣。

虽然，此皆共安乐之事也，可与共安乐，而不可与共患难，非朋友也。朋友之道，在扶困济危，虽自掷其财产名誉而不顾。否则如柳子厚所言，平日相征逐、相慕悦，誓不相背负；及一旦临小利害若毛发、辄去之若浼者。人生又何贵有朋友耶？

朋友如有悖逆之征，则宜尽力谏阻，不可以交谊而曲徇之。又如职司所在，公而忘私，亦不得以朋友之请谒若关系，而有所假借。申友谊而屈公权，是国家之罪人也。朋友之交，私德也；国家之务，公德也。二者不能并存，则不能不屈私德以从公德。此则国民所当服膺者也。

第十讲 从 师

人之所以是人，在于有品德与才能。而人成就品德通达成才，必定有途径：一是经验，二是读书，三是从师学习。经验是一切知识及德行的本源，而经验的积累，首先必须具备辨别事理的能力。书籍记载的是远方和古今发生的重要事情以及各家学说，对于我们的学问与品行大有裨益，但是如果不是粗略懂得各科的概要，以及能够甄别普通事理之是非的人，就会越读越茫然。因此拜师求学，实在是首要任务。老师，就是能够传授给我们学习的经验及读书方法，培养我们自由抉择能力的人。

人在幼年的时候，由父母养育。等稍微大些，父母则苦于家庭教育不够完备，就把孩子送到学校从师学习。所以老师就是代替父母承担教育责任的人。学生应该尊敬热爱老师，服从老师，感谢并且牢记老师的教育之恩。对老师来说，天底下最难的事情，没有能够超过教育的。为什么呢？因为儿童还没有具备甄别事物的能力，一言一行没有不依靠老师的诱导的。养成良好的习惯，使儿童的情绪、思想纯洁淳朴，是老师的职责。以后他们的智慧如何，能否造福于国家与社会，老师不能不对此承担责任。因此，老师的工作非常辛苦，为学生想得很周全。学生想到这些，能不感激老师的恩情而想着如何报答吗？

学生跟从老师学习，应该把信奉遵从当做首先应该做的事。老师的教导，全都是本着培养学生成为有成就的人的想法，因此看到学生信奉遵从自己的教诲而不懈努力就高兴。这不是沾沾自喜，而是为可以把学生培养成有成就的人而高兴。在传授给学生知识的时候，老师自身的知识原本不会增长。学生能够想到教育不是为了老师，而是为了学生本人的话，自然就会深信老师的教导，更不敢不勉励自己了。

学生的知识稍有长进，就不应该任何事情都去等候老师的教导，而应该经常坚持自修。通过自修，学生就开始会对学问产生兴趣，而不至于产生畏难情绪，比那些只靠听老师的讲授接受知识的人进步更快。只是在有疑惑的地方，不能只凭主观判断，应该向老师请教。

学生就是这样从老师那里得到益处的。假如没有老师的教导，那么即使长命百岁，读书万卷，有的未必真的有成效。而从师学习的人，就会事半功倍。老师的功劳，我们一定不能忘记，但是人们常常以为给一点点薪水就已经足够作为补偿了，就像在市场上买东西付钱一样。既然这样，那么对于父母的养育之恩，儿子仅仅服侍奉养一下也就是完全偿还了吗？做学生的人，即使毕业以后，对于老师的尊敬爱戴，也应与原来从师学习的时候没有什么两样。

【原文】

凡人之所以为人者，在德与才。而成德达才，必有其道。经验，一也；读书，二也；从师受业，三也。经验为一切知识及德行之渊源，而为之者，不可不先有辨别事理之能力。书籍记远方及古昔之事迹，及各家学说，大有裨于学行，而非粗谙各科大旨，及能甄别普通事理之是非者，亦读之而茫然。是以从师受业，实为先务。师也者，授吾以经验及读书之方法，而养成其自由抉择之能力者也。

人之幼也，保育于父母。及稍长，则苦于家庭教育之不完备，乃入学亲师。故师也者，代父母而任教育者也。弟子之于师，敬之爱之，而从顺之，感其恩勿谖，宜也。自师言之，天下至难之事，无过于教育。何则？童子未有甄别是非之能力，一言一动，无不赖其师之诱导，而养成其习惯，使其情绪思想，无不出于纯正者，师之责也。他日其人之智德如何，能一造福于社会及国家否，为师者不能不任其责。是以其职至劳，其虑至周，学者而念此也，能不感其恩而图所以报答之者乎？

弟子之事师也，以信从为先务。师之所授，无一不本于造就弟子之念，是以见弟子之信从而勤勉也，则喜，非自喜也，喜弟子之可以造就耳。盖其教授之时，在师固不能自益其知识也。弟子念教育之事，非为师而为我，则自然笃信其师，而尤不敢不自勉矣。

弟子知识稍进，则不宜事事待命于师，而常务自修，自修则学问始有兴趣，而不至畏难，较之专恃听授者，进境尤速。惟疑之处，不可武断，就师而质焉可也。

弟子之于师，其受益也如此，苟无师，则虽经验百年，读书万卷，或未必果有成效。从师者，事半而功倍者也。师之功，必不可忘，而人乃以为区区修脯已足偿之，若购物于市然。然则人子受父母之恩，亦以服劳奉养为足偿之耶？为弟子者，虽毕业以后，而敬爱其师，无异于受业之日，则庶乎其可矣。

第十一讲 家 族

凡是修养德行的人，不能不履行应尽的义务。尽到自己应尽的义务，是人与人交际往来的方法。因此子女、兄弟应尽的义务叫做孝悌，夫妇应尽的义务叫做和睦。作为社会一员，则把信义作为应尽的义务；作为国家的一分子，则把爱国作为应尽的义务。能恪守种种自己应尽的义务，而无一点违背，这是道德上的完美无缺。自我修养的方法，不能抛开人与人交际往来的方法求得。道德的效果，以社会国家的兴隆为基础，以增进各人的幸福。所以我的幸福，不是我一人独自享有，必须与由个人组成的家族、社会、国家相互依赖才能成立，那么我们怎么能不把对于家族、社会及国家应尽的义务看做首要任务呢？

现在有这样一个人，他的家族不和睦，社会秩序很混乱，国力衰落，难道处于这样环境的人可以得到幸福吗？在内没有天伦之乐，在外无自由权利，凡是人生极其重要的事情，如生命，如财产，如名誉，都非常危险而不能自保，像这样的人还可认为是幸福的吗？在这样的境地谈幸福，不是疯子就是奸人，必定不是我们所愿意做的。既然这样，那么我们想先建立家族、社会、国家的幸福，以成就我们的幸福，该怎么样做呢？没有别的，在于人人各尽其对于家族、社会及国家应尽的义务而已。所以交际往来的方法，必定不会妨碍我们的幸福，而恰好会成就我们的幸福，那么我们自我修养的方法，又怎么能远离交际往来的应尽的义务而求得呢？

与人交往应尽的义务分为三种：一、对于家族的；二、对于社会的；三、对于国家的。这是根据其范围的大小区分的。家族，是父子、兄弟、夫妇之辈共同相处于一个家庭之中。社会，组成者不一定有宗族关系，而只是以休戚相关的人聚集而成的。国家，有一定的土地及其人民，而以独立的主权加以统治。我们处在它们中间，在家则为父子、为兄弟、为夫妇，在社会则为公民，在国家则为国民，这三种身份各有自己应尽的义务，并行而不相互冲突，如果失去其中一种，那么其他两种也会受到影响，就不免有所遗憾了。

虽然这三种义务事实上即使同时并举，而讨论它们的时候却不能没有先后之别。请让我先说对于家族应尽的义务，然后再说社会、国家。

家族是社会、国家的基础。没有家族，就没有社会，没有国家。所以家族伦理是道德修养的必由之路。家族的道德如果有缺陷，那么对于社会、国家的道德，也必定没有纯全的希望，所谓“求忠臣，必于孝子之门”说的就是这个意思。在那野蛮时代的社会，几乎没有所谓的家族，即使说有，也是父子没有亲情，长幼没有秩序，夫妇没有区别。以这样的家族，而想建成纯全的社会及国家，必定办不到。蔑视违背伦理，就近于禽兽了。我们则不是这样，必定先有一个道德纯全的家族：父母慈爱，子女孝顺，兄弟友爱，丈夫忠义，夫妇和睦，一家的幸福没有什么缺憾。像这样而施行于社会，则是仁义；由此而施行于国家，则是忠爱。所以社会的灾祸与幸福、国家的兴盛与衰落，就是从家族的和顺与破裂中产生的。

家族就是小小的国家。家族所在地方，如同国土一样，它的主人如同国家元首，它的子女仆从如同国民，它的家族的系统就如同国家的历史。像那不爱自己的家族、不尽自己职责的人，则又怎么能期望他能爱国并尽到国民应尽的义务呢？

凡是人生的幸福，必定从勤勉中产生，而我们之所以鼓舞那些勤勉的人，大概是他们对于我们所眷爱的家族，有增进其幸福的希望。那些非同一般的人，在非常之时，必有不顾本人和家庭而献身于公义的，但决不能以此要求每一个人。我们如果能使家族关系亲密，养成相互友爱帮助的观念，就可以间接地增进社会、国家的幸福了。

凡是家族的成立必须有三伦：一是亲子之伦；二是夫妇之伦；三是兄弟姊妹之伦。三者各有其应尽的义务，请让我按照顺序来说。

【原文】

凡修德者，不可以不实行本务。本务者，人与人相接之道也。是故子弟之本务曰孝弟、夫妇之本务曰和睦。为社会之一人，则以信义为本务；为国家之一民，则以爱国为本务。能恪守种种之本务，而无或畔焉，是为全德。修己之道，不能舍人与人相接之道而求之也。道德之效，在本诸社会国家之兴隆，以增进各人之幸福。故吾之幸福，非吾一人所得而专，必与积人而成之家族，若社会，若国家，相待而成立，则吾人于所以处家族社会及国家之本务，安得不视为先务乎？

有人于此，其家族不合，其社会之秩序甚乱，其国家之权力甚衰，若而人者，独可以得幸福乎？内无天伦之乐，外无自由之权，凡人生至要之事，若生命，若财产，若名誉，皆岌岌不能自保，若而人者，尚可以为幸福乎？于是而言幸福，非狂则奸，必非吾人所愿为也。然则吾人欲先立家族社会国家之幸福，以成吾人之幸福，其道如何？无他，在人人各尽其所以处家族社会及国家之本务而已。是故接人之道，必非有妨于吾人之幸福，而适所以成之，则吾人修己之道，又安得外接人之本务而求之耶？

接人之本务有三别：一，所以处于家族者；二，所以处于社会者；三，所以处于国家者。是因其范围之大小而别之。家族者，父子兄弟夫妇之伦，同处于一家之中者也。社会者，不必有宗族之系，而惟以休戚相关之人集成之者也。国家者，有一定之土地及其人民，而以独立之主权统治之者也。吾人处于其间，在家则为父子，为兄弟，为夫妇，在社会则为公民，在国家则为国民，此数者，各有应尽之本务，并行而不悖，苟失其一，则其他亦受其影响，而不免有遗憾焉。

虽然，其事实虽同时并举，而言之则不能无先后之别。请先言处家族之本务，而后及社会、国家。

家族者，社会、国家之基本也。无家族，则无社会，无国家。故家族者，道德之门径也。于家族之道德，苟有缺陷，则于社会、国家之道德，亦必无纯全之望，所谓求忠臣，必于孝子之门者此也。彼夫野蛮时代之社会，殆无所谓家族，即曰有之，亦复父子无亲，长幼无序，夫妇无别。以如是家族，而欲其成立纯全之社会及国家，必不可得。蔑伦背理，盖近于禽兽矣。吾人则不然，必先有一纯全之家族，父慈子孝，兄友弟悌，夫义妇和，一家之幸福，无或不足。由是而施之于社会，则为仁义，由是而施之于国家，则为忠爱。故家族之顺戾，即社会之祸福，国家之盛衰，所由生焉。

家族者，国之小者也。家之所在，如国土然，其主人如国之有元首，其子女什从，犹国民焉，其家族之系统，则犹国之历史也。若夫不爱其家，不尽其职，则又安望其能爱国而尽国民之本务耶?

凡人生之幸福，必生于勤勉，而吾人之所以鼓舞其勤勉者，率在对于吾人所眷爱之家族，而有增进其幸福之希望。彼夫非常之人，际非常之时，固有不顾身家以自献于公义者，要不可以责之于人人。吾人苟能亲密其家族之关系，而养成相友相助之观念，则即所以间接而增社会、国家之幸福者矣。

凡家族所由成立者，有三伦焉，一曰亲子；二曰夫妇；三曰兄弟姊妹。三者各有其本务，请循序而言之。

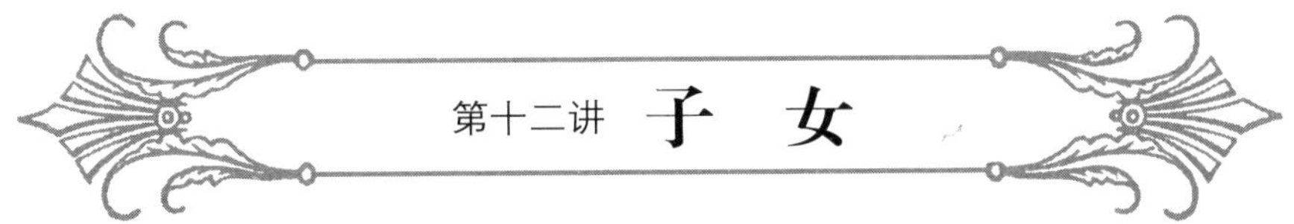

第十二讲 子女

凡是人所贵重的，没有能与自身相比的。但是没有父母的话，就没有我们自身。既然这样，那么子女对于父母，应当怎样做呢?

父母疼爱子女是出于天性，感情的深厚没有能够与之相比的。开始怀孕的时候，母亲为了孩子不敢顿足，不敢高声说话，选择适宜的饮食，节制自己动作的轻重，无时无地都担心胎儿的健康。等到孩子出生，父母忍受数不清的劳累来保护他，保全他的生命。而父母一点也不认为是麻烦，饿的时候担心婴儿没有吃饱，饱的时候又担心婴儿吃得太饱；冷的时候担心婴儿受凉，热的时候又怕婴儿中暑。不仅如此，即使是婴儿的一啼一笑，也没有不留意的，而且与婴儿同哀同乐。等孩子稍微长大一些，能够爬了，则盼望孩子能够站立；孩子能够站立了，则又盼望孩子能够走路。等到孩子六七岁进了学校，则盼望孩子每天都有进步。孩子有时得了病，则不管白天黑夜都去求医问药，而不顾自己的身体因此而变得衰弱。孩子出门远游，有时候天晚了还没有回来，就倚在门口守望，只希望孩子平平安安的。等孩子受完普通教育毕业了，而能自己独立经营事业，则特别关切孩子事业的成败，事业兴隆，父母与孩子一同欢喜；事业衰颓，父母与孩子一同担忧，终生没有不为孩子劳累的。唉，父母的恩情，世上哪里有能够与它相比的呢!

世人对于一餐饭的恩情尚且想着报答，父母的恩情如此深厚，我们将用什么来报答呢?

侍奉父母的方法，用一句话来概括，就是孝。父母疼爱子女，即使是禽兽也能做到，而子女孝顺父母，则唯独在人类中见到。所以，孝是人之所以为人的原因。经历了很长时间之后能够长成的，以人为最。其他动物往往出生不到一年而能独立生活，它们沐浴父母恩泽的时间也不长，所以子女对于父母亲应尽的义务也随之减轻。人类则不是这样，他们受父母养育、保护的时间也最久，所以使父母的身心受的劳累也最大。既然这样，那么子女对于父母应尽的义务因而也重大，这是自然之理。

况且，孝能够使一个家庭幸福。一个家庭犹如一个国家，家里有父母，如同国家有元首，元首统治整个国家，而人民不能顺从，那么国家必定因此而衰弱；父母统治整个家庭，而子女不尽孝养的责任，那么整个家庭必定因此而不和谐。一个家庭当中，父母子女、兄弟姐妹每天相互争吵个不停，那么由这样的家族而集合组成社会、国家，又怎么能期望它和谐而达到安定团结呢？

古人说过，孝是各种品行的根本。不尽孝道，则其余的品行几乎不值得去看。为人之道没有大过孝的，也没有先于孝的。以孝侍奉长辈则事情和顺，以孝交友则诚实守信。如果不论什么事情都以孝敬父母之心来推行的话，那么道德就由此而完善。《论语》说：为人孝顺父母、敬爱兄长，却喜好触犯上级，这样的人是很少见的。君子专心致力于根本，根本树立了，“道”就会产生。孝顺父母、敬爱兄长，这就是做人的根本吧。说的就是这个意思。

既然这样，那么我们将怎么来行孝呢？孝道有多种，而关键的有四种：顺、爱、敬、报德。

“顺”就是遵从父母的训诲及命令。但是不是不得已而遵从父母，必定伴随着诚恳欢欣的情意。子女非常相信父母，对于他们的训诲，则说：这必定适合于德行与道义；对于他们的劝诫，则说：这必定是出于慈爱。认为自己遵从父母之命，必定可以增进自身的幸福，是毫无疑问的。何曾是要人勉强去做？父母在子女事情不顺的时候也不能漠然置之，还应当多给他们指导指导方法，以尽父母之道，既然这样，那么子女怎么能不将遵从父母作为自己应尽的义务呢？世上有悲叹父母不慈爱的人，大抵是由于侍奉父母没有找到应该的方法，错误大多在子女身上。

年幼的时候，子女应遵从父母的命令，不能有所违逆，是因为经验缺乏，知识不多，决不能按照自己的心意做事。在这个时候，对于父母的训诲如同命令一样，应当抛掉全部成见，用和顺的仪容、愉悦的神色去听，不能对父母高声说话，不能表现出不满的神色。等到渐渐长大，则自然具备辨识事理的能力，然而对于父母的话，也要虚心听取。父母不仅阅历丰富，经验也较多，不必管他们的学识怎么样，他们的话符合实际，自有有年轻人赶不上的地方。如果不是有利害关系，那么虽然父母的话不足以改变自己的心意，而我也不能与父母抗争。即使有时候因为关系利害而不能不争，那么也应当和颜悦色地好好辩解，慢慢表达为什么不敢随意附和父母意见的原因，这样才能不违逆父母。

子女渐渐长大，智慧与德行渐渐完备，处世的方法与经验渐渐增加，那么父母的干涉也渐渐宽松，这也是父母看到子女渐渐成长而能承担事务，就渐渐容忍孩子的意志自由。然而顺从父母的教导，不能没有变通。孝顺父母的心意，是子女一刻也不能缺少的。凡事必须时时询问父母的意见，而且想着怎样做到。自恃有才能，悍然违背父母的意志的人，一定不是孝子。至于子女远离父母身边，遇到事情的时候没有办法征求父母的意见，或者有为官、当兵的职责，而不能以私情介入公义，这则是迫于事情的形势而不得不这样做。

然而，子女孝顺父母的方法也有不能不变通的。假使父母有不合道理的命令，那么子女不仅不应当妄从，而且应当想办法劝谏阻止他们。明知道父母的命令不能听从，但因为是父母的命令而勉强听从他们的人，不仅自己遭受罪罚，而且因此使父母陷于不义的境地，就是大大的不孝了。像那父母不幸而有过错，不秘密想办法补救，而马上指出他们的过错，那么也不是做子女的方法。孔子说“父为子隐，子为父隐”，就是这个意思。

爱与敬是孝的准则。父母与孩子的感情生于天性，不是外界舆论及法律所能强迫的。所以父母为了自己的孩子，子女为了自己的父母，克制私欲而约束自己，操劳而没有怨言，超越了利害得失的界限，这是父母与孩子的感情之所以是最珍贵的原因。以这种感情为基础而表现出来的，叫爱、叫敬。没有爱，那么顺服父母就会偏离孝道；不是敬，那么就会渐渐趋向于不庄重的狎爱。爱而不敬，禽兽有时候还能做到；敬而不爱，亲与疏的区别在哪里呢？二者失去其中的一个，就不是孝了。

能顺能爱能敬，这就是孝敬父母的全部吗？回答是：还没有。孝子最尽心的方法，就是想着如何报答父母的恩德。

受人之恩不敢忘记，而一定想着怎么报答，这是人类的美德。而我们一生所受的最大的恩惠，实际上来自于父母。生育、饮食、教诲，不仅我们的生命及身体受之于父母，就是我们所以能够生存于世界的技能学业，也基本上没有不是父母赐予的，我们怎么能不日日铭记和感谢他们的恩情，而想着怎么报答吗？如果人对报答亲恩一点也不放在心上，那么即使说他与禽兽相同也是可以的。

人老了，剩下的时间没有多少了，即使路人见了也会生起恻隐之心，何况作为子女的人，每天见到父母年老体衰，而能无动于衷吗？过去，父母对我们的关怀体恤是多么真挚；现在，我们对于父母的慰藉，又怎么能马马虎虎呢？况且父母随着子女的成长而日渐衰老。子女每成长一天，父母就衰老一天，等到子女有独立的事业而有孝养父母的能力的时候，则父母剩余的时间本来就没有多少了。如果还不能及时尽到孝养父母的诚心，忽忽几年，父母已经离开我们而长逝，我们岂不是要抱憾终身吗？

我们报答父母的恩德有两种方法，一是保养他们的身体；二是保养他们的精神。

保养父母的身体，以使他们安宁快乐。应当尽我们所能，尽力为父母调配饮食，使他们的耳目愉悦，让他们睡得舒服，其他平常日用需要的东西不缺少一样才行。子女已经成年，对父母还缺乏衣食方面的奉养，本来已不免于不孝了，像那丰衣足食而只管自己享用，而不顾父母的生活所需的人，则是特别不孝。

父母已经年老，则肢体不能按照自己的心意活动了，行止坐卧势必不能不等待他人的帮助，子女如果可以自己承担，就不要用仆佣照管而自己主动承担照料父母的任务。因为同样是扶持、按摩、抓搔的事情，如果由子女亲自来做，父母的心里就特别快乐满足。父母有了病，如果不是不得已，就一定要亲侍汤药。回想年幼的时候，父母养育我们是如何苦如何累，就是用尽我们所有的力量来孝养他们，又怎么能报他们深恩的十分之一呢？做子女的不能不明白这个道理。

子女既然能保养父母的身体，就更不能不保养他们的精神。保养父母的精神，在于让他们安心而不给他们带来担忧。即使子女在衣食方面的奉养非常齐备，如果他的品性行为常常伤害父母的心，那么父母又从哪里获得安宁快乐呢？衣食方面的奉养，即使是不肖之子，如果有财力，都能供养父母。至于想要使父母安心而不给他们带来担忧，一言一行都不敢忘记父母，不是孝子就不能做到。保养父母的身体是末，保养父母的精神是本。做子女的人，一定要保养父母的精神。

保养父母精神的方法，一是健康卫生。父母疼爱子女，常祝子女健康强壮。如果子女孱弱多病，父母就非常担心他们。所以健康卫生不只是自我保养的关键，也是孝敬父母的一种方法。像那冒没有意义的危险，发泄一时的怨忿而危及自身，也不是孝子的行为。如果有人拿非常微薄的礼物赠给我，我也一定郑重地使用，不辜负他的美意。我们的身体是父母所生，父母一生为了我们而受的劳累很多，既然这样，那么使自己的身体保持健壮，难道不是子女应尽的义务吗？孔子说：身体四肢、毛发皮肤，都是父母赋予的，不敢予以损毁伤残，这是孝顺的开始。说的就是这个意思。

虽然这样，但这只不过是保养父母的身体而已，还不足以保养父母的精神。父母既想要子女健康强壮，又把子女的荣誉作为自己的快乐。如果子女平庸低劣、行为失检，不能尽到对于国家、社会应尽的义务，甚至有时陷身于邪恶深渊而给父母带来羞耻，那么父母要愤恨惭愧都来不及，又何以能够欢心呢？孔子说：侍奉父母双亲，身居高位而不骄傲蛮横，身居下层而不为非作乱，在民众中间和顺相处、不与人争斗。身居高位而骄傲自大者势必要招致灭亡，在下层而为非作乱者免不了遭受刑法，在民众中争斗则会引起相互残杀。这骄、乱、争这三项恶事不戒除，即便天天用牛、羊、猪三牲尽心奉养父母，也还是如同不孝之人。说的正是这种情况。所以，孝不限于家族之中，如果在外没有修养自身、奉行道义之实绩，就不能称为孝。为国家谋划而不忠诚，居官而怠慢无礼，与朋友交往不诚实，都是不孝的一个方面。至于像国家有事，不顾自身安危前往，那么即使丧生，父母也会以此为荣。国家的良民，就是家中的孝子。父母本来把子女的荣誉当做自己的荣誉，而不愿他因苟且偷生而招致羞辱。这是保养父母的精神重于保养父母的身体的原因。

赞同父母的行为，与他们一同或忧或乐，这也是保养父母的精神的人应做的。所以不问是什么东西，如果是父母喜爱敬重的，那么自己也就应喜爱敬重；如果是父母喜好的，那么自己也就喜好。

这些都是父母在世之时的孝行。而父母去世以后，也有尽孝的事情要做。父母去世后，按照礼仪安葬，按照礼仪祭祀；父母的遗言，终身不忘，而且好好继承他们的志向、传述他们的事迹，以不辜负父母。进而在内则更尽力于家族的昌盛繁荣，在外则更尽力于社会、国家的事务，使自己成为名士伟人，以使父母之名显扬而永不磨灭，必定如此而孝道才算完美。

【原文】

凡人之所贵重者，莫身若焉。而无父母，则无身。然则人子于父母，当何如耶?

父母之爱其子也，根于天性，其感情之深厚，无足以尚之者。子之初娠也，其母为之不敢顿足，不敢高语，选其饮食，节其举动，无时无地，不以有妨于胎儿之康健为虑。及其生也，非受无限之劬劳以保护之，不能全其生。而父母曾不以是为烦，饥则忧其食之不饱，饱则又虑其太过；寒则恐其凉，暑则惧其暍，不惟此也，虽婴儿之一啼一笑，亦无不留意焉，而同其哀乐。及其稍长，能匍匐也，则望其能立；能立也，则又望其能行。及其六七岁而进学校也，则望其日有进境。时而罹疾，则呼医求药，日夕不遑，而不顾其身之因而衰弱。其子远游，或日暮而不归，则倚门而望之，惟祝其身之无恙。及其子之毕业于普通教育，而能营独立之事业也，则尤关切于其成败，其业之隆，父母与喜；其业之衰，父母与忧焉，盖终其身无不为子而劬劳者。呜呼！父母之恩，世岂有足以比例之者哉！

世人于一饭之恩，且图报焉，父母之恩如此，将何以报之乎?

事父母之道，一言以蔽之，则曰孝。亲之爱子，虽禽兽犹或能之，而子之孝亲，则独见之于人类。故孝者，即人之所以为人者也。盖历久而后能长成者，惟人为最。其他动物，往往生不及一年，而能独立自营，其沐恩也不久，故子之于亲，其本务亦随之而轻。人类则否，其受亲之养护也最久，所以劳其亲之身心者亦最大。然则对于其亲之本务，亦因而重大焉，是自然之理也。

且夫孝者，所以致一家之幸福者也。一家犹一国焉，家有父母，如国有元首，元首统治一国，而人民不能从顺，则其国必因而衰弱；父母统治一家，而子女不尽孝养，则一家必因而乖戾。一家之中，亲子兄弟，日相阋而不已，则由如是之家族，而集合以为社会，为国家，又安望其协和而致治乎?

古人有言，孝者百行之本。孝道不尽，则其余殆不足观。盖人道莫大于孝，亦莫先于孝。以之事长则顺，以之交友则信。苟于凡事皆推孝亲之心以行之，则道德即由是而完。《论语》曰：其为人也孝弟，而好犯上者鲜矣。君子务本，本立而道生，孝弟也者，其为人之本与。此之谓也。

然则吾人将何以行孝乎？孝道多端，而其要有四：曰顺；曰爱；曰敬；曰报德。

顺者，谨遵父母之训诲及命令也。然非不得已而从之也，必有诚恳欢欣之意以将之。盖人子之信其父母也至笃，则于其所训也，曰：是必适于德义；于其所戒也，曰：是必出于慈爱，以为吾遵父母之命，其必可以增进吾身之幸福无疑也。曾何所谓勉强者。彼夫父母之于子也，即遇其子之不顺，亦不能恝然置之，尚当多为指导之术，以尽父母之道，然则人子安可不以顺为本务者。世有悲其亲不慈者，率由于事亲之不得其道，其咎盖多在于子焉。

子之幼也，于顺命之道，无可有异辞者，盖其经验既寡，知识不充，决不能循己意以行事。当是时也，于父母之训诲若命令，当悉去成见，而婉容愉色以听之，毋或有抗言，毋或形不满之色。及渐长，则自具辨识事理之能力，然于父母之言，亦必虚心而听之。其父母阅历既久，经验较多，不必问其学识之如何，而其言之切于实际，自有非青年所能及者。苟非有利害之关系，则虽父母之言，不足以易吾意，而吾亦不可以抗争。其或关系利害而不能不争也，则亦当和气怡色而善为之辞，徐达其所以不敢苟同于父母之意见，则始能无忤于父母矣。

人子年渐长，智德渐备，处世之道，经验渐多，则父母之干涉之也渐宽，是亦父母见其子之成长而能任事，则渐容其自由之意志也。然顺之迹，不能无变通。而顺之意，则为人子所须臾不可离者。凡事必时质父母之意见，而求所以达之。自恃其才，悍然违父母之志而不顾者，必非孝子也。至于其子远离父母之侧，而临事无遑请命，抑或居官吏兵士之职，而不能以私情参预公义，斯则事势之不得已者也。

人子顺亲之道如此，然亦有不可不变通者。今使亲有乱命，则人子不惟不当妄从，且当图所以谏阻之。知其不可为，以父母之命而勉从之者，非特自罹于罪，且因而陷亲于不义，不孝之大者也。若乃父母不幸而有失德之举，不密图补救，而辄暴露之，则亦非人子之道。孔子曰：父为子隐，子为父隐。是其义也。

爱与敬，孝之经纬也。亲子之情，发于天性，非外界舆论，及法律之所强。是故亲之为其子，子之为其亲，去私克己，劳而无怨，超乎利害得失之表，此其情之所以为最贵也。本是情而发见者，曰爱曰敬，非爱则驯至于乖离；非敬则渐流于狎爱。爱而不敬，禽兽犹或能之，敬而不爱，亲疏之别何在？二者失其一，不可以为孝也。

能顺能爱能敬，孝亲之道毕乎？曰：未也。孝子之所最尽心者，图所以报父母之德是也。

受人之恩，不敢忘焉，而必图所以报之，是人类之美德也。而吾人一生最大之恩，实在父母。生之育之饮食之教诲之，不特吾人之生命及身体，受之于父母，即吾人所以得生存于世界之术业，其基本亦无不为父母所畀，吾人乌能不日日铭感其恩，而图所以报答之乎？人苟不容心于此，则虽谓其等于禽兽可也。

人之老也，余生无几，虽路人见之，犹起恻隐之心，况为子者，日见其父母老耄衰弱，而能无动于中乎？昔也，父母之所以爱抚我者何其挚；今也，我之所以慰藉我父母者，又乌得而苟且乎？且父母者，随其子之成长而日即于衰老者也。子女增一日之成长，则父母增一日之衰老，及其子女有独立之业，而有孝养父母之能力，则父母之余年，固已无已矣。犹不及时而尽其孝养之诚，忽忽数年，父母已弃我而长逝，我能无抱终天之恨哉？

吾人所以报父母之德者有二道，一曰养其体；二曰养其志。

养体者，所以图父母之安乐也。尽我力所能及，为父母调其饮食，娱其耳目，安其寝处，其他寻常日用之所需，无或缺焉而后可。夫人子既及成年，而尚缺口体之奉于其父母，固已不免于不孝，若乃丰衣足食，自恣其奉，而不顾父母之养，则不孝之尤矣。

父母既老，则肢体不能如意，行止坐卧，势不能不待助于他人，人子苟可以自任者，务不假手于婢仆而自任之，盖同此扶持抑搔之事，而出于其子，则父母之心尤为快足也。父母有疾，苟非必不得已，则必亲侍汤药。回思幼稚之年，父母之所以鞠育我者，劬劳如何，即尽吾力以为孝养，亦安能报其深恩之十一欤？为人子者，不可以不知此也。

人子既能养父母之体矣，尤不可不养其志。父母之志，在安其心而无贻以忧。人子虽备极口体之养，苟其品性行为，常足以伤父母之心，则父母又何自而安乐乎？口体之养，虽不肖之子，苟有财力，尚能供之。至欲安父母之心而无贻以忧，则所谓一发言一举足而不敢忘父母，非孝子不能也。养体，末也；养志，本也；为人子者，其务养志哉。

养志之道，一曰卫生。父母之爱子也，常祝其子之康强。苟其子孱弱而多疾，则父母重忧之。故卫生者，非独自修之要，而亦孝亲之一端也。若乃冒无谓之险，逞一朝之忿，以危其身，亦非孝子之所为。有人于此，虽赠我以至薄之物，我亦必郑重而用之，不辜负其美意也。我身者，父母之遗体，父母一生之劬劳，施于吾身者为多，然则保全之而摄卫之，宁非人子之本务乎？孔子曰：身体发肤，受之父母，不敢毁伤，孝之始也。此之谓也。

虽然，徒保其身而已，尚未足以养父母之志。父母者，既欲其子之康强，又乐其子之荣誉者也。苟其子庸劣无状，不能尽其对于国家、社会之应尽的义务，甚或陷于非僻，以贻羞于其父母，则父母方愧愤之不遑，又何以得其欢心耶？孔子曰：事亲者，居上不骄，为下不乱，在丑不争。居上而骄则亡；为下而乱则刑；在丑而争则兵。不去此三者，虽日用三牲之养，犹不孝也。正谓此也。是故孝者，不限于家族之中，非于其外有立身行道之实，则不可以言孝。谋国不忠，莅官不敬，交友不信，皆不孝之一。至若国家有事，不顾其身而赴之，则虽杀其身而父母荣之。国之良民，即家之孝子。父母固以其子之荣誉为荣誉，而不愿其苟生以取辱者也。此养志之所以重于养体也。

翼赞父母之行为，而共其忧乐，此亦养志者之所有事也。故不问其事物之为何，苟父母之所爱敬，则己亦爱敬之；父母之所嗜好，则己亦嗜好之。

凡此皆亲在之时之孝行也。而孝之为道，虽亲没以后，亦与有事焉。父母没，葬之以礼，祭之以礼；父母之遗言，没身不忘，且善继其志，善述其事，以无负父母。更进而内则尽力于家族之昌荣；外则尽力于社会、国家之业务，使当世称为名士伟人，以显扬其父母之名于不朽，必如是而孝道始完焉。

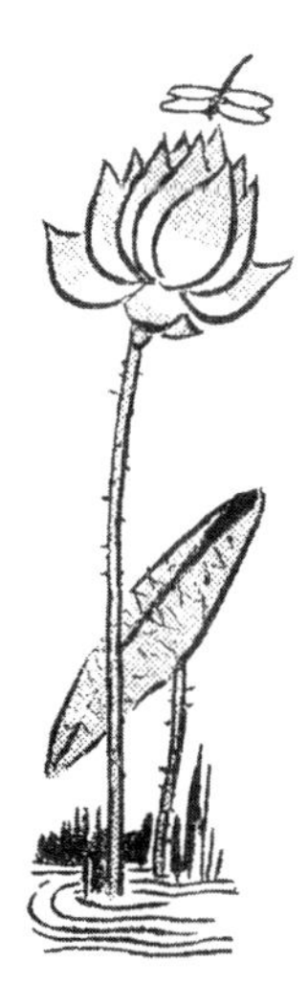

第十三讲 父 母

子女对于父母，固然有自己应尽的职责，而父母对于子女，则也有父母之道存在。但子女不可以此对父母以完善求全责备。凡是做子女的人，大抵都有做父母的时候，不知父母之道，那么也有给家族、社会、国家留下祸害而却没有察觉到过错的人。善于说孝，而忽视言说父母之道，这也是一种偏颇。

父母之道虽然是多方面的，而用一句话来概括就是慈。子女孝顺而父母慈爱，则父母与子女子相互尽到了为父、为子之道。

慈爱说的不是溺爱，而是为子女谋划终身的幸福。对于子女的喜好，不问其邪正是非而立马答应，使其逞一时之快，而或留下百年的祸患，那么没有比这更大的不慈爱了。所以父母对于子女，必定考察得失利害在哪里，不能任其自然的好恶之情而任性去做。

养育子女，教育子女，是父母应尽的首要义务。世上哪里有比人的生命更贵重的呢？生了孩子而不能养育他，或使他陷于贫困之中，是父母的失职。善于养育子女，到他们长大自立而能独立谋生，那么父母就尽到了养育子女的责任。

父母既然有养育子女的责任，则使子女的身体健康强壮，也是父母的责任之所在。健康卫生的道理，不是年幼的孩子所能够明白的。他刚生下来，就是一个笨拙迟钝的小动物，无力起居，不辨言语，而且不知道向人求助，假如没有时时刻刻保护他的人，几乎没有可以生存下来的。而保护的责任不在于他人，而在于生养孩子的父母，这本来就不用多说。

既然能生养子女，则又不能不教育他们。孩子刚出生，智慧、品德尚未具备，他们具备的是可以接受、吸收智慧与品德的能力。所以年幼的时候，无所谓善，无所谓智，如同草木的萌发可以按照人的意愿矫正，必须经过教育才能形成一定的品性。当他们年幼的时候，担任教训指导责任的人，除了父母还能有谁？这是家庭教育之所以重要的原因。

家庭是人生最初的学校。人一生的品性，所谓百变不离其宗的，大抵是在家庭之中初步形成。习惯固然能成就品性，朋友也能熏染人，但是与家庭比较，它们的感化之力远远不及。社会、国家的事业繁多，而成就事业的人，谁不是从家庭中呱呱啼哭的小儿开始？那些有惊世言行的伟人英杰，其基础的思想起源于家庭中幼年接受的思想和环境影响的必定不少。因此有作为的人，多出于和善温良的家庭。和善温良的家庭，难道不是社会、国家之所以兴隆强盛的基础吗？

幼儿受到家庭的教训，虽然非常微小薄细，但往往终生不忘。所以幼儿与长者，如同枝干与树根一样。一天的气候大多由早上的天气决定，一生的事业大多受惠于婴孩时期的熏染。所以家庭教育不可忽视。

家庭教育的方法，首先在于使家庭和善温良。幼儿初离襁褓，渐渐有了知觉，如同离开暗室而见到太阳一样。身体器官对感触到的事物，无不感到新奇、可喜，他们这时候既缺乏经验，也不能以自由的意志支配自己的行为，那么一切行为都取自外物而且加以模仿，这是自然而然的。这个时候，假如家庭中有不良的事物围绕在幼儿旁边，那么孩子纯洁的心地就沾染了终身难以磨掉的毛病。反之，他的家庭之中充满了敬爱正直的品质，那么幼儿的心地又从哪里被沾染呢？有家庭教育责任的人，不能不先树立其榜样。

做父母的人，虽然各自有其特殊的责任，但还有普通的责任，在行住坐卧中不能须臾的离开，是家庭教育。或选择事业，或选定住所，以及其他如言语、饮食、衣服、器用等，凡是在日常用品与行为之中，无不考虑它们对于家庭教育的利害而进行选择。从前孟母教子，三次搬迁而后定居，这可以垂范百世。父母又应当乘时机进行教诲，子女有疑问则必定用真理回答，不能用荒诞无稽的话敷衍了事；子女已经有了辨别善恶是非的知识，那么父母应当留意，抓住时机进行劝导惩戒，以坚定他喜欢善行、憎恨邪恶的品质。不要过严，也不要过宽，约束与放任要恰如其分。凡是母亲大多偏于慈爱，而父亲大多偏于严厉。子女因为教育者的偏向，则其性质也随之而发生偏向。所以想要养成不偏不倚的品性，必定要使子女接受宽严适中的教育。子女渐渐长大，则父母应当观察子女的才智，为他们慎重选择职业，而且时常加以指导。年少气锐的人常常来不及深入地考虑以后的利害而确定目前的行动，所以在子女开始独立的时候，智力刚开始发展，阅历不深，实在是危险时期，做父母的人不能不慎重观察其做法的得失，而利用时机劝导告诫他。

【原文】

子于父母，固有当尽之本务矣，而父母之对于其子也，则亦有其道在。人子虽未可以此责善于父母。而凡为人子者，大抵皆有为父母之时，不知其道，则亦有贻害于家族、社会、国家而不自觉其非者。精于言孝，而忽于言父母之道，此亦一偏之见也。

父母之道虽多端，而一言以蔽之曰慈。子孝而父母慈，则亲子交尽其道矣。

慈者，非溺爱之谓，谓图其子终身之幸福也。子之所嗜，不问其邪正是非而辄应之，使其逞一时之快，而或贻百年之患，则不慈莫大于是。故父母之于子，必考察夫得失利害之所在，不能任自然之爱情而径行之。

养子教子，父母第一之本务也。世岂有贵于人之生命者，生子而不能育之，或使陷于困乏中，是父母之失其职也。善养其子，以至其成立而能营独立之生计，则父母育子之职尽矣。

父母既有养子之责，则其子身体之康强与否，亦父母之责也。卫生之理，非稚子所能知。其始生也，蠢然一小动物耳，起居无力，言语不辨，且不知求助于人，使非有时时保护之者，殆无可以生存之理。而保护之责，不在他人，而在生是子之父母，固不待烦言也。

既能养子，则又不可以不教之。人之生也，智德未具，其所具者，可以吸受智德之能力耳。故幼稚之年，无所谓善，无所谓智，如草木之萌孽然，可以循人意而矫揉之，必经教育而始成有定之品性。当其子之幼稚，而任教训指导之责者，舍父母而谁？此家庭教育之所以为要也。

家庭者，人生最初之学校也。一生之品性，所谓百变不离其宗者，大抵胚胎于家庭之中。习惯固能成性，朋友亦能染人，然较之家庭，则其感化之力远不及者。社会、国家之事业，繁矣，而成此事业之人物，孰非起于家庭中呱呱之小儿乎？虽伟人杰士，震惊一世之意见及行为，其托始于家庭中幼年所受之思想者，盖必不鲜。是以有为之士，非出于善良之家庭者，世不多有。善良之家庭，其社会、国家所以隆盛之本欤？

幼儿受于家庭之教训，虽薄物细故，往往终其生而不忘。故幼儿之于长者，如枝干之于根本然。一日之气候，多定于崇朝，一生之事业，多决于婴孩，甚矣。家庭教育之不可忽也。

家庭教育之道，先在善良其家庭。盖幼儿初离襁褓，渐有知觉，如去暗室而见白日然。官体之所感触，事事物物，无不新奇而可喜，其时经验既乏，未能以自由之意志，择其行为也。则一切取外物而摹仿之，自然之势也。当是时也，使其家庭中事事物物，凡萦绕幼儿之旁者，不免有腐败之迹，则此儿清洁之心地，遂纳以终身不磨之瑕玷。不然，其家庭之中，悉为敬爱正直诸德之所充，则幼儿之心地，又何自而被沾乎？有家庭教育之责者，不可不先正其模范也。

为父母者，虽各有其特别之职分，而尚有普通之职分，行止坐卧，无可以须臾离者，家庭教育是也。或择其业务，或定其居所，及其他言语饮食衣服器用，凡日用行常之间，无不考之于家庭教育之利害而择之。昔孟母教子，三迁而后定居，此百世之师范也。父母又当乘时机而为训诲之事，子有疑问，则必以真理答之，不可以荒诞无稽之言塞其责；其子既有辨别善恶是非之知识，则父母当监视而以时劝惩之，以坚其好善恶恶之性质。无失之过严，亦无过宽，约束与放任，适得其中而已。凡母多偏于慈，而父多偏于严。子之所以受教者偏，则其性质亦随之而偏。故欲养成中正之品性者，必使受宽严得中之教育也。其子渐长，则父母当相其子之材器，为之慎择职业，而时有以指导之。年少气锐者，每不遑熟虑以后之利害，而定目前之趋向，故于子女独立之始，知能方发，阅历未深，实为危险之期，为父母者，不可不慎监其所行之得失，而以时劝戒之。

第十四讲 夫 妇

国家的根本在于家庭，家庭的根本在于夫妇。夫妇和睦，往小里说是一个家庭的幸福，往大里说会使一个国家富强。古人所谓人伦的起点，风化的起源，就指这个。

夫妇原本没有骨肉之亲，而结合以后苦乐与共，休戚相关，于是成为终身不能离开的伴侣。而人生幸福，其实在于夫妇的和乐融洽之中。既然这样，那么丈夫喜爱他的妻子，妻子随顺她的丈夫，而互相维护亲密的情义，则是他们的本分。夫妇之道失范，那么家庭的道德就失去了根本，所谓的孝、悌、忠、信也就不再有希望，而一个国家的道德，也由此而衰退败坏。

爱是夫妇的最高真理。各自舍弃个人利益，而互相表达真挚的情感，互相成全对方，这就是夫妇之所以为夫妇的原因，而且也是人生最宝贵的感情。有了这种感情，那么即使在艰难穷苦、流转离散之中，互相安慰，也就产生别样的快乐。否则，感情淡薄，厌恶嫉妒之念由此机会产生，虽然称为夫妇，而其实就如同路人一样，即使每天身处荣华富贵之中，又有什么人生幸福的真正意趣呢？

夫妇之道的关系如此重要，则在夫妇开始结合的时候，对于婚姻之礼怎么能不慎重呢！这与男女一生的祸福相联系，一旦结合就终身不能改变。或者不得已而离婚，则是人生的大不幸，而彼此的精神世界，就留下一处终身难以磨灭的创伤。人生可悲的事情，又有哪个能比这更大呢！

婚姻必定以纯粹的爱情作为基础。那以财产容貌作为标准的，绝对无法保持永久的幸福。因为财产的聚散变化无常，而容貌则随着年纪逐渐衰老。以此作为标准，可知其爱情是什么样了。纯粹的爱情，不是境况和遭遇所能改变的。

什么叫做纯粹的爱情？回答是：从品性中产生。男子选择妻子，一定选取温顺善良而坚贞端方的女子；女子选择丈夫，一定选取明白通达而忠诚老实的男子。如此则必定能够互相信任、互相喜爱，而组成良善的家庭。

已经组成了家族，那么夫妇之间不能没有分工。男女的性质本来就有差别：男子的体力较强，而心性也较为刚毅；女子则体力较弱，而心性也较为温柔。所以做丈夫的人，应当尽力保护妻子，不要妨碍她的健康，不要让她操劳过度，而妻子日常需要的东西，不能不给她。男子没有养活妻子的财力，则不适宜结婚。已经结婚而使妻子在饥寒之中受困，则失去了做丈夫应尽的义务。女子的知识与才能，大多比不上男子，又因为专门做家务而社会阅历也比男子少，所以妻子对于丈夫，如果不是受不符合夫妇之道的做法的驱使，就不能不顺从丈夫。而忠贞坚定，与丈夫同忧共乐，则是做妻子的应尽的义务。夫唱妇随，是人伦自然的道德。丈夫是一家之主，妻子是他的辅佐，主辅相配，而家庭事务随之得以治理。做丈夫的人必定在外面勤奋工作，以养活自己的家族；做妻子的人务必料理家内的事，以辅佐丈夫做不到的地方，这是因为各自的性质特点，而分别承担责任。男女权利平等的道理就在其中。世上持男女权利平等观点的人，是想要使男女都处于同等的地位，但是想要双方掌握同等的职权就行不通了。男女性质的差别，仅仅看看他们身体结构的不同，已经可以看出个大概：男子体格魁梧，能够干体力活，而女子则不是这样；男子善于思考，而女子知觉敏锐；男子智力发达，而女子感情丰富；男子务求进取，而女子喜欢保守。因此，男子应尽的义务，是保护，是进取，是劳动；而女子应尽的义务，是辅佐，是谦让，是顺从，这是刚强与柔顺互相调和的道理。

孩子出生以后，夫妻成了父母，应当尽到教育的责任，以使家族世系延续下去，而且为社会、国家造就有作为的人才。即使子女多，也不能有所偏爱，而且必须预计他们将来对于社会、国家应尽的义务，而进行相应的教育。以为子女属于父母所有而任意虐待他们，或骄纵他们的人，是社会、国家的罪人，而且有失父母之道。

【原文】

国之本在家，家之本在夫妇。夫妇和，小之为一家之幸福，大之致一国之富强。古人所谓人伦之始，风化之原者，此也。

夫妇者，本非骨肉之亲，而配合以后，苦乐与共，休戚相关，遂为终身不可离之伴侣。而人生幸福，实在于夫妇好合之间。然则夫爱其妇，妇顺其夫，而互维其亲密之情义者，分也。夫妇之道苦，则一家之道德失其本，所谓孝弟忠信者，亦无复可望，而一国之道德，亦由是而颓废矣。

爱者，夫妇之第一义也。各舍其私利，而互致其情，互成其美，此则夫妇之所以为夫妇，而亦人生最贵之感情也。有此感情，则虽在困苦颠沛之中，而以同情者之互相慰藉，乃别生一种之快乐。否则感情既薄，厌忌嫉妒之念，乘隙而生，其名夫妇，而其实乃如路人，虽日处华朊之中，曾何有人生幸福之真趣耶?

夫妇之道，其关系如是其重也，则当夫妇配合之始，婚姻之礼，乌可以不慎乎！是为男女一生祸福之所系，一与之齐，终身不改焉。其或不得已而离婚，则为人生之大不幸，而彼此精神界，遂留一终身不灭之创痍。人生可伤之事，孰大于是。

婚姻之始，必本诸纯粹之爱情。以财产容色为准者，决无以持永久之幸福。盖财产之聚散无常，而容色则与年俱衰。以是为准，其爱情可知矣。纯粹之爱情，非境遇所能移也。

何谓纯粹之爱情，曰生于品性。男子之择妇也，必取其婉淑而贞正者；女子之择夫也，必取其明达而笃实者。如是则必能相信相爱，而构成良善之家庭矣。

既成家族，则夫妇不可以不分业。男女之性质，本有差别：男子体力较强，而心性亦较为刚毅；女子则体力较弱，而心性亦毗于温柔。故为夫者，当尽力以护其妻，无妨其卫生，无使过悴于执业，而其妻日用之所需，不可以不供给之。男子无养其妻之资力，则不宜结婚。既婚而困其妻于饥寒之中，则失为夫者之本务矣。女子之知识才能，大抵逊于男子，又以专司家务，而社会间之阅历，亦较男子为浅。故妻子之于夫，苟非受不道之驱使，不可以不顺从。而贞固不渝，忧乐与共，则皆为妻者之本务也。夫唱妇随，为人伦自然之道德。夫为一家之主，而妻其辅佐也，主辅相得，而家政始理。为夫者，必勤业于外，以赡其家族；为妻者，务整理内事，以辅其夫之所不及，是各因其性质之所近而分任之者。男女平权之理，即在其中，世之持平权说者，乃欲使男女均立于同等之地位，而执同等之职权，则不可通者也。男女性质之差别，第观于其身体结构之不同，已可概见：男子骨骼伟大，堪任力役，而女子则否；男子长于思想，而女子锐于知觉，男子多智力，而女子富感情；男子务进取，而女子喜保守。是以男子之本务，为保护，为进取，为劳动，而女子之本务，为辅佐，为谦让，为巽顺，是刚柔相济之理也。

生子以后，则夫妇即父母，当尽教育之职，以绵其家族之世系，而为社会、国家造成有为之人物。子女虽多，不可有所偏爱，且必预计其他日对于社会、国家之本务，而施以相应之教育。以子女为父母所自有，而任意虐遇之，或骄纵之者，是社会、国家之罪人，而失父母之道者也。

第十五讲 兄弟姊妹

先有夫妇，而后有子女；有了子女，而后有兄弟姊妹。兄弟姊妹不仅是骨肉关系，自然有亲近和睦的感情，而且自小时候生活在父母左右。在同一张饭桌上吃饭，在同一张桌子上学习，在同一个地方游玩，互相扶助，如同左右手一样，又完全可以养成亲近和睦的习惯，所以兄弟姊妹的爱的感情，自然有他人所不及的地方。

兄弟姊妹的爱的感情，也像父母、夫妇的爱情一样本于天性，而没有利害得失的计较夹杂在中间。这实在是人生最珍贵的财富，即使是珍珠、美玉也不能与它交换，也不能忽视和放弃。因此兄弟姊妹即使偶尔有不合情理的举动，也一定要宽容他，不能急着对他加以责备。常有因为彼此以善相责，而伤害手足之感情的事，对此也不能不慎重。

从子女的角度来看，父母与子女能够朝夕与共的时间不过半生罢了。而兄弟姊妹则不是这样，年龄的差距远远比父母与子女的差距小，忧喜和福祸彼此相关，而且终身联系在一起，所以兄弟姊妹一生之中，应当无时无刻不以在父母膝下的情景作为标准。长大成人以后，虽然渐渐离开父母而事业不同，住所不同，但还得按时相互来往，祸福相同，忧乐与共，如同一家一样。即使住所离得很远，而逢年过节必定互通音讯，同胞之情虽然远隔千里，河山险阻也不能阻拦。到了遥远的异地他乡，而不时能够看到亲近的人的书信，实在是人生最快乐的。回想起从前互相依存的情景，预计将来再见的日期，友爱之情油然而生，甚至无法控制自己激动的情绪。

哥哥姐姐的年纪长于弟弟妹妹，那么他们的知识识经验自然胜过年幼的弟弟妹妹，因此做弟弟妹妹的，应当把哥哥姐姐看做仅次于父母的人，遵从他们的教训指导而不敢违抗。即使是别的人，年纪小的对于年纪大的，也一定尽到谦让之礼，更何况对哥哥姐姐呢？做哥哥姐姐的对于弟弟妹妹，也应当帮助父母尽到教导劝诫的责任，不能依仗自己年纪大，而以凶暴傲慢、任意横行的做法对待他们。假如哥哥姐姐欺凌弟弟妹妹，或者弟弟妹妹轻慢哥哥姐姐，这不仅违背伦理，而且彼此互相受害，也因而伤害父母的心，破坏一家的安宁，而酿成社会、国家的隐患。家庭对于国家，如同细胞对于有机体一样，家族不和则整个国家的人心必定不能一致；人心背离，那么即使有亿兆之众，又凭什么使国家富强呢？

从前，西方的哲学家苏格拉底看到有兄弟不和睦，就劝诫他们说：“兄弟比财产贵重。为什么呢？财产没有感觉，而兄弟间有感情；财产靠我们保护，而兄弟则是保护我们的人。凡是人独居就一定思念群体，为什么唯独疏远自己的兄弟呢？况且兄弟不是同一个父母吗？”那些禽兽在同一个地方生长的，没有不尊崇互相亲近喜爱的。而兄弟反而不能互相亲近喜爱吗？他的话深刻而显明，有兄弟的人可以把它作为借鉴。

兄弟姊妹每天相互亲近，相互之间感染的力量非常大。人交朋友，学习为善则善，学习作恶则恶。兄弟姊妹亲近友善，即使是最亲密的朋友也赶不上，他们相互感染的力量是何等大呀！凡是儿子、弟弟不听从父母之命，或以粗野、轻侮傲慢之语对待长者，一般说来源于兄弟姊妹之间平常有不好的榜样。所以年长的哥哥姐姐的一举一动，都被弟弟妹妹注视并且摹效，对此不能不慎重啊。

兄弟对于姊妹应当担负起保护的责任，因为女子不仅体质纤弱，而精神也较为柔顺，势必不能不依靠男子，如黑夜不敢独行；如果受到谗害诬陷，也不能像男子一样慷慨争辩，以申明自己的权利。所以当姊妹还没有出嫁，帮助父母扶持、保护她们，就是兄弟应尽的义务。而做姊妹的人，也应当尽力以求对兄弟有益处。年轻力壮的男子常常意气用事，爱兴事端，往往有以势压人、不顾危险、因对小事不能忍耐而酿成大祸的行为，劝阻他们的力量属姊妹最大。女子的情感淳朴深厚，她们的话特别含蓄委婉，用来消除壮年人的偏激情绪，比男子的抗争有效。兄弟姊妹能够互相护持，如此则可以共同承担忧乐与祸福，使深厚的友爱之情长久持续下去。

父母不幸早逝，那么做哥哥姐姐的人，应当站在父母的地位抚养弟弟妹妹。在这样的时候，可知弟弟妹妹亲近哥哥姐姐，应当像亲近父母一样。

【原文】

有夫妇而后有亲子，有亲子而后有兄弟姊妹。兄弟姊妹者，不惟骨肉关系，自有亲睦之情，而自其幼时提挈于父母之左右。食则同案，学则并几，游则同方，互相扶翼，若左右手然，又足以养其亲睦之习惯。故兄弟姊妹之爱情，自有非他人所能及者。

兄弟姊妹之爱情，亦如父母夫妇之爱情然，本乎天性，而非有利害得失之计较，杂于其中。是实人生之至宝，虽珠玉不足以易之，不可以忽视而放弃者也。是以我之兄弟姊妹，虽偶有不情之举，我必当宽容之，而不遽加以责备，常有因彼我责善，而伤手足之感情者，是亦不可不慎也。

盖父母者，自其子女视之，所能朝夕与共者，半生耳。而兄弟姊妹则不然，年龄之差，远逊于亲子，休戚之关，终身以之。故兄弟姊妹者，一生之间，当无时而不以父母膝下之情状为标准者也。长成以后，虽渐离父母，而异其业，异其居，犹必时相过从，祸福相同，忧乐与共，如一家然。即所居悬隔，而岁时必互通音问，同胞之情，虽千里之河山，不能阻之。远适异地，而时得见爱者之音书，实人生之至乐。回溯畴昔相依之状、预计他日再见之期，友爱之情，有油然不能自已者矣。

兄姊之年，长于弟妹，则其智识经验，自较胜于幼者，是以为弟妹者，当视其兄姊为两亲之次，遵其教训指导而无敢违。虽在他人，幼之于长，必尽谦让之礼，况于兄姊耶？为兄姊者，于其弟妹，亦当助父母提撕劝戒之责，毋得挟其年长，而以暴慢恣睢之行施之，浸假兄姊凌其弟妹，或弟妹慢其兄姊，是不啻背于伦理，而彼此交受其害，且因而伤父母之心，以破一家之平和，而酿社会、国家之隐患。家之于国，如细胞之于有机体，家族不合，则一国之人心，必不能一致，人心离畔，则虽有亿兆之众，亦何以富强其国家乎？

昔西哲苏格拉底，见有兄弟不睦者而戒之曰："兄弟贵于财产。何则？财产无感觉，而兄弟有同情，财产赖吾人之保护，而兄弟则保护吾人者也。凡人独居，则必思群，何独疏于其兄弟乎？且兄弟非同其父母者耶？"不见彼禽兽同育于一区者，不尚互相亲爱耶？而兄弟顾不互相亲爱耶？其言深切著明，有兄弟者，可以鉴焉。

兄弟姊妹，日相接近，其相感之力甚大。人之交友也，习于善则善，习于恶则恶。兄弟姊妹之亲善，虽至密之朋友。不能及焉，其习染之力何如耶？凡子弟不从父母之命，或以粗野侮慢之语对其长者，率由于兄弟姊妹间，素有不良之模范。故年长之兄姊，其一举一动，悉为弟妹所瞩目而摹仿，不可以不慎也。

兄弟之于姊妹，当任保护之责，盖妇女之体质既纤弱，而精神亦毗于柔婉，势不能不倚于男子。如昏夜不敢独行；即受谗诬，亦不能如男子之慷慨争辩，以申其权利之类是也。故姊妹未嫁者，助其父母而扶持保护之，此兄弟之本务也。而为姊妹者，亦当尽力以求有益于其兄弟，少壮之男子，尚气好事，往往有凌人冒险，以小不忍而酿巨患者，谏止之力，以姊妹之言为最优。盖女子之情醇笃，而其言尤为蕴藉，其所以杀壮年之客气者，较男子之抗争为有效也。兄弟姊妹能互相扶翼，如是，则可以同休戚而永续其深厚之爱情矣。

不幸而父母早逝，则为兄姊者，当立于父母之地位，而抚养其弟妹。当是时也，弟妹之亲其兄姊，当如父母，盖可知也。

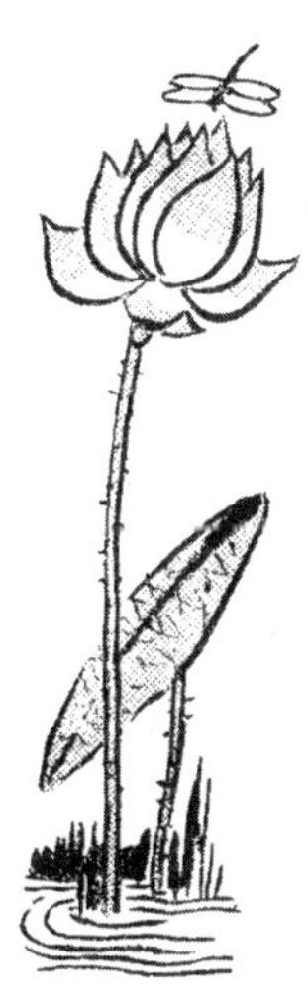

第十六讲 族戚及主仆

家族之中，既然由夫妇而有父子，由父子而有兄弟姊妹，于是由兄弟所生的子女，而推及到父亲、祖父、曾祖父的兄弟，及其所生子孙，这叫做家族。而且兄弟有妻子，姊妹有丈夫，他们的娘家、女婿家，以及父母以上凡是兄弟的妻子的娘家，姊妹的女婿家，都是姻戚。既然是家族亲戚，那么上追其本源则是同出一家，与没有骨肉之亲、亲戚之谊的人相比，关系不同，交往的时候也必定把他们看做自家人，逢年过节互通音讯，有了喜事的时候互相庆贺，有了丧事的时候互相吊唁，穷困的时候互相救济抚恤，这是家族亲戚应尽的义务。社会纷乱，世人把利害得失作为聚散的媒介，而唯独在家族亲戚之间，还相互以真心真意应酬交往，如同一家一样，这也是人生最快乐的了。

即使一个人平常与邻里并不相识，却往往能一见如故。为什么呢？因为他们是乡邻，关系密切。至于家族亲戚，为什么不能这样？家族亲戚不只是一代的关系，实际上是祖宗以来历代形成的关系。在遇到不幸而至流离颠沛的时候，有时朋友来不及相救，旧交来不及照应，在这样的时候能够施以援手的人，不是家族亲戚还能是谁呢？既然这样，那么平日就应该相互爱护、相互扶持，这是很明显的事了。

仆役对于主人，虽然没有发自内心的亲近，但是平日追随主人久了，关系的密切仅次于家人，所以忠实、驯服、顺从是仆役的本分；恳切慈爱是主人的本分。

做仆役的人应该终始一心服从主人的命令，不管主人有没有在眼前，而必定尽到自己的本职，而且不因为勤劳辛苦而表现出不高兴的样子。同样的事情，高高兴兴地去做，那么主人一定特别称心如意。像那用虚伪懒惰之心来做事，甚至有的向邻里揭发主人的隐私等等，这就特别不合乎道义。

人都有自由的身体以及自由的意志，不得已而受人驱使，虽然有报酬，但也非常可怜。因此做主人的应该长存怜悯之心，使唤要有限度，不能像呵斥犬马一样任意斥责。至于仆役的报酬，是他们出售劳力的价值，非常重要，必须按照约定给他们。这样，主人善待仆役，那么仆役也必定知恩感德而尽职尽责。

仆役品性的好坏，不仅与一家的财政有关，而且他们常常与子女相互熟悉。如果仆役品性不良，那么子女就会被诱惑，往往有陷身于邪恶而不知不觉的。所以家中有仆役的人，选择仆役不能不慎重，而监督特别不能不周全。

自古有所谓的义仆，常在靠劳动生活以外，别有一种高尚的感情，与其主家相联系。有的终身不离开，如同家人一样；有的在主人遇到艰难困苦的时候，与主人同甘共苦而没有怨言；有的将以身殉主作为自己的光荣。有这样的心思，推及到国家，可以做忠良的国民。虽然这是以他们忠实厚道的天性作为根本，但如果没有主人平时的信任喜爱，也就不能使他们达到这样的品性。

【原文】

家族之中，既由夫妇而有父子，由父子而有兄弟姊妹，于是由兄弟之所生，而推及于父若祖若曾祖之兄弟，及其所生之子若孙，是谓家族。且也，兄弟有妇，姊妹有夫，其母家婿家，及父母以上凡兄弟之妇之母家，姊妹之婿家，皆为姻戚焉。既为族戚，则溯其原本，同出一家，较之无骨肉之亲，无葭莩之谊者，关系不同，交际之间，亦必视若家人，岁时不绝音问，吉凶相庆吊，穷乏相振恤，此族戚之本务也。天下滔滔，群以利害得失为聚散之媒，而独于族戚间，尚互以真意相酬答，若一家焉，是亦人生之至乐也。

人之于邻里，虽素未相识，而一见如故。何也？其关系密也。至于族戚，何独不然。族戚者，非惟一代之关系，而实祖宗以来历代之关系，即不幸而至流离颠沛之时，或朋友不及相救，故旧不及相顾，当此之时，所能援手者，非族戚而谁？然则平日之宜相爱相扶也明矣。

仆之于主，虽非有肺腑之亲，然平日追随既久，关系之密切，次于家人，是故忠实驯顺者，仆役之务也；恳切慈爱者，主人之务也。

为仆役者，宜终始一心，以从主人之命，不顾主人之监视与否，而必尽其职，且不以勤苦而有怏怏之状。同一事也，怡然而为之，则主人必尤为快意也。若乃挟诈慢之心以执事，甚或讦主人之阴事，以暴露于邻保，是则不义之尤者矣。

夫人莫不有自由之身体，及自由之意志，不得已而被役于人，虽有所取偿，然亦至可悯矣。是以为主人者，宜长存哀矜之心，使役有度，毋任意斥责，若犬马然。至于仆役佣资，即其人沽售劳力之价值，至为重要，必如约而畀之。夫如是，主人善视其仆役，则仆役亦必知感而尽职矣。

仆役之良否，不特于一家之财政有关，且常与子女相驯。苟品性不良，则子女辄被其诱惑，往往有日陷于非僻而不觉者。故有仆役者，选择不可不慎，而监督尤不可不周。

自昔有所谓义仆者，常于食力以外，别有一种高尚之感情，与其主家相关系焉。或终身不去，同于家人，或遇其穷厄，艰苦共尝而不怨，或以身殉主自以为荣。有是心也，推之国家，可以为忠良之国民，虽本于其天性之笃厚，然非其主人信爱有素，则亦不足以致之。

公民教育
十三讲

要有良好的社会，必先有良好的个人，
要有良好的个人，就要先有良好的教育。

第一讲 社 会

凡是为了相同利害而聚集在一起组成群体，如果与国家没有直接关系，在法律上没有一定限制，都称之为社会。因此社会的范围，大小不定，小的或限于乡里，大的则遍于世界，如所谓的北京社会、中国社会、东洋社会，以及劳工社会、学者社会之类，都是这个意思。人一生下来就有合群的特性，即使种族不同、国土不同的人，都能相互依靠、相互扶持，聚合在一起组成一个社会，由此产生人类社会道德。而人类常常因为土地相近、种族相近而建立特别的团体，有统一制裁的权力，这叫做国家，用以弥补各种社会的缺憾，而使它们互相保护其福利。所以社会的范围，虽然原本没有界限，而以受国家规范限制的最多。世界各国各有其社会的特性而不能相融，因此人类社会固然有普通道德，而各国社会则又各有其特别的道德，这是由于风土、人种、习俗、历史的差别而产生的，而本书所论的，则都是适合我国社会的道德。

人们组织社会，与组织家庭相同，而一个家族与社会的关系，也就如同一个人与家族的关系。人的特性是厌恶孤立而喜欢群居，因此家族的团结协合终身进行不止。而我们喜欢群居，却不以形成家族而界限。假使局限于家庭之中，与家族以外的人情感上没有沟通，事业上不能共处，那么这一家子与在穷山荒野之中没有什么不同，而其家又怎么能成立呢?

人类的体魄及精神的能力本来就不是无所不能，如果不能互相辅助，就会逐渐发展到不能生存的地步。拿体魄来说，我们用来躲避风雨寒热之苦，抵挡猛兽毒虫之害，而平平安安保全生命的，哪一样不是社会所赐？拿精神来说，如果人不得已而处于孤立的境地，感情思想等一切都不能传达给别人，那么一定有非同一般的苦痛，甚至有因此而发病疯狂的人。人们对于社会的依赖是如此之大。而且凡是用来保存和发扬我们的情感智慧的，如语言文字之类，也必定要依赖社会组织。既然这样，那么就可以知道一切事物与社会的关系。

人们如此依赖于社会的恩赐，那么人们应当怎么样来报效社会呢？回答是：扩大公益事业，开创谋身治世之事，建立功业，为谋求社会幸福而不惜舍弃个人利益，那么可以说能够尽到作为社会一员应尽的义务。一心为公而忘却私事之心，在道德上最为高尚，社会的进步实际上也是通过它达成。所以看一看一个社会中志士仁人的多少，就可以知道这个社会进化的程度。假如人人都持自私自利主义，而对社会公益漠不关心，那么这个社会必定日趋腐败，而人民必定日趋零落，最终使得人人同受其害而无法解救，我们能够不害怕吗？

在社会之上又有统一并强制管束的群体，这就是国家。国家是拥有独立的主权，面对一定的土地、人民，制定法律以统治他们。大凡人已经成为社会的一员，而且遵守社会道德，那么就是国家的公民，就应当遵守国家法律。道德本来是用来弥补法律的约束力达不到的地方；而法律也是用来辅助道德功能所不能约束的地方，二者相互依存而发挥作用。如果违背法律，那么就是国家的罪人，而决不能援引社会道德来自我辩护。但是国家的功用，原本不专注于社会。因此国家在法律范围以外，决不干涉社会事业，而社会在不违反法律的限度内，也自有其道德自由。

人在社会上应尽的义务虽然很多，但是可以简化为关键的两个方面：公义、公德。

公义说的是不侵犯他人的权利。我与别人同处于社会之中，别人与我的权利没有什么不同，我既不想有人侵犯我的权利，那么我也决不侵犯别人的权利。人与人互不侵犯，公义就建立了。我们的权利，没有比生命、财产、名誉更宝贵的。生命是一切权利的中心，一旦失去而不能复得。它不是他人能够侵犯的，这不用多说。财产虽然是身外之物，但是人想要建立功名，享受福利，常常不能空手而得，必定借助于财产。如果按照道义取得，那么就应当由此人保存持有，而不是他人能够干涉的。名誉是无形的财产，是此人积累德行之后得到，所以对于他人的谗害、诬陷、污蔑，也有保护的权利。此三者一旦没有安全，那么社会秩序就无法维持。因此，国家特设法律是为保护我们的这三大权利。而我们也一定要尊重他人的权利，而不敢有一点侵犯。这固然是为了谨守法律规定的义务，但也是维持社会道德的秩序。

即使这样，人仅仅不侵犯他人的权利，还只是有消极的道德，而还没有完全尽到对于社会应尽的义务。对于社会应尽的义务，又有积极的道德，就是博爱。

博爱是人生最宝贵的道德。人之所以为人就是因为它。如果只知道有自身而不知道有公家，知道有一家而不知道有社会，经常看到同胞困顿穷苦而毫不关心，不向他们伸出援助之手，那么与禽兽又有什么区别呢？世上常有生而残疾的人，或有无辜而受牢狱之辱的人，其他如没有劳动力而又没有亲属供养的人、失业而无处求救的人，到处都有，而且文化渐逐渐发展，人的聪明才智日益进步，社会的竞争日益激烈，贫富差距更大，而世上那些因为没有依靠而陷入困境的人不断增多，这也是形势发展的必然。而这些陷入困境的人，既已经一天天走向困境，又不敢违背道德法律的束缚去侵犯他人的权利，如果没有赈济他们的人，怎么能不束手待毙呢？既然同为人类，同为社会中的一员，不忍心坐视他们死去而不去救助，于是本着博爱之心，而兴起了种种慈善事业。

博爱可以算是穷尽了公德的全部吗？还没有。赈济穷困的人，是用来弥补缺陷，而不是用来追求进步；是用来救济目前的困难，而不是长远的打算。我们在社会中决不能认为目前的福利已经充足，况且目前的福利，本来不是社会成立之初就有的，实际上是我们的祖先历代经营而逐渐积累下来的。我们已经沐浴了祖先遗留下来的德泽，如果不能使从祖先那里继承的社会变得更加完美，并把它交给子孙，不也是放弃了我们应尽的义务吗？因此人在社会上又应当根据各人的地位，衡量自己的力量，而筹划公益事业，开创谋身治世之事，以使社会变得更加完美。如果能以一人而造福于亿兆人，以一生而遗泽于百世，那么离世之后功业永远不会磨灭，即使是古代的圣贤也不可能超过他了。

一个人既能不侵犯他人的权利，又能看到他人的穷困而救助他们，发起并参与社会公益事业，那么人生对于社会应尽的义务，才可以说完成了。请让我举孔子的话作为证据。孔子说："自己所不想要的，就不要施加给别人。"又说："自己想要站得住，就要同时让别人站得住；自己想要事事行得通，就要同时让别人事事行得通。"这两个方面，一个是限制人，让人不要去做；一个是劝导人，让人去做。一个是消极的道德，一个是积极的道德。一个是公义，一个是公德，这两个方面不能重视某一方面而忽视或废弃另一方面。我不想他人侵犯我的权利，那么我也注意不要侵犯他人的权利，这就是"自己所不想要的，就不要施加给别人"的意思。如果我在穷困的时候，就常常盼望他人的救助；我知道某事对社会有益，就是对我有益，而力量或许不能办到，则盼望他人办到，那么我必定尽我的力量所能达到的地步，以救助穷人而筹划公益事业，这就是"自己想要站得住，就要同时让别人站得住；自己想要事事行得通，就要同时让别人事事行得通"的意思。这两个方面，都是道德上应尽的义务，而前者同时又是法律上应尽的义务。如果人仅仅想不做法律上的罪人，那么前一句话就足够了；如果想免除道德上的罪过，则不能不亲身实践后一句话。

【原文】

凡趋向相同利害与共之人，集而为群，苟其于国家无直接之关系，于法律无一定之限制者，皆谓之社会。是以社会之范围，广狭无定，小之或局于乡里，大之则亘于世界，如所谓北京之社会，中国之社会，东洋之社会，与夫劳工社会，学者社会之属，皆是义也。人生而有合群之性，虽其种族大别，国土不同者，皆得相依相扶，合而成一社会，此所以有人类社会之道德也。然人类恒因土地相近种族相近者，建为特别之团体，有统一制裁之权，谓之国家，所以弥各种社会之缺憾，而使之互保其福利者也。故社会之范围，虽本无界限，而以受范于国家者为最多。盖世界各国，各有其社会之性，而不能相融，是以言实践道德者，于人类社会，固有普通道德，而于各国社会，则又各有其特别之道德，是由于其风土人种习俗历史之差别而生者，而本书所论，则皆适宜于我国社会之道德也。

人之组织社会，与其组织家庭同，而一家族之于社会，则亦犹一人之于家族也。人之性，厌孤立而喜群居，是以家族之结合，终身以之。而吾人喜群之性，尚不以家族为限。向使局处家庭之间，与家族以外之人，情不相通，事无与共，则此一家者，无异在穷山荒野之中，而其家亦乌能成立乎？

盖人类之体魄及精神，其能力本不完具，非互相左右，则驯至不能生存。以体魄言之，吾人所以避风雨寒热之苦，御猛兽毒虫之害，而晏然保其生者，何一非社会之赐？以精神言之，则人苟不得已而处于孤立之境，感情思想，一切不能达之于人，则必有非常之苦痛，甚有因是而病狂者。盖人之有待于社会，如是其大也。且如语言文字之属，凡所以保存吾人之之情智而发达之者，亦必赖社会之组织而始存。然则一切事物之关系于社会，盖可知矣。

夫人食社会之赐如此，则人之所以报效于社会者当如何乎？曰：广公益，开世务，建立功业，不顾一己之利害，而图社会之幸福，则可谓能尽其社会一员之本务者矣。盖公而忘私之心，于道德最为高尚，而社会之进步，实由于是。故观于一社会中志士仁人之多寡，而其社会进化之程度可知也。使人人持自利主义，而漠然于社会之利害，则其社会必日趋腐败，而人民必日就零落，卒至人人同被其害而无救，可不惧乎？

社会之上，又有统一而制裁之者，是为国家。国家者，由独立之主权，临于一定之土地、人民，而制定法律以统治之者也。凡人既为社会之一员，而持社会之道德，则又为国家之一民，而当守国家之法律。盖道德者，本以补法律之力之所不及；而法律者，亦以辅道德之功之所未至，二者相须为用。苟悖于法律，则即为国家之罪人，而决不能援社会之道德以自护也。惟国家之本领，本不在社会。是以国家自法律范围以外，决不干涉社会之事业，而社会在不违法律之限，亦自有其道德之自由也。

人之在社会也，其本务虽不一而足，而约之以二纲，曰公义；曰公德。

公义者，不侵他人权利之谓也。我与人同居社会之中，人我之权利，非有迳庭，我既不欲有侵我之权利者，则我亦决勿侵人之权利。人与人互不相侵，而公义立矣。吾人之权利，莫重于生命财产名誉。生命者一切权利之本位，一失而不可复，其非他人之所得而侵犯，所不待言。财产虽身外之物，然人之欲立功名享福利者，恒不能徒手而得，必有借于财产。苟其得之以义，则即为其人之所当保守，而非他人所能干涉者也。名誉者，无形之财产，由其人之积德累行而后得之，故对于他人之谗诬污蔑，亦有保护之权利。是三者一失其安全，则社会之秩序，既无自而维持。是以国家特设法律，为吾人保护此三大权利。而吾人亦必尊重他人之权利，而不敢或犯。固为谨守法律之义务，抑亦对于社会之道德，以维持其秩序者也。

虽然，人仅仅不侵他人权利，则徒有消极之道德，而未足以尽对于社会之本务也。对于社会之本务，又有积极之道德，博爱是也。

博爱者，人生最贵之道德也。人之所以能为人者以此。苟其知有一身而不知有公家，知有一家而不知有社会，熟视其同胞之疾苦颠连，而无动于中，不一为之援手，则与禽兽奚择焉？世常有生而废疾者，或有无辜而罹缧继之辱者，其他鳏寡孤独，失业无告之人，所在多有，且文化渐开，民智益进，社会之竞争日烈，则贫富之相去益远，而世之素无凭借、因而沉沦者，与日俱增，此亦理势之所必然者也。而此等沉沦之人，既已日趋苦境，又不敢背戾道德法律之束缚，以侵他人之权利，苟非有赈济之者，安得不束手就毙乎？夫既同为人类，同为社会之一员，不忍坐视其毙而不救，于是本博爱之心，而种种慈善之业起焉。

博爱可以尽公德乎？未也。赈穷济困，所以弥缺陷，而非所以求进步；所以济目前，而非所以图久远。夫吾人在社会中，决不以目前之福利为已足也，且目前之福利，本非社会成立之始之所有，实吾辈之祖先，累代经营而驯致之，吾人既已沐浴祖先之遗德矣，顾不能使所承于祖先之社会，益臻完美，以遗诸子孙，不亦放弃吾人之本务乎？是故人在社会，又当各循其地位，量其势力，而图公益，开世务，以益美善其社会。苟能以一人而造福于亿兆，以一生而遗泽于百世，则没世而功业不朽，虽古之圣贤，蔑以加矣。

夫人既不侵他人权利，又能见他人之穷困而救之，举社会之公益而行之，则人生对于社会之本务，始可谓之完成矣。吾请举孔子之言以为证，孔子曰：“己所不欲，勿施于人。”又曰：“己欲立而立人，己欲达而达人。”是二者，一则限制人，使不可为；一则劝导人，使为之。一为消极之道德，一为积极之道德。一为公义；一为公德，二者不可偏废。我不欲人侵我之权利，则我亦慎勿侵人之权利，斯己所不欲勿施于人之义也。我而穷也，常望人之救之，我知某事之有益于社会，即有益于我，而力或弗能举也，则望人之举之，则吾必尽吾力所能及，以救穷人而图公益，斯即欲立而立人欲达而达人之义也。二者，皆道德上之本务，而前者又兼为法律上之本务。人而仅欲不为法律上之罪人，则前者足矣，如欲免于道德上之罪，又不可不躬行后者之言也。

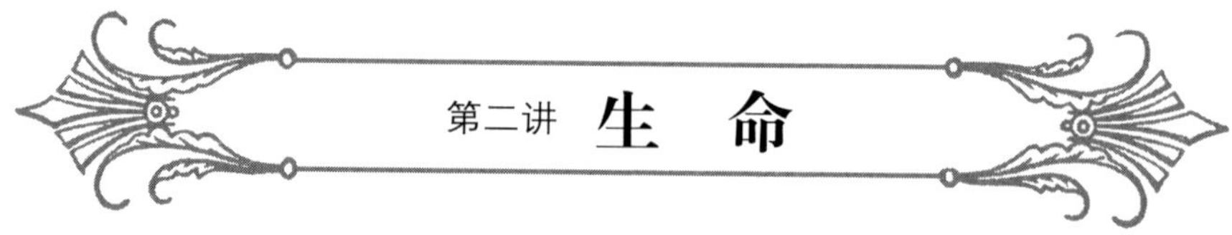

第二讲 生 命

人的生命是一切权利义务的基础。无缘无故杀死他，或者伤害他，这就是把他所有的权利义务全部破坏了，罪恶之中没有比这更大的了。因此杀人者死，古今中外的法律没有不写上它的。

人与人不能互相杀戮、伤害。假设有强横凶恶之徒加害于我，我怎么能坐受其害？势必竭尽我的力量进行抵抗，即使也用强横凶恶的方法杀死他、伤害他，也是正当防卫。正当防卫，不仅不违背严禁杀死、伤害人的法律规定，而且恰恰是用来维护法律。他想杀死、伤害我，正是破坏法律，如果我听任他为所欲为以至剥夺我的性命，那么我不仅是放弃自己的权利，而且是坐视法律受到他的破坏。不竭尽我的力量来自救，也是我的罪过。因此，出于正当防卫以至于杀死或者伤害人，文明国家的法律是允许的。

因为正当防卫而至于杀死伤害别人，是出于不得已。假使我的生命已经保全，而或者余怒未消，或者有仇必报，因而杀死或伤害人，这就超出了正当防卫的范围，而我杀死伤害人就是犯罪。一个人的权利，就是以他一个人的利害关系作为范围，超过这个范围以后，就会受到国家法律的制裁。违犯国家法律的人，他所加害的人虽然或许只是一个人，其实是对于全社会的犯罪。一个人是社会的一分子，对一分子的危害，必定关系到全体的安宁，好比虽然仅仅伤害此人身体的某一处，但就是伤害了整个身体的健康。所以刑罚的权力属于国家，而不是私人能够参与的。如果有人在正当防卫之外杀死或伤害人，国家也必定根据罪行惩罚他，这不只是一个人的私怨，即或是借此来报父亲兄弟、亲戚朋友之仇，也是屈从私人的情谊而忘记公义，当今世界上文明国家的法律大多禁止这样做。

决斗是野蛮时代的遗风。国家已经有法律来判断邪正曲直，而我们因为自己的私愤而用格斗来解决，这只不过是彼此相互刺杀而已，哪里是法律允许的呢？况且决斗不是我杀死别人，就是别人杀死我，使他与我均成为放弃应尽义务的人。而追查其起因，大多由于小小的私人恩怨，况且一胜一败也不是根据事情的曲直来判定，而是视其决斗技术的巧拙来分出，这哪里能与法律制裁同日而语呢？

法律也杀人，就是死刑。死刑能否废除，学者的见解互有异同。现在的议论者认为，按照当今世界文明的程度，死刑大概不能完全废除。刑法本来不是固定不变的，应比照文明的程度而逐渐改革。所以以前施行的刑罚，有的有残酷之嫌，的确不能不改，而全部废除死刑，还需待时日。

因为一个人正当防卫而杀死或伤害人，为国家法律所允许，那么因为国家的正当防卫而至于杀死或伤害人，不用说，也一定为国际公法所允许，正义的征战就是这样的例子。无论古今中外，人人都知道战事凶险可怕，而现在持社会主义观点的人说起战事特别感到悲痛哀切，然而地球上既然还有国界，各个国家为了给国民谋取利益，那么不免会与他国相冲突。冲突一旦加剧，如不能在酒宴谈判之中决定，就只能以战争决定胜负，那么服兵役的国民拿枪持刀上阵伤敌，不但道德法律不禁止，而实际上是出于国家的命令，而且拿出国家财政来为战争做准备。此外，只要不参加战争，或者战败投降的敌人，即使在两国开战之际，也不能加以危害，这是写在国际公法上的。

【原文】

人之生命，为其一切权利义务之基本。无端而杀之，或伤之，是即举其一切之权利义务而悉破坏之，罪莫大焉。是以杀人者死，古今中外之法律，无不著之。

人与人不可以相杀伤。设有横暴之徒，加害于我者，我岂能坐受其害？势必尽吾力以为抵制，虽亦用横暴之术而杀之伤之，亦为正当之防卫。正当之防卫，不特不背于严禁杀伤之法律，而适所以保全之也。盖彼之欲杀伤我也，正所以破坏法律，我苟束手听命，以至自丧其生命，则不特我自放弃其权利，而且坐视法律之破坏于彼，而不尽吾力以相救，亦我之罪也。是故以正当之防卫而至于杀伤人，文明国之法律，所不禁也。

以正当之防卫，而至于杀伤人，是出于不得已也。使我身既已保全矣，而或余怒未已，或挟仇必报，因而杀伤之，是则在正当防卫之外，而我之杀伤为有罪。盖一人之权利，即以其一人利害之关系为范围，过此以往，则制裁之任在于国家矣。犯国家法律者，其所加害，虽或止一人，而实负罪于全社会。一人即社会之一分子，一分子之危害，必有关于全体之平和，犹之人身虽仅伤其一处，而即有害于全体之健康也。故刑罚之权，属于国家，而非私人之所得与。苟有于正当防卫之外，而杀伤人者，国家亦必以罪罪之，此不独一人之私怨也，即或借是以复父兄戚友之仇，亦为拘私情而忘公义，今世文明国之法律多禁之。

决斗者，野蛮之遗风也，国家既有法律以断邪正，判曲直，而我等乃以一己之私愤，决之于格斗，是直彼此相杀而已，岂法律之所许乎？且决斗者，非我杀人，即人杀我，使彼我均为放弃本务之人。而求其缘起，率在于区区之私情，且其一胜一败，亦非曲直之所在，而视乎其技术之巧拙，此岂可与法律之裁制同日而语哉？

法律亦有杀人之事，大辟是也。大辟之可废与否，学者所见，互有异同，今之议者，以为今世文化之程度，大辟之刑，殆未可以全废。盖刑法本非一定，在视文化之程度而渐改革之。故昔日所行之刑罚，有涉于残酷者，诚不可以不改，而悉废死刑之说，尚不能不有待也。

因一人之正当防卫而杀伤人，为国家法律所不禁，则以国家之正当防卫而至于杀伤人，亦必为国际公法之所许，盖不待言，征战之役是也。兵凶战危，无古今中外，人人知之，而今之持社会主义者，言之尤为痛切，然坤舆之上，既尚有国界，各国以各图其国民之利益，而不免与他国相冲突，冲突既剧，不能取决于樽俎之间，而决之以干戈，则其国民之躬与兵役者，发枪挥刃，以杀伤敌人，非特道德法律，皆所不禁，而实出于国家之命令，且出公款以为之准备者也。惟敌人之不与战役，或战败而降服者，则虽在两国开战之际，亦不得辄加以危害，此著之国际公法者也。

第三讲 财　产

生命的宝贵，已如上章所说。然而人原本不仅是爱惜生命而已，在他活着的时候，必定需要行动完全能够自由，而非做他人的傀儡，那么他的生活才会快乐，于是产生了财产所有权。财产是人辛苦经营才得到的，对于财产没有所有权，那么一生的辛苦劳累都被白白地丢弃，而与自己毫不相关，活着又是为了什么呢？况且人没有财产所有权，那么生活必定有时没有保障，而生命也终将不保。所以财产的宝贵次于生命，而盗窃的罪过次于杀伤，这也是古今中外相同的。

既然财产如此宝贵，那么财产究竟从哪里得到呢？它的途径有两个：先占，劳动。

现在有一样东西，原本没有主人，那么我可以得到并占有它。为什么呢？没有主人的东西，我占有了，而且起初并没有妨碍他人的权利，这叫做先占。

先占是劳动的一个方面。在野外打猎、在水中打鱼，或发现没有主人的土地而占有它，这些都属于先占的权利，虽然事情难易程度不同，但没有一样不需要劳动。所以先占的权利，也以劳动作为基础，而一切财产所有权就是通过劳动产生的。

凡是不需要劳动而获得的东西，虽然它是人生活必需的，也不能叫做财产。如空气笼盖大地，任人呼吸，用之不竭，所以不能作为财产。至于山禽野兽原本不是有人畜养放牧的，所以不属于任何人，但是有人捕获了它们，就能占有它作为财产，因为它们是劳动的成果。不用说，其他像通过种田收获粮食，通过制造得到的器具都需要劳力，而一切财产的权利，都遵循这个道理。

财产是用来供给我们生活的，而且使我们能够在公私事务上尽力尽到应尽的义务。而我们拥有自由处置自己的财产，并且由此而获得赢利的权利，这叫做财产所有权。财产所有权的确定与否，是区分国家文明与野蛮的方法。财产所有权没有确定，那么社会上会发生公开强横凶恶地征收掠夺的事情，不仅不能保障秩序、增加幸福，而且完全会损害人民的勤劳不懈之心，而社会将最终堕落。

财产所有权的规定，虽然依靠法律，但是如果不是人人各守自己的权限，不随便侵犯他人所有的财产，那么财产所有权也就无法确立，这是为什么又有道德的制裁的原因。

人已经得到财产权，那么就有权利积蓄、遗赠，这是自然的道理。积蓄财产，不仅为自己打算，而且为子孙打算，这也是人心诚朴宽厚的一个方面。如果没有积蓄，那么不仅没有用来应付意外的财物，对于自己以及子孙的影响也非常大；而且假如人人如此，那么社会事业将得不到有财力的人来举办，而社会进步也就没有希望。遗赠的权利也不过是实行其占有的权利。人把自己的财产遗赠给他人，无论在生前死后，总之不外乎处置财产的自由，而且与家产世袭制度的道理相同。人如果不为子孙打算，那么他积蓄的财产满足自身就行了，无须多求；而有的人毕生勤劳不懈，多方获取而节俭使用，像不知满足的人，无非是为子孙打算罢了。假如他的积蓄不能遗赠给子孙，那么又有谁乐意做勤俭的人？此即遗赠财产权利的产生，而其他救济亲戚朋友、捐助社会的事情，可以依例推出其中的道理。

得到财产所有权的途径，或以先占，或以劳动，或接受他人的遗赠，虽然各不相同，但总的说来，财产所有权都是不可侵犯的。因此，我的财产不愿被他人侵犯，那么他人的财产，我也不得侵犯，此即对于财产应尽的义务。

关于财产应尽的义务有四方面，一是关于他人财产直接应尽的义务；二是关于贷借应尽的义务；三是关于寄存托管应尽的义务；四是关于市场交易应尽的义务。

盗窃不符合道义，即使是三尺高的孩子也知道，而法律也严厉禁止盗窃。然而以道德来衡量，那么不一定有偷盗劫掠行为才算盗窃。以虚伪的方法诱取财物，有时候不是法律能够涵盖，而用道德衡量的话，其罪与盗窃相同。又如那些表面廉洁，而暗地里非法牟取丰厚利益的人，与迫于饥寒而去盗窃的盗贼相比，其罪更大。

人得到的东西，不一定与其需要的东西时时相符，于是有了借贷之法，互通有无，实在是人生的美事。而有钱人本来没有必须答应借贷的义务，所以向人借贷而得到他的允诺，那么不但有偿还的责任，而且也应当感谢他的恩意。而且财产是生利的工具，把财产借给人，就是把借贷期内可以产生的利益一并让给他，所以不但有要求偿还的权利，而且还可以要求适当的报酬。而向人借贷的人，已经凭借借贷的财产而享有若干利益，则割取一部分利益以酬谢贷出人，也是应当尽的义务。获取利益的多少，会随时间长短而有增减，所以要求酬谢，不能没有限度。世上有很多乘人困难窘迫，而以超过必要限度的利息相要挟的人，则是道德界的罪人。至于朋友亲戚，本有互通财物的道义，负债者对于感激报答，自然不能不把它作为义务，而借出财产的人不宜斤斤计较，以防趋向于以营利为目的而交往的陋习。

凡是向人借贷的人，在约定的偿还日期，不能不守信。或许也有人仅仅把偿还本钱及报酬作为负债者应尽的义务，而不顾偿还的期限，这是错误的见解。例如学生借了老师、朋友的书，到期而不归还，甚至有人转借于他人，那么逐渐导致不能够取得别人的信任，而有书的人也防备把借书给别人，难道不是人己两妨吗？

受人嘱托而为他人保管守护财物的人更应当慎重，要把别人的财物看得比自己的财物还贵重。如果事先没有得到人家的默许，或者双方没有约定，就不能擅自使用。除了不是人力能够挽救的天灾与时世的变化之外，如果有损害，都是保管守护的人的责任，他归还给人家的必定完全像交给他的时候一样，才是没有玷辱保管守护的责任。至于给予保管守护财物的人应得的报酬，也是财物的主人应当尽到的义务。

人类的进化，是由于分工合作、互通有无，而分工合作、互通有无的实行是以市场交易为基础。所以，市场交易对于社会意义重大。然而假如进行市场交易的人认为货物的精细与粗糙，价值的高与低不是法律能够规定的，甚而任意囤积奇货以等卖个好价钱，或乘机作假，那么以商人的道德来衡量，这种做法已经错了。况且目前虽然得了小利，却失去了将来的信用，那么失去的会更多。西方的谚语说：正直是上乘的策略。的确是富有哲理而又合情合理的话。

财产关系着人的切身利益，如果不是信守道义、恪守应尽义务的人，很少不被诱惑，而不知不觉做出不符道义的举动。盗窃罪在法律上有明文规定，而舆论的谴责也很严厉，违犯的人还少。至于借贷、寄存托管、市场交易之类，往往有违背信义以谋取一时之利的人，那么在当今社会，就不能不更求进步。应当给别人的财物，不应该等到他求我之后才给他；而不可取的财物，即使是赠送的也不能接受，一则是用来尊重别人的财产而不敢侵犯；一则是用来保守自己应尽的义务而没有歉疚。如果人人如此，那么社会福利哪里会少呢？

【原文】

夫生命之可重，既如上章所言矣。然人固不独好生而已，必其生存之日，动作悉能自由，而非为他人之傀儡，则其生始为可乐，于是财产之权起焉。盖财产者，人所辛苦经营所得之，于此无权，则一生勤力，皆为虚掷，而于己毫不相关，生亦何为？且人无财产权，则生计必有时不给，而生命亦终于不保。故财产之可重，次于生命，而盗窃之罪，次于杀伤，亦古今中外之所同也。

财产之可重如此，然则财产果何自而始乎？其理有二：曰先占；曰劳力。

有物于此，本无所属，则我可以取而有之。何则？无主之物，我占之，而初非有妨于他人之权利也，是谓先占。

先占者，劳力之一端也。田于野，渔于水，或发见无人之地而占之，是皆属于先占之权者，虽其事难易不同，而无一不需乎劳力。故先占之权，亦以劳力为基本，而劳力即为一切财产权所由生焉。

凡不待劳力而得者，虽其物为人生所必需，而不得谓之财产。如空气弥纶大地，任人呼吸，用之而不竭，故不可以为财产。至于山禽野兽，本非有畜牧之者，故不属于何人，然有人焉捕而获之，则得据以为财产，以其为劳力之效也。其他若耕而得粟，制造而得器，其须劳力，便不待言，而一切财产之权，皆循此例矣。

财产者，所以供吾人生活之资，而俾得尽力于公私之本务者也。而吾人之处置其财产，且由是而获赢利，皆得自由，是之谓财产权。财产权之确定与否，即国之文野所由分也。盖此权不立，则横敛暴夺之事，公行于社会，非特无以保秩序而进幸福，且足以阻人民勤勉之心，而社会终于堕落也。

财产权之规定，虽恃乎法律，而要非人人各守权限，不妄侵他人之所有，则亦无自而确立，此所以又有道德之制裁也。

人既得占有财产之权，则又有权以蓄积之而遗赠之，此自然之理也。蓄积财产，不特为己计，且为子孙计，此亦人情敦厚之一端也。苟无蓄积，则非特无以应意外之需，所关于己身及子孙者甚大，且使人人如此，则社会之事业，将不得有力者以举行之，而进步亦无望矣。遗赠之权，亦不过实行其占有之权。盖人以己之财产遗赠他人，无论其在生前，在死后，要不外乎处置财产之自由，而家产世袭之制，其理亦同。盖人苟不为子孙计，则其所经营积蓄者，及身而止，无事多求，而人顾毕生勤勉，丰取啬用，若不知止足者，无非为子孙计耳。使其所蓄不得遗之子孙，则又谁乐为勤俭者？此即遗财产之权之所由起，而其他散济戚友捐助社会之事，可以例推矣。

财产权之所由得，或以先占，或以劳力，或以他人之所遗赠，虽各不同，而要其权之不可侵则一也。是故我之财产，不愿为他人所侵，则他人之财产，我亦不得而侵之，此即对于财产之本务也。

关于财产之本务有四，一曰，关于他人财产直接之本务；二曰，关于贷借之本务；三曰，关于寄托之本务；四曰，关于市易之本务。

盗窃之不义，虽三尺童子亦知之，而法律且厉禁之矣。然以道德衡之，则非必有穿窬劫掠之迹，而后为盗窃也。以虚伪之术，诱取财物，其间或非法律所及问，而揆诸道德，其罪亦同于盗窃。又有貌为廉洁，而阴占厚利者，则较之盗窃之辈，迫于饥寒而为之者，其罪尤大矣。

人之所得，不必与其所需者，时时相应，于是有借贷之法，有无相通，洵人生之美事也。而有财之人，本无必应假贷之义务，故假贷于人而得其允诺，则不但有偿还之责任，而亦当感谢其恩意。且财者，生利之具，以财贷人，则并其贷借期内可生之利而让之，故不但有要求偿还之权，而又可以要求适当之酬报。而贷财于人者，既凭借所贷，而享若干之利益，则割其一部分以酬报于贷我者，亦当尽之本务也。惟利益之多寡，随时会而有赢缩，故要求酬报者，不能无限。世多有乘人困迫，而胁之以过当之息者，此则道德界之罪人矣。至于朋友亲戚，本有通财之义，有负债者，其于感激报酬，自不得不引为义务，而以财贷之者，要不宜计较锱铢，以流于利交之陋习也。

凡贷财于人者，于所约偿还之期，必不可以不守。也或有仅以偿还及报酬为负债者之本务，而不顾其期限者，此谬见也。例如学生假师友之书，期至不还，甚或转假于他人，则驯致不足以取信，而有书者且以贷借于人相戒，岂非人己两妨者耶？

受人之属而为之保守财物者，其当慎重，视己之财物为尤甚，苟非得其人之预约，及默许，则不得擅用之。自天灾时变非人力所能挽救外，苟有损害，皆保守者之责，必其所归者，一如其所授，而后保守之责为无忝。至于保守者之所费，与其当得之酬报，则亦物主当尽之本务也。

人类之进化，由于分职通功，而分职通功之所以行，及基本于市易。故市易者，大有造于社会者也。然使为市易者，于货物之精粗，价值之低昂，或任意居奇，或乘机作伪，以为是本非法律所规定也，而以商贾之道德绳之，则其事已谬。且目前虽占小利而顿失其他日之信用，则所失正多。西谚曰：正直者，上乘之策略。洵至言也。

人于财产，有直接之关系，自非服膺道义恪守本务之人，鲜不为其所诱惑，而不知不觉，躬犯非义之举。盗窃之罪，律有明文，而清议亦复綦严，犯者尚少。至于贷借寄托市易之属，往往有违信背义，以占取一时之利者，斯则今之社会，不可不更求进步者也。夫财物之当与人者，宜不待其求而与之，而不可取者，虽见赠亦不得受，一则所以重人之财产，而不敢侵；一则所以守己之本务，而无所歉。人人如是，则社会之福利，宁有量欤？

第四讲 名 誉

人类不只有肉体的嗜好与欲望，而且还有精神的嗜好与欲望。因此，饱暖、富贵，都是人所想要的。如果得到的只是这些也就罢了，但人的欲望还没有满足，不满足的是什么呢？回答是：没有名誉。

豹死留皮，人死留名，是说名誉永远不能磨灭。人已经有喜爱和尊重名誉之心，那么不但在生前珍视它，而且想要在死后让它流传下去，这就是人与禽兽不同的原因。而名誉的可贵，就是把人人生前所享的福利全部拿出来也无法与它相比的，因此古今忠孝节义之士，往往有舍生以成就其名誉的人，其价值是多么的高啊。

社会上的人们互相重视生命财产而不敢侵犯，是为什么呢？回答是：这是他人的正当权利。而名誉的获得，或是因为天才，或是因为不辞辛劳，得到它的难度超过得到财产，而人对于名誉的爱护有时超过了生命。如果有人无缘无故诋毁他人的名誉，那他与盗人财物、害人生命有什么不同呢？因此，生命、财产、名誉三者，在文明国家的法律中都受到严格保护。但是名誉是无形的，法律的制裁有时鞭长莫及，而喜爱、尊重、保护名誉，就不得不倚重于道德力量了。

名誉的敌人有两个：一是谗诬；一是诽谤。二者皆是道德范畴的大罪过。

谗诬，即捏造事实以污蔑他人名誉。其可恶超过了盗窃，被盗的人只是失去了财物而已；而被谗害诬陷的人，有可能连同终身的权利全部失去。流言一起，虽然毫无根据，但是妒贤嫉才之徒都纷纷传扬，全世界的人闻风哄传，将使公正诚实的人也被他们迷惑而来不及审慎探究，那么这个人就会被众人所憎恶，而无法在人世上立足。古今有作为的人才，往往有人遭受谗害诬陷之害，以至名败身死，能不畏惧吗？

诽谤，即利用他人言行的不检点，而随便给以丑恶的评价。其危害虽然不如谗害诬陷厉害，但它同样违反公义。我们既然同在这个社会，利害苦乐就没有不相关的，成人之美而补救他人的过错，是人人应当努力去做的。看到别人的短处，不用诚恳真挚的心意进行规劝，而只是把讥讽批评作为自己的快乐，或者对别人的不幸幸灾乐祸，将不幸都归罪于那个人，这些都是君子耻于做的事情。就像警察官吏，本来以挖掘鲜为人知的恶行作为职业，其权力也有界限，却越出其职责范围，而致力于揭发别人的隐私作为谈笑的材料，其道理在哪里呢？至于假冒公益之名而做诽谤之事，以满足其嫉妒之心，其行为的变态就更不用说了。

世上谗害诬陷、诽谤别人的人，不仅对活着的人这样做，而且有时也对死者这样做，其情节更为可恶。活着的人还有辩白昭雪的能力，而死者对此却没有办法。推究谗害诬陷、诽谤产生的原因，或因为嫉妒，或因为猜疑，或因为轻率。羡慕别人的盛名，我们应当想着努力向他们看齐，如果不这样做，反而嫉妒他、毁损他，损人而不利己，不是极端无知的人不会这样做。至于人心的不同就像面容的不同，根据别人的一言一行而推求他的心术，却又往往以不肖之心加以推测，这只不过是表现出其心地的龌龊罢了。或者他本来没有成见，而憎恨邪恶太过严厉，遇有与自己见解不同的事情就给以恶劣的评价，而不知道人事是经常变化的，如果没有完全知道事情的始末、透彻地了解事情的真伪，没有公正的评判态度，则很少能够处理得当；没有明察而轻率地作出决定，那么就会话说得过分而不符合实际情况，行为也大多错谬，或者往往由此而给社会留下祸患，这样的事情常有发生。而且轻率的断定，又往往由于平日厌恶妒忌那个人所引起。因为厌恶妒忌他，就总是以恶意对他所做的事下结论，那么虽然名为下结论，而实际上与谗害诬陷相同，其流传的毒害尤其严重。所以我们在评论事情的时候务必周详审慎，以避免犯轻率的错误，而对于自己憎恶的人尤其不能不慎之又慎。

人必定都有是非之心，面对奸邪不正的事情，或者会漠然坐视、默不做声，或许碍于人情。但有些人有意揭发别人的隐私，或者做出不符实际的诋毁，那么到底有什么用意呢！古人称守口如瓶，这话虽然未必得当，但是也不是完全没有见地。那对社会有害的奸诈不法的行为，我们就不能不尽力指责驳斥，以除去社会的公敌。这也是我们对于社会应尽的义务，与损人名誉不能相提并论。

【原文】

人类者，不徒有肉体之嗜欲也，而又有精神之嗜欲。是故饱暖也，富贵也，皆人之所欲也，苟所得仅此而已，则人又有所不足，是何也，曰：无名誉。

豹死留皮，人死留名，言名誉之不朽也。人既有爱重名誉之心，则不但宝之于生前，而且欲传之于死后，此即人所以异于禽兽。而名誉之可贵，乃举人人生前所享之福利，而无足以尚之，是以古今忠孝节义之士，往往有杀身以成其名者，其价值之高为何如也。

夫社会之中，所以互重生命财产而不敢相侵者，何也？曰：此他人正当之权利也。而名誉之所由得，或以天才，或以积瘁，其得之之难，过于财产，而人之所爱护也，或过于生命。苟有人焉，无端而毁损之，其与盗人财物、害人生命何异？是以生命财产名誉三者，文明国之法律，皆严重保护之。惟名誉为无形者，法律之制裁，时或有所不及，而爱重保护之本务，乃不得不偏重于道德焉。

名誉之敌有二：曰谗诬；曰诽谤。二者，皆道德界之大罪也。

谗诬者，虚造事迹，以污蔑他人名誉之谓也。其可恶盖甚于盗窃，被盗者，失其财物而已；被谗诬者，或并其终身之权利而胥失之，流言一作，虽毫无根据，而妒贤嫉才之徒，率喧传之，举世靡然，将使公平挚实之人，亦为其所惑，而不暇详求，则其人遂为众恶之的，而无以自立于世界。古今有为之才，被谗诬之害，以至名败身死者，往往而有，可不畏乎？

诽谤者，乘他人言行之不检，而轻加以恶评者也。其害虽不如谗诬之甚，而其违公义也同。吾人既同此社会，利害苦乐，靡不相关，成人之美而救其过，人人所当勉也。见人之短，不以恳挚之意相为规劝，而徒讥评之以为快，又或乘人不幸之时，而以幸灾乐祸之态，归咎于其人，此皆君子所不为也。且如警察官吏，本以抉发隐恶为职，而其权亦有界限，若乃不在其职，而务讦人隐私，以为谈笑之资，其理何在？至于假托公益，而为诽谤，以逞其媢嫉之心者，其为悖戾，更不待言矣。

世之为谗诬诽谤者，不特施之于生者，而或且施之于死者，其情更为可恶。盖生者尚有辩白昭雪之能力，而死者则并此而无之也。原谗诬诽诱之所由起，或以嫉妒，或以猜疑，或以轻率。夫羡人盛名，吾奋而思齐焉可也，不此之务，而忌之毁之，损人而不利已，非大愚不出此。至于人心之不同如其面，因人一言一行，而辄推之于其心术，而又往往以不肖之心测之，是徒自表其心地之龌龊耳。其或本无成见，而嫉恶太严，遇有不协于心之事，辄以恶评加之，不知人事蕃变，非备悉其始末，灼见其情伪，而平心以判之，鲜或得当，不察而率断焉，因而过甚其词，则动多谬误，或由是而贻害于社会者，往往有之。且轻率之断定，又有由平日憎疾其人而起者。憎疾其人，而辄以恶意断定其行事，则虽名为断定，而实同于谗谤，其流毒尤甚。故吾人于论事之时，务周详审慎，以无蹈轻率之弊，而于所憎之人，尤不可不慎之又慎也。

夫人必有是非之心，且坐视邪曲之事，默而不言，亦或为人情所难堪，惟是有意讦发，或为过情之毁，则于意何居。古人称守口如瓶，其言虽未必当，而亦非无见。若乃奸宄之行，有害于社会，则又不能不尽力攻斥，以去社会之公敌，是亦吾人对于社会之本务，而不可与损人名誉之事，同年而语者也。

第五讲 博爱及公益

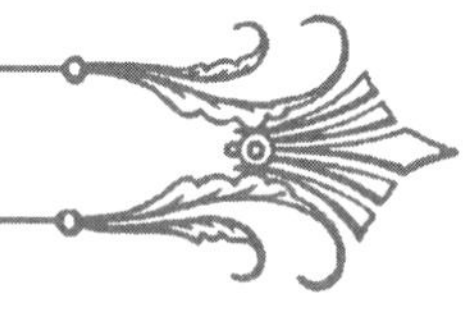

博爱是人生最高的道德，而与正义有正负不同的区别。履行正义能使人免于作恶，而引导人行善则非博爱不能做到。

有这样一个人，不触犯国法，不违背公义，对于人类的生命、财产、名誉等应尽的义务全部没有欠缺，可以说是能履行正义的人。然而看见路上有饿死的人而不知怜悯，门口有孤儿而不知搭救，这样的人能算是行善之人吗?

博爱的人付出而不期望回报，帮助他人而没有时间为自己打算。凡是禽兽中能够长久生存并繁衍种族的，一般说来依靠的是同类互相救助的天性。人为万物之灵，如果仅仅对于付出与回报斤斤计较，而不救济他的同类，不也是丧失了自己的天性，而有愧于禽兽互相救助的天性吗?

人与人之间有亲疏之别，而博爱之道也是以此作为开头。不爱自己的父母，怎么能爱别人的父母？不爱本国人民，怎么能爱其他国家的人民？如果说有，不是假装就是糊涂，聪明人是不相信的。孟子说：“尊敬自家的长辈，从而推广到尊敬人家的长辈；爱护自家的儿女，从而推广到爱护人家的儿女。”又说：“君子亲爱亲人，因而仁爱百姓；仁爱百姓，因而爱惜万物。”这就是博爱之道。

人人有博爱之心，那么家庭之中，父子亲近，兄弟和睦，夫妇和谐；社会之中，没有掠夺，没有愤怒相争，富贵者与贫贱者不相互轻视，老人、小孩、残疾人都有人抚养，人人和善而有恩情，怡然自得，如登春台，社会秩序井然，难道不是人类的幸福吗！

博爱的人，将自己想要的，施加给别人。因此，看到有人得了病就拯救他，看到有人有危险和灾难就解救他，看到有人穷困就补助他。为什么呢？因为如果人处于疾病、危难、穷困之境，没有不盼望人们拯救他、补助他的。

婴儿靠近井边，看到的人没有不产生担忧之心的。人类相爱的天性本来如此。看到别人有危险和灾难而不解救，必定不近人情。每天沉迷于计较是否有利于自己，而养成了凉薄习惯的人，或许会忍心这样做。人如果不能挺身而出前往解救别人于危难，那么又怎么能期望他能为社会、为国家献身呢？华盛顿曾经投身于湍急的河流，拯救濒死的儿童，他日能为十三州的同胞将来脱离英国的控制，为建立独立的国家而不惜牺牲自身，也是由于有此博爱之心。处于生死悬于一发的危急时刻，而能抓住时机，立刻决断，固然是由于爱国之情的诚挚，而且也必须有顽强的毅力来完成，这就依赖于平日涵养的功效。

治疗疾病，虽然不一定有挺身赴难的危险，但是对于看护传染病病人的人来说，简直与牺牲生命没有不同，没有最高的道德心就不能做到。如果这个人的地位与国家社会有着重大关系，又或者有侍奉父母的责任，而轻率地亲身尝试也不是很恰当，这就应当权衡孰轻孰重。

用财物救济别人，不必计较数目的多少，而最值得赞许的是这份心意，受到救济的人尤其不能不感激钦佩。拿出自己多余的东西来周济别人，这的确是能够设身处地替别人着想，源自于他友爱同族之心。慈善之所以可贵，就在于此。至于原本就没有博爱之心，而只是仿效别人做一两件慈善事情以博取虚名，那么他施舍的虽然很多，而其价值就不如少数出于极其真挚诚恳的心意的人。况且他假装善良沽名钓誉，恰恰损害了德行，而接受施舍的人又怎么能长久不忘呢？

博爱的人做慈善，只需担心他的力量达不到，而完全不需考虑别人感激与否。即使别人不感激我，对与错都属于那个人，而对于我行善又有什么妨碍呢？像那因别人忘记自己的恩德而生气，马上就撤除慈善，那他的慈善就是专为以私人恩惠取悦于人而设，哪里是博爱之人的作为呢？只是接受别人的恩惠而忘记报答的人，他的行为不道德尤其显而易见。

博爱的人不仅仅是做慈善而已，行慈善也不能没有方法。以德爱人，应当为之谋划永久的福利，而不是使他满足一时的快乐。如果不审查他需要的原因而随意给他，接受救济的人或许这里一得到那里就花费掉，而不知节制，那么这种施舍对人又有什么益处呢？本来也有习惯于懒惰放荡的人，不想着靠自己独立生活，而把依靠别人救济看做是自己的计谋得逞了。如果掉入他的计谋之中，就恰恰助长他的依赖之心，而使他永远没有振作的一天。爱护他反而恰恰害了他，我们对此不能不注意。

如此，那么博爱作为一种美德，的确十分显著。然而不是扩充它，用来开创谋身治世之事、兴办公益事业，那么我们对于社会应尽的义务，还不能没有遗憾。为什么呢？我们身处社会之中，则与社会中的每一个人都有关系，而社会中的每一个人与公益的关系，虽然不必如疾病、遭受忧患灾难的人等待救治那么急迫，但总的说来，相互需要则是一样的。我们只看到疾病、遭受忧患灾难的人等待救治，而不顾人人需要的公益，难道不是掌握了部分而忘记了整体，捡到了芝麻而丢掉西瓜了吗？

人的能力不同，职务更不同，把全社会的人集合在一起，要求他们建立相同的功业势必不可能。然而依据各人的本性，顺应各人的才能，各自筹划公益事业，那么哪样不能拥有呢？农民、工人、商人担任充分发挥事物的作用，使民众富裕的任务；学者、官员存有移风易俗的想法，如果对于社会有所裨益，那么各自所做的事情虽然不同，但效果是一样的。人生有涯，局促于本人和家庭之间，而对世人没有什么帮助。等到死了的时候，无论贫人、富人、聪明人、傻瓜蛋都没有什么区别。只有那建立功业，对于社会有益的人，则肉体死亡了而功业不会与之一起磨灭，才不是在人世白白走了一遭，而且对一生享受的社会福利，也差不多没有惭愧之心。所谓公益，不一定以目前的功利作为标准。如文学美术，其成效常常好像没有迹象可以寻找，然而用来拓展国民的知识，使他们的品性高尚，必定要通过它。因此，天才英俊卓异之士应该超然于功利之外，而完全以发扬民族精华作为自己的志向，不重复前人走过的路，不拾外国人的糟粕，抒发自己的性灵，以影响社会，如璀璨的明星在长夜中闪耀，美丽的花儿在座位旁边映衬，那么社会实际上在无形之中受到他们的恩赐。如果一个国家的富强天下第一，而其文艺学术完全没有可以表现的，那么千载之后又有谁能知道它的名字呢？而古代已经成为废墟的国家，因为文学美术的力量而名传百世，到现在不能磨灭的国家往往存在，难道可以忽视这吗？

不仅这些，就是社会非常重视的事情，也不宜安于眼前的功利而忘记长远的打算，常常应该做长远的规划以馈赠后人，否则就不可能期望社会的进步。因此，有为之士规划的事情，有的本来就不是一两个人能够完成的，而其好处也能影响深远，这就是人生最大的博爱。

衡量自己的财力捐献财物以赞助公益事业，这是人人能够做的，而后世子孙都能享受到好处，与自己吃吃喝喝，及朋友互相邀请吃喝玩乐的花费带来的暂时的快乐相比，它的价值怎么样呢？例如修整河渠、修缮堤防、建筑港埠、开拓道路、开垦荒地、设立医院、建设学校都是赞助公益事业。而其中以建设学校对于社会文明最为有益。又如私人开设图书馆任人观看阅览，其效果也相同。其他如开设育婴堂、养老院等，也是博爱事业中高尚的，社会文明的程度就可以用这类公益事业的盛衰来测量。

筹划公益事业的人又有应该非常注意的事情，就是慎勿以公益事业的名号兴办无用的事情。喜欢多事的那些人，往往被美名迷惑，不审察其中的利害怎么样，就仓猝行事，动不动就摔跟头，于是又去做别的事情。像这样的人，不仅损害自己，而且完全被利己的人所利用，而使向善的人灰心丧气，这不能不谨慎。

又有借公益事业以沽名钓誉的人。那么他的行迹虽然有时与真心做公益事业的人没有什么不同，但他的心思大不相同，或者不免做出违反常理、不择手段的事情。为什么呢？因为他的目的在于名声。那么如果可以得到好名声，而事情并不是他所想的，即使看起来有益而实际上受到损害，他也将去做。真心做公益事业的人则不是这样，他的目的在于公益事业。如果对社会有益，虽然有时候受到无知的人的非议，也不会灰心。此两者的心术不同，而他们的成绩的差距也非常大。

人们既然知道公益事业应当兴办，那么对于社会公共事物，就不能不郑重爱护。人们与公物的关系较为疏远，那么就有随随便便的人，把损毁破坏公物看做是很平常的事情，这也是公德浅薄的一种表现。人们既然知道他人的财物不可以侵犯，却没有觉察到社会公物更为贵重，为什么呢？况且人们既然知道毁坏他人物品，无论大小都有赔偿的责任，现在公然毁损公物而不承担赔偿责任，为什么呢？如常常有学生在墙壁上乱涂乱画、随地吐痰的事情，而有的过路人随意攀折公共花卉、路边遮阴的树木，至于青年子弟参拜神庙佛寺，又有人打翻灯盏、损坏砖瓦，自己还以为很快乐，这些都是无赖行为，而且与公德者相冲突。欧美各国的人们尊重公共事物已经成为一种习惯，损毁破坏公物的事情很难见到。公园里的椅子之类，有的在背面写上爱护公物之类的话，这实在是一种良好的习惯，而我国人民应当把这作为自己做事的准则。国民公德程度的高低，要看他们如何对待公物。小小的一棵树木、一块石头对于社会的利益和危害，虽然好像没有很大的关系，但是完全可以表现国民公德的高低，那么它们之间的关系也不能说小啊。

【原文】

博爱者，人生至高之道德，而与正义有正负之别者也。行正义者，能使人免于为恶，而导人以善、则非博爱者不能。

有人于此，不干国法，不悖公义，于人间生命财产名誉之本务，悉无所歉，可谓能行正义矣。然道有饿莩而不知恤，门有孤儿而不知救，遂得为善人乎？

博爱者，施而不望报，利物而不暇己谋者也。凡动物之中，能历久而绵其种者，率恃有同类相恤之天性，人为万物之灵，苟仅斤斤于施报之间，而不恤其类，不亦自丧其天性，而有愧于禽兽乎？

人之于人，不能无亲疏之别，而博爱之道，亦即以是为序。不爱其亲，安能爱人之亲，不爱其国人，安能爱异国之人，如曰有之，非矫则悖，智者所不信也。孟子曰："老吾老以及人之老，幼吾幼以及人之幼。"又曰："亲亲而仁民，仁民而爱物。"此博爱之道也。

人人有博爱之心，则观于其家，而父子亲，兄弟睦，夫妇和；观于其社会，无攘夺，无忿争，贫富不相蔑，贵贱不相凌，老幼废疾，皆有所养，蔼然有恩，秩然有序，熙熙皞皞，如登春台，岂非人类之幸福乎！

博爱者，以己所欲，施之于人。是故见人之疾病则拯之，见人之危难则救之，见人之困穷则补助之。何则？人苟自立于疾病危难困穷之境，则未有不望人之拯救之而补助之者也。

赤子临井，人未有见之而不动其恻隐之心者。人类相爱之天性，固如是也。见人之危难而不之救，必非人情。日汩于利己之计较，以养成凉薄之习，则或忍而为此耳。夫人苟不能挺身以赴人之急，则又安望其能殉社会、殉国家乎？华盛顿尝投身奔湍，以救濒死之孺子，其异日能牺牲其身，以为十三州之同胞，脱英国之轭，而建独立之国者，要亦由有此心耳。夫处死生一发之间，而能临机立断，固由其爱情之挚，而亦必有毅力以达之，此则有赖于平日涵养之功者也。

救人疾病，虽不必有挺身赴难之危险，而于传染之病，为之看护，则直与殉之以身无异，非有至高之道德心者，不能为之。苟其人之地位，与国家社会有重大之关系。又或有侍奉父母之责，而轻以身试，亦为非宜，此则所当衡其轻重者也。

济人以财，不必较其数之多寡，而其情至为可嘉，受之者尤不可不感佩之。盖损已所余以周人之不足，是诚能推己及人，而发于其友爱族类之本心者也。慈善之所以可贵，即在于此。若乃本无博爱之心，而徒仿一二慈善之迹，以博虚名，则所施虽多，而其价值，乃不如少许之出于至诚者。且其伪善沽名，适以害德，而受施之人，亦安能历久不忘耶？

博爱者之慈善，惟虑其力之不周，而人之感我与否，初非所计。即使人不感我，其是非固属于其人，而于我之行善，曾何伤焉？若乃怒人之忘德，而遽彻其慈善，是吾之慈善，专为市恩而设，岂博爱者之所为乎？惟受人之恩而忘之者，其为不德，尤易见耳。

博爱者，非徒曰吾行慈善而已。其所以行之者，亦不可以无法。盖爱人以德，当为图永久之福利，而非使逞快一时，若不审其相需之故，而漫焉施之，受者或随得随费，不知节制，则吾之所施，于人奚益？也固有习于荒怠之人，不务自立，而以仰给于人为得计，吾苟堕其术中，则适以助长其倚赖心，而使永无自振之一日，爱之而适以害之，是不可不致意焉。

夫如是，则博爱之为美德，诚彰彰矣。然非扩而充之，以开世务，兴公益，则吾人对于社会之本务，犹不能无遗憾。何则？吾人处于社会，则与社会中之人人，皆有关系，而社会中人人与公益之关系，虽不必如疾病患难者待救之孔亟，而要其为相需则一也，吾但见疾病患难之待救，而不顾人人所需之公益，毋乃持其偏而忘其全，得其小而遗其大者乎？

夫人才力不同，职务尤异，合全社会之人，而求其立同一之功业，势必不能。然而随分应器，各图公益，则何不可有之。农工商贾，任利用厚生之务；学士大夫，存移风易俗之心，苟其有裨于社会，则其事虽殊，其效一也。人生有涯，局局身家之间，而于世无补，暨其没也，贫富智愚，同归于尽。惟夫建立功业，有裨于社会，则身没而功业不与之俱尽，始不为虚生人世，而一生所受于社会之福利，亦庶几无忝矣。所谓公益者，非必以目前之功利为准也。如文学美术，其成效常若无迹象之可寻，然所以拓国民之智识，而高尚其品性者，必由于是。是以天才英绝之士。宜超然功利以外，而一以发扬国华为志，不蹈前人陈迹，不拾外人糟粕，抒其性灵，以摩荡社会，如明星之粲于长夜，美花之映于座隅，则无形之中，社会实受其赐。有如一国富强，甲于天下，而其文艺学术，一无可以表见，则千载而后，谁复知其名者？而古昔既墟之国，以文学美术之力，垂名百世，迄今不朽者，往往而有，此岂可忽视者欤？

不惟此也，即社会至显之事，亦不宜安近功而忘远虑，常宜规模远大，以遗饷后人，否则社会之进步，不可得而期也。是故有为之士，所规画者，其事固或非一手一足之烈，而其利亦能历久而不渝，此则人生最大之博爱也。

量力捐财，以助公益，此人之所能为，而后世子孙，与享其利，较之饮食征逐之费，一晌而尽者，其价值何如乎？例如修河渠，缮堤防，筑港埠，开道路，拓荒芜，设医院，建学校皆是。而其中以建学校为最有益于社会之文明。又如私设图书馆，纵人观览，其效亦同。其他若设育婴堂，养老院等，亦为博爱事业之高尚者，社会文明之程度，即于此等公益之盛衰而测之矣。

图公益者，又有极宜注意之事，即慎勿以公益之名，兴无用之事是也。好事之流，往往为美名所眩，不审其利害何若，仓促举事，动辄蹉跌，则又去而之他。若是者，不特自损，且足为利己者所借口，而以沮丧向善者之心，此不可不慎之于始者也。

又有借公益以沽名者。则其迹虽有时与实行公益者无异，而其心迥别，或且不免有倒行逆施之事。何则？其目的在名。则苟可以得名也，而他非所计，虽其事似益而实损，犹将为之。实行公益者则不然，其目的在公益。苟其有益于社会也，虽或受无识者之谤议，而亦不为之阻。此则两者心术之不同，而其成绩亦大相悬殊矣。

人既知公益之当兴，则社会公共之事物，不可不郑重而爱护之。凡人于公共之物，关系较疏，则有漫不经意者，损伤破毁，视为常事，此亦公德浅薄之一端也。夫人既知他人之财物不可以侵，而不悟社会公共之物，更为贵重者，何欤？且人既知毁人之物，无论大小，皆有赔偿之责，今公然毁损社会公共之物，而不任其赔偿者，何欤？如学堂诸生，每有抹壁唾地之事，而公共花卉，道路荫木，经行者或无端而攀折之，至于青年子弟，诣神庙佛寺，又或倒灯复凳，自以为快，此皆无赖之事，而有悖于公德者也。欧美各国，人人崇重公共事物，习以为俗，损伤破毁之事，始不可见，公园椅榻之属，间以公共爱护之言，书于其背，此诚一种之美风，而我国人所当奉为圭臬者也。国民公德之程度，视其对于公共事物如何，一木一石之微，于社会利害，虽若无大关系，而足以表见国民公德之浅深，则其关系，亦不可谓小矣。

第六讲 礼让及威仪

凡事皆有公理，而对于社会行为习惯，必然不能事事都以公理衡量。如果一切都以公理衡量，而一点都不谦让，那么就有冲突不断的弊病，而每一个人也就没有幸福可言。况且人们常常不免为感情所左右，如果不是豁达大度的人，对于他人不符合我的心意的言行，就马上引用似是而非的公理来批评纠正，冲突的弊病大多由此产生。于是就用礼让为他们调和，而彼此才不至于相互冲突。

人有礼节与谦让，就如同车轴的油脂，能使人的交际圆滑，在温情和气之中以达到交际的本意。想要保护维持社会和平、增进社会幸福，大概不能一日没有礼让。

礼节是依据人的亲疏、等级差别形成的用来保持其秩序的规矩。它的关键在于不伤害彼此的感情，而互相表达相爱相敬的诚意。有人以为它是虚伪的礼数，这就错了。

原初的礼节，是由于人人有互相敬爱的诚意，通过容貌自然表现出来。人的感情原本差距不大，生活状态也大略相同，那么感情表达出来成为拜揖送迎的礼仪，也自然不能不相同，已经因袭了很长的时间就成为惯例，这是自然的道理。所以，一个国家的礼节以古人千百年的习惯为基础，不宜动不动就按照个人的意愿删改。尊重一个国家的习惯，就是尊重一个国家的文明秩序。

礼节既然以感情作为基础，那么礼仪必定是感情的表现，而后称之为礼节。否则礼节与感情没有联系，而只是拘泥于形式，那它只不过是刍狗（古代祭祀时用草扎成的狗，后用来比喻微贱无用之物）一样无用的东西。礼仪愈繁琐，而感情愈浮浅，如果不是炫耀浮华、喜欢阿谀奉承的人，又有谁能够接受而不排斥呢！所以，礼节以爱敬作为基础。

人类的敬爱之情是相同的，而礼仪则随着各人在社会中生活的状态，而有所不同。近代以来，国际上的公私交流比古代大大扩展，对于交际的礼仪就不能有狭隘、片面的认识。所以社会上中上层的人，对于与外国交际的礼节，也不能不关注。

谦让的作用与礼节大体相同。假如人们互不相让，那么日常的言论就会产生异见和纷争，亲戚、故交交往动不动就互相抵触。所以敬爱他人的人，不求标新立异，不炫耀自己的长处，追求成人之美。标新立异、自我炫耀对自己有什么益处呢？只是足以惹人讨厌，引起纷争罢了。虚心静气，善于分辨身边人的言论，吸取他的长处而不揭露他的过错，这就是谦让的美德，是交际的重要方法。

排斥他人的思想与信仰，也是不谦让的一个方面。精神范畴的科学，人的智慧还不能够独自决断。别人的见解与我不同，未必我的见解正确而别人的见解错误，这就是文明国家的宪法为什么有思想自由、信仰自由原则的原因。如果在讨论学术的时候，正确与错误不能并存，或者在履行实事的时候，对于好处与坏处的见解相反，那么的确不能不以各自的见解互相辩驳诘问，必定在找到正确与错误的地方之后才罢手。然而也应该心平气和地探求学理、事理的关系，而不得掺入争强好胜、标新立异的私心。至于日常交际中，他人的言语虽与自己的心意不合，哪里容得下他攻击指责？如果他那样做，也徒然使彼此愤怒相争，各自什么都没有得到而已。温柔、善良、谦虚、恭敬，轻于责备别人，我们对此不能不注意。至于宗教信仰，就一个人来看，一方面是生活的标准，一方面是道德的理想，我们决不能用轻蔑侮辱、嘲笑戏弄的态度侵犯别人的信仰自由。由此看来，礼节与谦让都是用来维持交际秩序，而避免互相抵触的。然而人们原本不仅只有各人的交际而已，对于社会全体也不能没有礼仪来规范，这就是所谓的威仪。

威仪是社会交往中的礼节与谦让。如果有人曾在亲戚故交之间不失礼节与谦让，而对于社会却有粗野傲慢的过失，这也是没有思考的原因。在同一个社会中共同相处，那么人虽然有亲疏不同的差别，然而必定相互有关系，如果人人除了亲戚故交以外就任意放纵，不顾惹人讨厌，那么社会的友爱精神就为之减弱。又如衣服肮脏、披头散发，在道路上大喊大叫，虽然看起来好像很自由，然而使看到的人厌恶得不得了，可以说是没有得罪于社会吗？凡是社会上的事物，各有其约定俗成的风尚，虽然违反的人不被禁止，不被处罚，然而使看见的人不愉快，听到的人不满意，那么他对于人生幸福的损害是什么样的呢！古人说过，满座的人在饮酒，有一个人面对墙脚哭泣，那么所有的人都为此而不高兴，说的就是感情的相互影响。或者在盛大宴会的时候以白眼对人，夜郎自大，甚至有的人借酒使性，抛掷酒杯，辱骂同席的人，欺负侮辱同辈，那难道不是野蛮的遗风，而不知礼节与谦让是何物吗！欧美诸国的男子在宴会中不谈政治和宗教信仰，因为它容易引起争端，妨碍人们欢笑的氛围，这也是良好的风习。

凡是受人邀请参加约会，必定预先审察约会的性质怎么样，而务求有得体的穿着打扮。如参加葬礼的时候谈笑自如，这是幸灾乐祸，非常没有礼貌。凡是此类交往礼仪，都不能不注意。

【原文】

凡事皆有公理，而社会行习之间，必不能事事以公理绳之。苟一切绳之以理，而寸步不以让人，则不胜冲突之弊，而人人无幸福之可言矣。且人常不免为感情所左右，自非豁达大度之人，于他人之言行。不慊吾意，则辄引似是而非之理以纠弹之，冲突之弊，多起于此。于是乎有礼让以为之调合，而彼此之感情，始不至于冲突焉。

人之有礼让，其犹车辖之脂乎，能使人交际圆滑，在温情和气之间，以完其交际之本意。欲保维社会之平和，而增进其幸福，殆不可一日无者也。

礼者，因人之亲疏等差，而以保其秩序者也。其要在不伤彼我之感情，而互表其相爱相敬之诚，或有以是为虚文者，谬也。

礼之本始，由人人有互相爱敬之诚，而自发于容貌。盖人情本不相远，而其生活之状态，大略相同，则其感情之发乎外而为拜揖送迎之仪节，亦自不得不同，因袭既久，成为惯例，此自然之理也。故一国之礼，本于先民千百年之习惯，不宜辄以私意删改之。盖崇重一国之习惯，即所以崇重一国之秩序也。

夫礼，既本乎感情而发为仪节，则其仪节，必为感情之所发见，而后谓之礼。否则意所不属，而徒拘牵于形式之间，是刍狗耳。仪节愈繁，而心情愈鄙，自非徇浮华好谄谀之人，又孰能受而不斥者。故礼以爱敬为本。

爱敬之情，人类所同也，而其仪节，则随其社会中生活之状态，而不能无异同。近时国际公私之交，大扩于古昔，交际之仪节，有不可以拘墟者。故中流以上之人，于外国交际之礼，亦不可不致意焉。

让之为用，与礼略同。使人互不相让，则日常言论，即生意见，亲旧交际，动辄龃龉。故敬爱他人者，不务立异，不炫所长，务以成人之美。盖自异自眩，何益于己，徒足以取厌启争耳。虚心平气，好察迩言，取其善而不翘其过，此则谦让之美德，而交际之要道也。

排斥他人之思想与信仰，亦不让之一也。精神界之科学，尚非人智所能独断。人我所见不同，未必我果是而人果非，此文明国宪法，所以有思想自由、信仰自由之则也。苟当讨论学术之时，是非之间，不能异立，又或于履行实事之际，利害之点，所见相反，则诚不能不各以所见，互相驳诘，必得其是非之所在而后已。然亦宜平心以求学理事理之关系，而不得参以好胜立异之私意。至于日常交际，则他人言说虽与己意不合，何所容其攻诘，如其为之，亦徒彼此忿争，各无所得已耳。温良谦恭，薄责于人，此不可不注意者。至于宗教之信仰，自其人观之，一则为生活之标准，一则为道德之理想，吾人决不可以轻侮嘲弄之态，侵犯其自由也。由是观之，礼让者，皆所以持交际之秩序，而免其龃龉者也。然人固非特各人之交际而已，于社会全体，亦不可无仪节以相应，则所谓威仪也。

威仪者，对于社会之礼让也。人尝有于亲故之间，不失礼让，而对于社会，不免有粗野傲慢之失者，是亦不思故耳。同处一社会中，则其人虽有亲疏之别，而要必互有关系，苟人人自亲故以外，即复任意自肆，不顾取厌，则社会之爱力，为之减杀矣。有如垢衣被发，呼号道路，其人虽若自由，而使观之者不胜其厌忌，可谓之不得罪于社会乎？凡社会事物，各有其习惯之典例，虽违者无禁，犯者无罚，而使见而不快，闻而不慊，则其为损于人生之幸福者为何如耶！古人有言，满堂饮酒，有一人向隅而泣，则举座为之不欢，言感情之相应也。乃或于置酒高会之时，白眼加人，夜郎自大，甚或骂座掷杯，凌侮侪辈，则岂非蛮野之遗风，而不知礼让为何物欤。欧美诸国士夫，于宴会中，不谈政治，不说宗教，以其易启争端，妨人欢笑，此亦美风也。

凡人见邀赴会，必预审其性质如何，而务不失其相应之仪表。如会葬之际，谈笑自如，是为幸人之灾，无礼已甚，凡类此者，皆不可不致意也。

第七讲 国 家

国，不仅是有土地有人民，还要能以独立的主权来统治居住在同一块土地的人民。而称之为“国家”的原因，则是把一个国家看做一个家庭的原因。因此，国家是我们感觉中的有形的名称，又是我们理想中的无形的名称。

国是最大的家庭，国人犹如家人一样。在多数国人之中而有代表主权的元首，犹如在若干家人之中而有代表其主权的家长。家长有统治的权力，以保护家人的权利，而使他们各自尽到自己应尽的义务。国家也是这样，元首率领百官以统治人民，也有保护国民的权利，而使他们各自尽到自己应尽的义务，以报效国家。假如一个家庭里的成员不奉行家长的命令，而不履行自己应尽的义务，那么整个家庭就会分离涣散，而家族会遭受祸患。一个国家的人民如果只顾各人的私利，而不知道奉行公事，那么整个国家就会混乱，而人民也不能安居。

凡有权利，那么就必定有与之相当的义务。而有义务，那么也就必定有与之相当的权利，二者相互依存，不能偏废。我有做一件事情、保护一件东西的权利，他人即有不得妨碍我做一件事情、剥夺我保护一件东西的义务，这是国家与私人相同的地方。因此可知，国家既有保护人的义务，那么必定也有可以行使其义务的权利；而人民既然有享受国家保护的权利，那么他对于国家必定也有应当尽的义务。

人的权利，本来没有等级差别，从其要点来说，如生活的权利、职业的权利、财产的权利、思想的权利，不是人人共同享有的吗！我有此权利，而有人侵犯它，那么我能够抵抗他；如果没有办法，就借助国家的权力来遏止他，这是人人所有的权利，而国家有义务保护。国家对于此事的权利，称之为公权，即国家之所以成立的根本。请让我详细说一说。

如果权力没有限制，则相沿而成的弊病就非常大。如两个人意见不合，不必相互妨碍，但有人以此作为权利被侵犯的借口。由此类推，那么假如人人都滥用其自卫权，而不受公权的限制，则没意义的争吵将一天比一天增多。

于是有国家的公权以代表各人的自卫权，那么人人不必感到自己处境危险，也不能自我放纵，人人公平正直，各得其所。国家既有代人防卫的权利，那么就有防卫众人的义务，义务越大，则权利也越大。所以说，国家之所以成立，靠的是权力。

国家既然凭借权力而成立，那么想使国家安全，就不能不巩固国家的权力而慎勿损坏它，这就是人民对于国家应尽的义务。

【原文】

国也者，非徒有土地有人民之谓，谓以独立全能之主权，而统治其居于同一土地之人民者也。又谓之国家者，则以视一国如一家之故。是故国家者，吾人感觉中有形之名，而国家者，吾人理想中无形之名也。

国为一家之大者，国人犹家人也。于多数国人之中而有代表主权之元首，犹于若干家人之中而有代表其主权之家主也。家主有统治之权，以保护家人之权利，而使之各尽其本务。国家亦然，元首率百官以统治人民，亦所以保护国民之权利，而使各尽其本务，以报效于国家也。使一家之人，不奉其家主之命，而弃其本务，则一家离散，而家族均被其祸。一国之民，各顾其私，而不知奉公，则一国扰乱，而人民亦不能安其堵焉。

凡有权利，则必有与之相当之义务。而有义务，则亦必有与之相当之权利，二者相因，不可偏废。我有行一事保一物之权利，则彼即有不得妨我一事夺我一物之义务，此国家与私人之所同也。是故国家既有保护人之义务，则必有可以行其义务之权利；而人民既有享受国家保护之权利，则其对于国家，必有当尽之义务，盖可知也。

人之权利，本无等差，以其大纲言之，如生活之权利，职业之权利，财产之权利，思想之权利，非人人所同有乎！我有此权利，而人或侵之，则我得而抵抗之，若不得已，则借国家之权力以防遏之，是谓人人所有之权利，而国家所宜引为义务者也。国家对于此事之权利，谓之公权，即国家所以成立之本。请详言之。

权漫无制限，则流弊甚大。如二人意见不合，不必相妨也，而或且以权利被侵为口实。由此例推，则使人人得滥用其自卫权，而不受公权之限制，则无谓之争阋，将日增一日矣。

于是乎有国家之公权，以代各人之自卫权，而人人不必自危，亦不得自肆，公平正直，各得其所焉。夫国家既有为人防卫之权利，则即有防卫众人之义务，义务愈大，则权利亦愈大。故曰：国家之所以成立者，权力也。

国家既以权力而成立，则欲安全其国家者，不可不巩固其国家之权力，而慎勿毁损之，此即人民对于国家之本务也。

第八讲 法 律

我们对于国家应尽的义务，以遵守法律为第一要义。为什么呢？法律是维持国家的大纲，我们必须通过它才能拥有权利。人的意志常常不免被感情打动，被私欲诱惑，以致有损人利己的举动。所以法律用来矫正偏袒徇私而维护正直，使人人能够拥有平等的权利；无论对公对私，法律有用来防止强横凶暴，惩罚奸诈邪恶，使人们不得不服从正义；维持一个国家的独立，保全整个国家的利益的，也是法律。因此，国家没有法律，或者有法律而国民不遵守，则盗贼横行，奸诈邪恶之徒跋扈，国家的灭亡也就用不了多长时间了。如果法律整饬清明，国民恪守而不违犯，那么社会秩序因此而不紊乱，人民的事业因此而不被扰乱，人人能够尽心尽力从事自己的工作，安然享用自己的成果，这些都是源于法律的保障；要是国民不恪守法律，则不能完全达到这种境地。世人知道法律应当遵守，而又说法律不是都很允当，可以按照自己的想法遵守或者违背，这只不过是为不遵守法律开了个头。一个国家的法律，原本不能完全合情合理，或者是由于议定法律的人知识浅薄狭隘，或者是因为政党的原因而使意见有失公允，也有立法之初适合当时的社会情况和趋势，经历了长久的时间之后，则社会的情况和趋势渐渐发生变化，法律因此与现实不相投合，这是所有的国家都不能避免的。既然法律有这样的弊病，那么政府固然应当马上筹划改革，而人民也能够以自己的观点要求政府，必须使法律改革之后才罢手。只是在新的法律还没有确定期间，那么就不能不暂时依据旧的法律，以维持目前的治安。为什么呢？因为法律虽然有弊病，尚且胜于没有法律，假如无缘无故抛弃不用，那么其中的弊病能够说得完吗？

法律的种类很多，而大致区分为三类，就是政法、刑法、民法。政法用来规定政府的体制，及政府与人民的关系。刑法用来预防对于政府及人民权利的妨碍，及惩罚违法犯罪分子。民法用来规定公民与公民之间的关系，预防可能的争端，评判当前的是非曲直。

官吏是依据法律管理事务的人。国民既然遵守法律，就不能阻挠执法者的执法，而且要尊敬他们。不是尊敬他们那个人，而是尊敬执法的权力。况且法律是国家的法律，官吏执法有代表国家的责任，我们又因为尊重国家的原因而尊敬官吏。没有学术才能的人就不能担任官吏之职。学者与能干的人，人们知道尊敬他们，唯独官吏就不值得尊敬吗？

官吏的首领就是元首。制定宪法的国家，或拥戴君主，或选举总统，他们一样都是官吏的首领，既然知道官吏应当尊敬，而国民应当尊敬元首，不用多说，这也是尊重法律的意思。

【原文】

吾人对于国家之本务，以遵法律为第一义。何则？法律者，维持国家之大纲，吾人必由此而始能保有其权利者也。人之意志，恒不免为感情所动，为私欲所诱，以致有损人利己之举动。所以矫其偏私而纳诸中正，使人人得保其平等之权利者，法律也；无论公私之际，有以防强暴折奸邪，使不得不服从正义者，法律也；维持一国之独立，保全一国之利福者，亦法律也。是故国而无法律，或有之而国民不之遵也，则盗贼横行，奸邪跋扈，国家之沦亡，可立而待。否则法律修明，国民恪遵而勿失，则社会之秩序，由之而不紊，人民之事业，由之而无扰，人人得尽其心力，以从事于职业，而安享其效果，是皆法律之赐；而要非国民恪遵法律，不足以致此也。顾世人知法律之当遵矣，而又谓法律不皆允当，不妨以意为从违，是徒启不遵法律之端者也。夫一国之法律，本不能悉中情理，或由议法之人，知识浅隘，或以政党之故，意见偏颇，亦有立法之初，适合社会情势，历久则社会之情势渐变，而法律如故，因不能无方凿圆枘之弊，此皆国家所不能免者也。既有此弊法，则政府固当速图改革，而人民亦得以其所见要求政府，使必改革而后已。惟其新法未定之期，则不能不暂据旧法，以维持目前之治安。何则？其法虽弊，尚胜于无法也，若无端抉而去之，则其弊可胜言乎？

法律之别颇多，而大别之为三，政法、刑法、民法是也。政法者，所以规定政府之体裁，及政府与人民之关系者也。刑法者，所以预防政府及人民权利之障害，及罚其违犯者也。民法者，所以规定人民与人民之关系，防将来之争端，而又判临时之曲直者也。

官吏者，据法治事之人。国民既遵法律，则务勿挠执法者之权而且敬之。非敬其人，敬执法之权也。且法律者，国家之法律，官吏执法，有代表国家之任，吾人又以爱重国家之故而敬官吏也。官吏非有学术才能者不能任。学士能人，人知敬之，而官吏独不足敬乎？

官吏之长，是为元首。立宪之国，或戴君主，或举总统，而要其为官吏之长一也，既知官吏之当敬，而国民之当敬元首，无待烦言，此亦尊重法律之意也。

第九讲 租 税

家里没有财产，就不能保护子女，国家也是这样。如果没有财产，也就不能保护其人民。国家在内要防备奸诈不法的人，在外要抵御敌对的国家，就不能没有海军、陆军，及其使用的军事装备及粮饷；国家执行法律，就不能没有法院监狱；国家谋划全国人民的幸福，就不能不铺修道路、开挖沟渠、安装路灯、开办公园、设立学校、建设医院，及经营所有的公益事业。凡是这些事情，不能没有承担事务的人，而又不能不给承担事务的人酬劳。既然这样，那么可以想象，国家应该支出的经费多么巨大，而负担这些费用的人是享有国家各种利益的人民，所以人民有缴纳租税的义务。

人人都知道人民应当缴纳租税，但是还是有人千方百计想避免缴纳租税：营业则隐匿每年的收入，不据实上报；运输则绕过关卡，企图漏税，其他营私舞弊的事情大致与此相似。这样做，向上说则是使国家亏损，而逃避了自己的义务；向下说则是推脱了自己的一部分责任，而让他人分担。所以，以国民应尽的义务来衡量，叫做没有爱国心；而以私人的道德来衡量，也不能免除欺骗蒙蔽的罪过。

【原文】

家无财产，则不能保护其子女，惟国亦然。苟无财产，亦不能保护其人民。盖国家内备奸宄，外御敌国，不能不有水陆军，及其应用之舰垒器械及粮饷；国家执行法律，不能不有法院监狱；国家图全国人民之幸福，不能不修道路，开沟渠，设灯台，启公囿，立学堂，建医院，及经营一切公益之事。凡此诸事，无不有任事之人。而任事者不能不给以禄俸。然则国家应出之经费，其浩大可想也，而担任此费者，厥维享有国家各种利益之人民，此人民所以有纳租税之义务也。

人民之当纳租税，人人知之，而间有苟求幸免者，营业则匿其岁入，不以实报，运货则绕越关津，希图漏税，其他舞弊营私，大率类此。是上则亏损国家，而自荒其义务；下则卸其责任之一部，以分担于他人。故以国民之本务绳之，谓之无爱国心，而以私人之道德绳之，亦不免于欺罔之罪矣。

第十讲 兵 役

国家不是一个人的国家，而是全国人民集合而成。国家有了福泽，全国人民共同享受它；那么国家有了危难，全国人民也必须共同拯救它。国家有兵役，就是用来防备意料不到的危难。因此，国民应当服兵役，其道理与缴纳租税相同，不能迫于法律不得已而去做，实际上它是国民的义务，不能任由自己选择。

国家有军队，如同家里有守门人。国家有城堡碉堡，如同家里有门和墙。家里没有门和墙，没有守门人，那么盗贼接连不断，家人就不能高枕无忧。国家没有城堡战舰，没有守兵，则来自外国的侵犯从四面逼近，国民又靠什么来生活呢？况且当今世界交通利便，我们国家的人，在海外从事工商业的人实在不少，如果没有祖国的海军在海洋里游弋，则那些在数万里外远游，与来自各地的人们混杂而居，以追逐工商业利润的人，又怎么能不受欺负侮辱呢？国家的兵力关系到国家之间的贸易利益，也不轻啊。

国家与兵力的关系，人人都知道。然而人们畏惧劳苦而厌恶死亡，一旦告别父母，离开妻子，舍弃本身的事业而投身于堡垒、船舰之中，平日的起居饮食完全被军纪约束而不得自由；假如有了重大的政治、军事性事变，则挺身于枪林弹雨之中，在极短的时间进行生与死的较量，所以往往有人顾虑重重而不敢前往。殊不知，全国人民如果人人把服兵役看做是危险可怕的事情，那么国家、家庭很快就会灭亡，想侥幸偷生却办不到。如果人人投身于兵役，则不一定会真的因为战争而死，而国家强盛，人民全都蒙受他们的恩赐，这不用等聪明人来就能够决断，人民又怎么能不把服兵役作为自己的义务呢？

当今世界，各个国家没有不把扩张军备作为第一要务的。虽然有国际公法作为世界各国交际的标准，又在海牙屡次召开国际和平会议，好像各自都把挑起争端作为警戒，然而实际上他们各个都包藏祸心，常常想着攻击别人的弱点或错误，企图达到不可告人的目的，名为和平，而实际上就是扰乱世界，一旦突然遇到重大的政治、军事性事变，就如飓风忽然兴起，波涛汹涌，形势难以预测。既然这样，那么国家怎么能不预先防备呢？

【原文】

国家者，非一人之国家，全国人民所集合而成者也。国家有庆，全国之人共享之，则国家有急，全国之人亦必与救之。国家之有兵役，所以备不虞之急者也。是以国民之当服兵役，与纳租税同，非迫于法律不得已而为之，实国民之义务，不能自已者也。

国之有兵，犹家之有阍人焉。其有城堡战堡也，犹家之有门墙焉。家无门墙，无阍人，则盗贼接踵，家人不得高枕无忧。国而无城堡战舰，无守兵，则外侮四逼，国民亦何以聊生耶？且方今之世，交通利便，吾国之人，工商于海外者，实繁有徒，自非祖国海军，游弋重洋，则夫远游数万里外，与五方杂处之民，角什一之利者，亦安能不受凌侮哉？国家之兵力，所关于互市之利者，亦非鲜矣。

国家兵力之关系如此、亦夫人而知之矣。然人情畏劳而恶死，一旦别父母，弃妻子，舍其本业而从事于垒舰之中，平日起居服食，一为军纪所束缚，而不得自由，即有事变，则挺身弹刃之中，争死生于一瞬，故往往有却顾而不前者。不知全国之人，苟人人以服兵役为畏途，则转瞬国亡家破，求幸生而卒不可得。如人人委身于兵役，则不必果以战死，而国家强盛，人民全被其赐，此不待智者而可决，而人民又乌得不以服兵役为义务欤？

方今世界，各国无不以扩张军备为第一义，虽有万国公法以为列国交际之准，又屡开万国平和会于海牙，若各以启衅为戒者，而实则包藏祸心，恒思蹈瑕抵隙，以求一逞，名为平和，而实则乱世，一旦猝遇事变，如飓风忽作，波涛汹涌，其势有不可测者。然则有国家者，安得不预为之所耶？

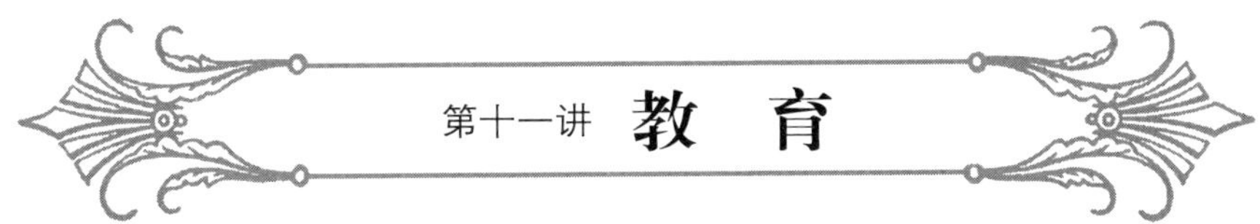

第十一讲 教 育

做父母的人，以体育、德育、智育种种方法教育子女，有两个原因：一是使他们强壮而自立，不要使祖先的家业衰落；一是使他们贤明而有才能，为国家效力。前者是普通父母应尽的义务，后者则是父母对国家应尽的义务。假如教育子女的人，能使子女的体魄完全能够承受劳苦，勤奋工作，他们的知识完全可以判断事理，他们的技能完全可以供给生活，他们的德行完全可以做国家的良民，那么不仅是善于教育子女，而且对于国家应尽的义务也没有欠缺。人类遵循自然法则，集合起来组成社会、国家，如果不是智慧、德行等同，大概不能够完全相互依存，而保全他们的生命，享受他们的福利。既然这样，那么有子女的人，怎么能怠慢自己应尽的义务呢？

一个国家当中，人民的贤明与愚蠢、勤劳与懒惰，与国家的命运有极大的关系。所以想要保持国运兴盛，不能不对子女进行国民教育，如果有人把迁就、纵容当做爱护，就会使子女养成放纵的习惯；假如不是这样，而仅以利己主义教育他们，那么不免给国家带来人心涣散的悲哀局面，而全国人民交相受到其危害，他们的子女又怎么能幸免呢？各国的风俗、习惯、历史、政制各不相同，那么教育的方法也各有差别。所谓国民教育，就是以祖国原来的体制为基础，又审察国民固有的性格，相互参证制定而成。而制定权属于国家，用来避免教育思想带来的冲突，以造就全国人民，使他们都具有国民之品格。因此，专业教育虽然不会妨碍每个人选择自己喜欢的专业，但是普通教育就不能不以国民教育作为标准，有子女的人对此要慎重。

【原文】

为父母者，以体育、德育、智育种种之法，教育其子女，有二因焉：一则使之壮而自立，无坠其先业；一则使之贤而有才，效用于国家。前者为寻常父母之本务，后者则对于国家之本务也。诚使教子女者，能使其体魄足以堪劳苦，勤职业，其知识足以判事理，其技能足以资生活，其德行足以为国家之良民，则非特善为其子女，而且对于国家，亦无歉于义务矣。夫人类循自然之理法，相集合而为社会，为国家，自非智德齐等，殆不足以相生相养，而保其生命，享其福利。然则有子女者，乌得怠其本务欤？

一国之中，人民之贤愚勤惰，与其国运有至大之关系。故欲保持其国运者，不可不以国民教育，施于其子弟，苟或以姑息为爱，养成放纵之习；即不然，而仅以利己主义教育之，则皆不免贻国家以泮涣之戚，而全国之人，交受其弊，其子弟亦乌能幸免乎？盖各国风俗习惯历史政制，各不相同，则教育之法，不得不异。所谓国民教育者，原本祖国体制，又审察国民固有之性质，而参互以制定之。其制定之权，即在国家，所以免教育主义之冲突，而造就全国人民，使皆有国民之资格者也。是以专门之教育，虽不妨人人各从其所好，而普通教育，则不可不以国民教育为准，有子女者慎之。

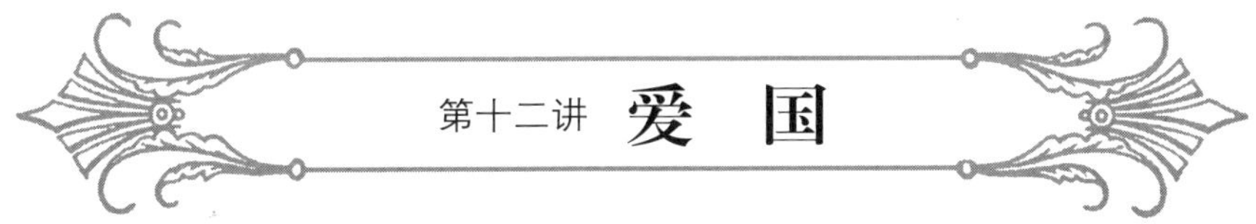

第十二讲 爱 国

爱国心起源于人民与国土的感情，犹如家人爱护自己的住房、田产一样。游牧国家的人民跟随水草迁徙，没有固定的居住地，那么就无所谓爱国。而世世代代居住在本地的人，划定疆界、开辟荒地、耕耘土地、建筑房舍，在此竭心尽力，而后有眷恋土地的感情，这就是爱国的起源。至于土地逐渐扩大，就有了城郭，有了都邑，有了政府百官。自从法律典例创立、风俗习惯的沿革与语言文章的应用，都鲜明地成为一个国家，而又与其他国家相交涉，于是爱国之心开始成为人民的义务。

人民爱国心的增减，与国家命运的盛衰相关联。现在有这样一个国家，它用以组织国家的工具，虽然没有不齐备的，然而唯独国民的爱国心不能与它相配，那么整个国家的元气就不能振兴。它的国土相同、民族相同、言语相同、习惯相同、风俗相同，不能不使人民有休戚相关的感情，而且政府相同，法律相同，文献、传说相同，也不能不能使人民有协同做事的兴致，然而如果没有爱国心作为它的中坚，那么它的国民可以共同享受安宁与快乐，却不能共同承担忧患与灾难。一旦突然发生重大的政治、军事性事变，就不能保证其国民到死也不变心。所以爱国心实际上是一个国家的命脉，有了它，则一切国家的基本要素，都可以在国家这个炉锤中陶冶；没有它，则其余的东西都是多余了。

爱国之心虽然人人本来就有，然而因为性质的不同，不能没有强弱多少的差别，既然已经把它看做是义务，那么人人以此勉励自己，而后能够在做事的时候实现自己的爱国之情，而且也能使国民的志向一致，没有差别。

人民的爱国心，常常随着国家的命运盛衰而增减。大抵一个国家将要兴盛的时候或接近灭亡的时候，或者遇到大事的时候，则国民的爱国心常常较为浓厚。国家将要兴盛的时候，人人各自奋勇，想使国力远远超过世界各国，他们勇敢向前的勇气，如同太阳刚刚升起。以前古罗马鼎盛的时候，名将大量涌现，士兵舍命报效，因而并吞四周的邻国，那已经是往事了。国家将要衰亡的时候，或者遇到大事的时候，人人害怕祖国灭亡，激发鼓励仁人志士挺身赴难，挽狂澜于既倒，悲壮沉痛，也有涌现出非常伟大的人，如瑞士的亚尔那温克特里、波兰的哥修士孤（柯斯丘什科）就是。

由此来看，爱国心原本起源于人民与国土相关联的感情，而它又是组织国家的最重要的基本要素，完全可以挽救即将衰亡的国家命运，而使其兴隆昌盛。它实际上是国民最大的义务，我们不能不多加关注。

【原文】

爱国心者，起于人民与国土之感情，犹家人之爱其居室田产也。行国之民，逐水草而徙，无定居之地，则无所谓爱国。及其土著也，画封疆，辟草莱，耕耘建筑，尽瘁于斯，而后有爱恋土地之心，是谓爱国之滥觞。至于土地渐廓，有城郭焉，有都邑焉，有政府百执事焉。自其法律典例之成立，风俗习惯之沿革，与夫语言文章之应用，皆画然自成为一国，而又与他国相交涉，于是乎爱国之心，始为人民之义务矣。

人民爱国心之消长，为国运之消长所关。有国于此，其所以组织国家之具，虽莫不备，而国民之爱国心，独无以副之，则一国之元气，不可得而振兴也。彼其国土同，民族同，言语同，习惯同，风俗同，非不足以使人民有休戚相关之感情，而且政府同，法律同，文献传说同，亦非不足以使人民有协同从事之兴会，然苟非有爱国心以为之中坚，则其民可与共安乐，而不可与共患难。事变猝起，不能保其之死而靡他也。故爱国之心，实为一国之命脉，有之，则一切国家之原质，皆可以陶冶于其炉锤之中；无之，则其余皆骈枝也。

爱国之心，虽人人所固有，而因其性质之不同，不能无强弱多寡之差，既已视为义务，则人人以此自勉，而后能以其爱情实现于行事，且亦能一致其趣向，而无所参差也。

人民之爱国心，恒随国运为盛衰。大抵一国当将盛之时，若垂亡之时，或际会大事之时，则国民之爱国心，恒较为发达。国之将兴也，人人自奋，思以其国力冠绝世界，其勇往之气，如日方升。昔罗马暴盛之时，名将辈出，士卒致死，因而并吞四邻，其已事也。国之将衰也，或其际会大事也，人人惧祖国之沦亡，激励忠义，挺身赴难，以挽狂澜于既倒，其悲壮沉痛亦有足伟者，如亚尔那温克特里之于瑞士，哥修士孤之于波兰是也。

由是观之，爱国心者，本起于人民与国土相关之感情，而又为组织国家最要之原质，足以挽将衰之国运，而使之隆盛，实国民最大之义务，而不可不三致意者焉。

第十三讲 国际及人类

世界上的独立国家，总共有数十个。彼此之间相互访问、交际，自然也有应尽的义务。这虽然是外交当局的任务，而作为国民的人也不能不了解其大致内容。

从道德方面来说，一个国家犹如一个人，只不过是大小不同罢了。国家有主权，如同人有心性。国家有法律，如同人有意志。国家维护安宁，追求福利，拥有财产、名誉，也如同人权的不可侵犯。

国家既然有不可侵犯的权利，那么各国应互相敬重而不侵犯，这是在国际上应尽的义务。或者一个国家的权利被其他国家侵犯，那么就要抵抗，也如同私人拥有正当防卫的权力。只是它施行的方法与私人不同。私人的自卫，仅在法律来不及保护的时候，如果不是迫不及待，那么就不能不等待国家权力的惩治。国家则不然，各国并立，未曾有最高的公权来控制，虽然有国际公法，然而也没有强迫执行的权力。所以一个国家的权利，如果被侵害，那么除了自卫之外，没有其他的办法，而用来实行自卫的方法，只不过是战争而已。

战争的理由，虽然从正当自卫权引起，然而权力不受控制，国家得以自由使用、收回，所以常常被有野心的人滥用。以大凌小，以强侮弱，即使在今日广泛倡导国际道德的时候还不能避免。各个国家无不用尽其防卫的方法，处于攻势的国家未必有十成的胜算，那么如果不到无可奈何的时候，也都畏惧首先开战。于是各国互相抵触的时候，有时候也能依靠国际公法的明文规定来秉公判决，从而得以避免战祸。

然而假如两个国家的争端，不能在酒宴谈判中求得公平判决，那么就不能不靠战争来决定。开战以后，如果有可以求胜的方法，都将无所顾忌地去做，必定使敌人屈服才停止。敌人已经屈服，目的已经达到，战争于是也就结束了。

开战的时候，对于敌国的士兵，或者杀伤他们，或者俘获他们，以消减他们的战斗力，本来是参战国家应有的权利，只是对于妇女、儿童及不携带武器的平民，既然他们不参与战争，就不能加以屠戮、侮辱。敌国的城市、堡垒，固然不免于被破坏，而其他与战争无关的工程，也不能随意毁坏损伤。或者占有它，作为将来赔偿的保证，那么也可以。在海战中，可以捕获敌国的船舰，但它的所有权只属于国家，如果放纵兵士掳掠，那么与盗贼又有什么区别呢？

在以前人类文明还没有开化的时候，战胜者往往焚烧敌国的都市，抢掠金帛子女，这叫做借战胜的余威来放纵个人的私欲，极其违背国际道德。近代国际公法逐渐明确，那么战胜者的权利也已经渐渐有了范围，而不必再如昔日的强横凶恶，这也是一种道德进步的迹象。

国家是由人集合组织而成，假如人人实践道德而没有违背，那么可知国家也必定没有违背情理、背离道德的举动。当今的国际道德，虽然比以前进步，而野蛮的遗风有时候难以避免，这也是由于人类道德还不是极其完善，而不能不追求更进一步。

人类聚居相处，虽然区别为各个家族、各个社会、各个国家，而抛开各种区别来说，那么彼此同样是人类，所以不论家族有亲疏、社会有等级差别，国家有友国、敌国的不同，但是既然同样是人类，那么可知各自又有互相优待的义务。

人类互相优待的义务是什么呢？答案是：对于人类全体的幸福不能有

害，帮助它进步，使他人与我共同享受它的利益。忠实于家族的人，或许不免对社会冷漠，然而社会义务，本就不与家族义务相互妨碍。忠于社会的人，或许不免对国家不经意，然而国家义务，就恰恰与社会义务互相补充。既然这样，那么爱国之士排斥世界主义者，恐怕是不知道对于人类互相优待的义务，本来未曾与国家义务相互冲突。

譬如两国开战以互相杀伤为目的，然而有红十字会不问负伤的人是哪一个国家的人，全都安抚慰问，这就未曾背离国家主义。两国开战的时候，人类互相优待的义务也没有因此而间断，那么可知平日是什么样子了。

【原文】

大地之上，独立之国，凡数十。彼我之间，聘问往来，亦自有当尽之本务。此虽外交当局者之任，而为国民者，亦不可不通知其大体也。

以道德言之，一国犹一人也，惟大小不同耳。国有主权，犹人之有心性。其有法律，犹人之有意志也。其维安宁，求福利，保有财产名誉，亦犹人权之不可侵焉。

国家既有不可侵之权利，则各国互相爱重，而莫或相侵，此为国际之本务。或其一国之权利，为他国所侵，则得而抗拒之，亦犹私人之有正当防卫之权焉。惟其施行之术，与私人不同。私人之自卫，特在法律不及保护之时，苟非迫不及待，则不可不待正于国权。国家则不然，各国并峙，未尝有最高之公权以控制之，虽有万国公法，而亦无强迫执行之力。故一国之权利，苟被侵害，则自卫之外，别无他策，而所以实行自卫之道者，战而已矣。

战之理，虽起于正当自卫之权，而其权不受控制，国家得自由发敛之，故常为野心者之所滥用。大凌小，强侮弱，虽以今日盛唱国际道德之时，犹不能免。惟列国各尽其防卫之术，处攻势者，未必有十全之胜算，则苟非必不得已之时，亦皆惮于先发。于是国际龃龉之端，间亦恃万国公法之成文以公断之，而得免于战祸焉。

然使两国之争端，不能取平于樽俎之间，则不得不以战役决之。开战以后，苟有可以求胜者，皆将无所忌而为之，必屈敌人而后已。惟敌人既屈，则目的已达，而战役亦于是毕焉。

开战之时，于敌国兵士，或杀伤之，或俘囚之，以杀其战斗力，本为战国应有之权利，惟其妇孺及平民之不携兵器者，既不与战役，即不得加以戮辱。敌国之城郭堡垒，固不免于破坏，而其他工程之无关战役者，亦不得妄有毁损。或占而有之，以为他日赔偿之保证，则可也。其在海战，可以捕敌国船舰，而其权惟属国家，若纵兵卤掠，则与盗贼奚择焉?

在昔人文未开之时，战胜者往往焚敌国都市，掠其金帛子女，是谓借战胜之余威，以逞私欲，其戾于国际之道德甚矣。近世公法渐明，则战胜者之权利，亦已渐有范围，而不至复如昔日之横暴，则亦道德进步之一征也。

国家者，积人而成，使人人实践道德，而无或悖焉，则国家亦必无非理悖德之举可知也。方今国际道德，虽较进于往昔，而野蛮之遗风，时或不免，是亦由人类道德之未尽善，而不可不更求进步者也。

人类之聚处，虽区别为各家族，各社会，各国家，而离其各种区别之界限而言之，则彼此同为人类，故无论家族有亲疏、社会有差等，国家有与国、敌国之不同，而既已同为人类，则又自有其互相待遇之本务可知也。

人类相待之本务如何?曰：无有害于人类全体之幸福，助其进步，使人我同享其利而已。夫笃于家族者，或不免漠然于社会，然而社会之本务，初不与家族之本务相妨。忠于社会者，或不免不经意于国家，然而国家之本务，乃适与社会之本务相成。然则爱国之士，屏斥世界主义者，其未知人类相待之本务，固未尝与国家之本务相冲突也。

譬如两国开战，以互相杀伤为务者也，然而有红十字会者，不问其伤者为何国之人，悉噢咻而抚循之，初未尝与国家主义有背也。夫两国开战之时，人类相待之本务，尚不以是而间断，则平日盖可知矣。